넷제로 에너지 전쟁

NETZERO

넷제로 에너지 전쟁

ENERGY WAR

—

2050년 탄소 중립을
현실화하는
에너지 대전환의 서막
그리고 새로운 기회들

—

정철균, 최중혁, 정혜원 지음

한스미디어

팬데믹·전쟁의 공포와 혼돈 속에서도
멈출 수 없는
넷제로로 향하는 길

"석기 시대는 세상에 돌이 없어서 끝난 것이 아니다. 석유 시대도 오일이 고갈되기 전에 끝날 것이다."

석유수출국기구(OPEC) 창설을 주도했던 사우디아라비아의 전 석유장관 셰이크 아메드 자키 야마니(Shaikh Ahmed Zaki Yamani)가 했던 말이다.

코로나19 여파로 국제 유가 선물 가격이 마이너스(-37.63달러, 2020년 4월 21일 기준)를 기록하고, 미국에서 '환경 대통령'을 표방하며 재생에너지 정책에 드라이브를 걸겠다고 공약을 내세운 조 바이든 미국 대통령이 취임할 때만 하더라도 석유 시대의 종말은 머지않을 것 같은 분위기였다.

하지만 2022년 3월 6일, 국제 유가 기준인 브렌트유가 장중 139달러를 넘어섰고 서부텍사스산원유(WTI)도 130.5달러까지 치솟아 글로벌 금융위기가 있던 2008년 이후 14년 만에 유가는 최고가를 경신했다. 급작스럽게 유가가 상승한 것은 팬데믹 이후 회복된 석유 수요에 비해 공급이 부족한 것이 가장 근본적인 원인이다. 팬데믹 당시 미국 셰일 오일 업계가 구조조정되고, 미국 바이든 정부가 들어선 후 친환경 정책 기조가 확대됨에 따라 오일 기업들의 신규 투자가 지연됐다. 산유국들의 증산량이 목표에 미달한 것도 유가에 악영향을 미쳤다. 게다가 세계 2위 원유 수출국인 러시아가 우크라이나를 침공함에 따라 국제 사회의 러시아에 대한 경제 제재로 오일 공급에 대한 불안감이 가중됐다.

에너지 가격의 상승은 인플레이션으로 이어지고, 미국을 비롯한 각국 정부의 금리 인상을 부추겼다. 다시 이는 글로벌 경기 침체라는 불안감까지 부채질하고 있다. 금리 인상과 경기 침체는 신규 사업으로 꼽히는 재생에너지 확충에 달갑지 않은 환경이다.

우크라이나 사태로 촉발된 에너지 가격의 상승은 재생에너지 발전 비중 확대를 통해 넷제로(Net Zero, 탄소 중립)와 온실가스 감축, 나아가 기후 변화 대응이라는 국제 협력의 토대가 흔들리고 있다. 2021년 11월 영국 글래스고에서 열린 제26차 유엔기후변화협약 당사국총회(COP26)에서 미국과 EU 등 다수의 주요 국가들은 탄소 배출의 주범인 석탄 발전을 단계적으로 감축하기로 합의했지만 지켜지지 않고 있다. 게다가 각국은 '가장 더러운 화석연료'인 석탄 사용을 늘리기로 결정했다.

두 차례의 오일쇼크가 있던 1970년대에도 재생에너지는 '희망의 빛(rays of hope)'이라는 구호 아래 에너지 업계에 큰 관심을 불러일으켰다. 1980년대에 들어 화석에너지 가격이 하락하고, 재생에너지도 당시 기술력으론 경제성이 미미한 것으로 알려져 새로운 에너지에 대한 관심도 금세 수그러들었다. 하지만 주요 국가들이 '넷제로'라는 대명제를 도달하기 위해 지속적으로 노력하는 현 시점에서 볼 때 재생에너지에 대한 가능성과 각국 정부들의 의지는 과거의 여느 때와는 다르다. 독일은 러시아의 우크라이나 침공으로 인해 석탄화력발전소를 재가동하기로 결정했지만 이는 일시적인 조치라며 2045년까지 탄소 배출량을 '0'으로 줄이는 목표를 계속 추진하겠다고 밝혔다. 미국도 바이든 정부가 내세운 기후 변화 대응을 위한 사업을 지원하기 위한 '더 나은 재건(Build Back Better)' 법안이 계류하고 있지만, 장기적인 넷제로 정책에 변함이 없다고 말한다.

이 책 《넷제로 에너지 전쟁》은 미국에서 에너지와 유틸리티, 모빌리티 및 배터리 전문가가 모여서 '넷제로'와 '재생에너지의 미래'에 대해 치열하게 고민하며 정리한 에너지 전문서다. 이 책을 통해 독자들이 미국을 중심으로 글로벌 에너지 시장의 흐름을 이해하고 변화하는 에너지 시장을 전망하는 데 도움이 되길 소망한다.

또한 국내의 에너지 업계 종사자들이 글로벌 에너지 트렌드를 이해하고 미래를 준비하는 데 조금이나마 역할을 하길 기원한다. 무엇보다 치열한 글로벌 에너지 전쟁 아래 세계 여러 나라들이 주판알을 튕기는 가운데 국가 기준 글로벌 에너지 소비 7위(2021년 기준)인 한국의 에너지 미래를 고민하는 데 조금이나마 기여할 수 있다면 더 바랄 것이 없다.

　끝으로 출간을 지원해준 한스미디어 관계자 분들과 훌륭한 인사이트를 공유해준 에너지 업계 관계자 분들께 감사드린다. 무엇보다 이 책을 준비하는 데 많은 응원과 격려를 아끼지 않은 가족들에게 사랑한다는 말을 전한다.

2022년 7월

저자 일동

에너지 대전환을 어떻게 실현할 것인가

현대 문명의 시작은 산업혁명으로부터 시작됐다. 산업혁명엔 제임스 와트(James Watt)의 증기기관이 가장 큰 공을 세웠다. 이전에 본적 없던 압도적으로 큰 에너지를 만들어낼 수 있는 시스템은 혁명적으로 세상을 변화시켰다. 이후로 전기·화학공업의 진보는 2차 산업혁명을 만들어냈다. 내연기관과 함께 운송 수단이 진보했고 석유와 천연가스가 중요한 산업용 에너지원으로 세상을 지배해왔다. 그리고 지금 우리는 새로운 에너지 시대로 내딛고 있다.

결국 에너지다. 인류가 고도화된 정보문명사회의 혜택을 누릴 수 있는 건 과거엔 불가능했던 풍성한 에너지 덕분이다. 에너지는 공기와 같이 부족하지 않을 땐 그 절실함이 잘 드러나지 않는다. 하지만 대규모 정전 사태를 겪거나 석유 파동과 같은 에너지 부족 사태가 발생하면 우리 삶 곳곳에서 얼마나 많은 에너지를 소비하고 있는지, 그리고 하루하루 에너지가 얼마나 중요한 역할을 하는지 곧 깨닫게 된다. 지금 그 에너지가 새로운 원천으로 변화하는 중이다.

유엔 기후변화 정부협의체(IPCC: Intergovernmental Panel on Climate Change)의 2021년 8월 6차 보고서는 "기후 변화의 책임은 인간 활동에 의한 것"이라고 규정했고, "온실가스 감축을 위해 지금 당장 움직여야 한다"고 강조했다. 이러한 시대적 요구는 더 많은 비용을 치르더라도 에너지 전환을 당장 시행해야 한다는 당위성을 제공한다. 각국 정부와 기업들, 그리고 시장은 이러한 변화에 진지하게 대응하고 있다. 앞다퉈 탄소 중립을 위한 공격적인 시나리오들과 실행 계획들을 발표했다. 굉장히 긍정적인 변화이자 미래 비전을 세우는 주춧돌을 세운 것이기는 하나, 가장 중요한 과제인 '어떻게 실현할 수 있을 것인가'란 구체성은 쉽게 찾아보기 어렵다.

2050년까지 넷제로를 이루기 위해서는 단계적으로 '에너지 대전환'이 이뤄져야 한다. 다수의 시나리오에서 2030년까지 태양광과 풍력에너지가 각각 약 8,000TWh(테라와트시)의 전력 생산을 '책임'져야 넷제로로 가는 중간 단계 목표를 달성하는 것이라 설명한다. 하지만 현실은 2022년 기준 두 에너지 모두 각각 약 1,000TWh 생산만이 가능한 수준이다. 앞으로 남은 8년간 지금보다 8배의 양적 성장을 이뤄야 겨우 목표치를 달성할 수 있다. 많은 발전 설비와 그 설비를 제작하기 위한 단계별 부속들이 원활하게 만들어지고, 그 제조 설비 또한 동일한 규모로 성장해야 달성할 수 있는 목표이다. 계획은

쉬우나 현실의 장벽은 매우 높기만 하다.

지금의 넷제로 시나리오들은 인류의 에너지 소비가 2019년 수준에서 안정적으로 연착륙하는 가정을 기본으로 한다. 지금까지 에너지 소비 구조를 기준으로 재생에너지에 의한 전력화로 많은 전환을 이뤄낼 수 있다고 설명한다. 하지만 역사를 되짚어보면 인류의 에너지 소비량은 꾸준히 증가해왔다. 2030년, 그리고 2050년에 지금보다 더 적은 에너지를 소비할 것이란 가정은 위험할 수 있다. 에너지 수요가 늘어난다고 가정할 때, 그 수요가 증가한 만큼이라도 재생에너지가 에너지 수요를 감당한다면 그것만으로도 큰 역할을 하는 것이란 현실적인 목소리를 귀 기울여볼 만하다.

경제성 또한 간과할 수 없다. 에너지를 만들고 시장에 배분하는 처음부터 끝까지 모든 과정에서 엄청난 비용이 요구된다. 현재 사용하는 에너지를 만들기 위해 장기간 계획하고 투자한 에너지원들을 멈추는 것은 사실상 불가능하다. 각 국가에서 국민들에게 필요한 에너지를 예산에 맞게 공급하는 일은 각국의 정부가 가장 중점을 두고 수행해야 할 책무다. 또한 이러한 계획과 결정은 항상 경제적으로 실행 가능한 것이어야 한다. 기저 전력을 고려하고 안정적으로 에너지를 공급할 수 있어야 한다. 깨끗하지만 불안정한 에너지원, 온실가스를 배출하지 않지만 생산 비용이 비싼 에너지원을 경제적으로 선택하는 것은 매우 어렵다. 어려움에도 불구하고 변화해야 하는 시대이다. 하지만 그렇기에 어떻게 에너지 포트폴리오를 전환해 나갈 것인지에 대한 지혜가 그 어느 때보다 중요한 시점이다.

저자들은 《넷제로 에너지 전쟁》을 집필하면서 에너지와 관련된 메시지들을 독자들과 나누고자 한다. 우리는 이미 재생에너지로의 전환과 다변화된 에너지 포트폴리오의 시대로 이동하고 있다. 에너지 수요는 코로나19 팬데믹 이후 다시 늘어날 것이며 전력화를 통해 전기에너지의 형태로 빠르게 전환될 것이다. 전기에너지에 대한 추가 수요는 태양광과 풍력에너지가 담당하게 될 것이다. 하지만 원자력과 같은 대규모 기저 전력 발생원에 대한 수요 또한 계속 선택지로 남게 될 것이다. 석유와 가스와 같은 기존 에너지원에 대한 탄소배출 감소 기술들이 계속해서 개발될 것이고 전환기술을 위한 에너지 산업이 성장할 것이다. 재생에너지가 본질적으로 지니는 발전원으로서의 불안정성을 보완하기 위한 에너지 저장장치 시스템(ESS: Energy Storage System)의 성장은 필수적이다. 마지막으로 에너지 배분을 더 효율적으로, 그리고 분산화된 발전 체계를 관리할 수 있는 시스템 기술들이 필요하다.

에너지 대전환 시대를 이해하고 그 과정 속에 미래의 성장 동력이 무엇이 될 것인지 생각해야 하는 중요한 시점이다. 아무쪼록 이 책이 에너지 대전환 시대의 중심에 있는 독자들에게 에너지 시장의 전체적인 흐름과 각 에너지원들의 변화하는 기술들과 가치를 발견할 수 있는 기회가 되기를 바라본다.

Contents

1장 경제적으로 실현 가능한 에너지 대전환 ⚡

2장 테슬라는 종합 에너지 회사를 꿈꾼다 ⚡

3장 변화하는 에너지 기업들

4장 태양광 시대가 온다

8장 수소에너지의 현실과 미래

9장 에너지 효율의 극대화, 스마트 그리드

10장 에너지 신기술 혁신을 이끄는 기업들 ⚡

NETZERO

ENERGY WAR

1장

경제적으로 실현 가능한
에너지 대전환

우리는 이른바 '넷제로'라는
탄소 중립 시대로 가고 있다.

—

미래를 이야기하는 것이 아니다. 변화는 지금 이 순간 일어
나고 있는 중이다. 미국의 전기에너지 중 20%는 이미 재생
에너지가 떠받치고 있다. 에너지의 원천은 이미 다원화됐
고 중심축이 재생에너지 쪽으로 서서히 변화하는 패러다
임 시프팅이 일어나는 중이다. 이제 중요한 것은 '언제' 에
너지 대전환이 시작되는지가 아니다. '언제까지' '어떻게'
변화하는가를 알아야 한다. 어떤 에너지원이 헤게모니를
쥐게 될 것이며, 그에 따라 필요한 기술적인 발전과 시장의
지원을 파악해야 한다. 넷제로를 위한 에너지 대전환이 어
떻게 이루어질 것인지, 과연 경제적으로 실현 가능한 방안
은 무엇일지 논의해야 할 시점이다. 에너지는 현실이다. 수
요에 맞춰 반드시 공급이 이뤄져야만 한다. 에너지 대전환
시대에도 이러한 원칙은 변하지 않는다. 경제적으로 실현
가능한 에너지 대전환만이 각국이 취할 수 있는 선택지가
될 것으로 보인다.

에너지 패러다임의 전환과
새로운 기회들

⋮ 에너지 패러다임은 전환되는가? ⋮

　미래를 예측하는 것은 어렵다. 2002년 미래학자 제레미 리프킨(Jeremy Rifkin)은 저서 《수소혁명》을 통해 석유 시대의 종말은 머지않았으며 이는 수소에너지로 대체될 것이라 예견했다. 그로부터 20년이 지난 지금, 전 세계 에너지 소비 구조에서 재생에너지의 비중은 모두 합쳐 약 10% 남짓에 불과하다. 다음 그래프에서 볼 수 있듯이, 미국 에너지 정보관리청(EIA: Energy Information Administration)은 2020년 미국 에너지의 12%가 재생에너지원으로부터 생산됐으며 그중 풍력과 수력발전 48%, 바이오매스 39%, 태양광 11%였다고 발표했다.

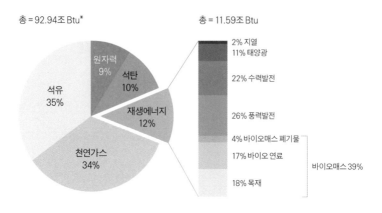

총 = 92.94조 Btu*

총 = 11.59조 Btu

원자력 9%
석탄 10%
석유 35%
재생에너지 12%
천연가스 34%

2% 지열
11% 태양광
22% 수력발전
26% 풍력발전
4% 바이오매스 폐기물
17% 바이오 연료
18% 목재
바이오매스 39%

*British thermal units(영국식 열량 단위)
자료: EIA

현 시점에서 평가해보자면 수소에너지로의 전환은 소비 통계에도 잡히지 않을 만큼 걸음마도 채 떼지 못한 상황이다. 생산의 절정기에 이르러 고갈의 길을 갈 것이라던 석유와 가스는 꾸준히 생산량이 증가되고 있고, 예측됐던 에너지 패러다임의 전환은 더디기만 하다. 20년이 지난 지금도 기존의 주요 에너지원들이 세계 경제를 지지하고 있다. 풍력과 태양광이 괄목할 만한 성장을 이뤄내고 있지만, 언제 어떻게 에너지 패러다임이 기존의 석유·가스에너지에서 재생에너지로 전환되는지에 대한 청사진은 분명하지 않다. 다양한 이해관계가 얽힌 시나리오에 기반해 그 전환을 예측하는 모델로 그저 불확실성과 함께 추측해볼 뿐이다.

시간을 되짚어보면 확실한 것은 하나 있다. 우리가 계획했던 것보다 훨씬 더디게 패러다임이 전환되고 있다는 것이다. 2002년 유럽연합(EU)은 2010년 전체 에너지 소비의 12%를 재생에너지로부터 생산하고 20% 전력을 재생에너지로 공급받겠다는 계획을 세웠다. 하지만 이 계획은 그로부터 10년이 더 지난 2020년이 돼야 비로소 근접했다.

⋮ 에너지는 결국 효용과 비용의 싸움 ⋮

에너지 소비 구조가 더디게 변화하게 되는 가장 근본적인 이유는 에너지가 돈과 매우 밀접하게 움직이기 때문이다. 품질이 동일한 전기에너지를 소비하는 최종 사용자에게 가격이 20% 비싼 재생에너지원 발생 전기를 선택하라고 한다면 시장에서 외면받을 수밖에 없다. 국가 정책을 입안하는 과정에서도 녹색 에너지를 사용하기 위해 전체 전력 생산 비용을 증가시켜야 한다면 국가 전체의 산업경쟁력에 악영향을 끼치게 된다. 그러므로 단순하게 더 비싸고 효율이 낮은 에너지를 지속가능한 재생에너지란 이유로 개인과 기업, 나아가 국가가 선택한다는 것은 경제적인 의사결정이 아니다. 최소한 지금까지는 그랬다. 그러나 현 시점에서 두 가지 전제 조건이 변하고 있다. 바로 재생에너지의 가격경쟁력과 넷제로에 대한 시대적 요구가 그것이다.

먼저 가격경쟁력이다. 재생에너지의 가장 중요한 두 축인 태양광과 풍력에너지의 전기 생산 단가는 아래 그래프에서 보는 것처럼 지난 10년간 가파르게 하락했다. 2020년에 국제재생에너지기구(IRENA: International Renewable Energy Agency)에서 발간한 보고서에 따르면 태양광 플랜트의 MWh(메가와트시)당 생산비는 68달러로 천연가스 열병합발전의 44~68달러와 비슷한 수준이다. 2020년 미국 에너지 정보관리청(EIA)은 2025년부터 이 차이가 없어지거나 태양광과 육상 풍력발전의 단가가 오히려 더 낮아지게 될 것이라고 전망했다. 지속가능한 녹색 에너지가 더욱 저렴하게 공급된다면 에너지를 소비하는 모든 주체들에게 에너지 공급원을 결정하는 일은 매

발전원별 전기 생산 비용의 가격 변화

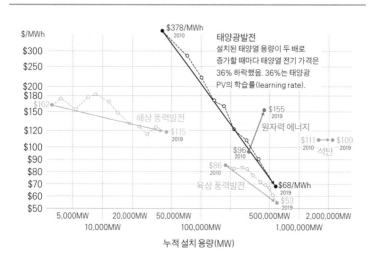

*다양한 연구자료에 기반한 보정 비용으로 산출된 도표. 재생에너지 데이터는 2020년 IRENA 보고서, 원자력과 석탄에너지의 비용은 투자은행 라자드(Lazard)의 자료, 원자력과 석탄에너지 총용량은 IAEA(국제원자력 기구) 자료를 참조.

우 쉬운 일이 된다. 또한 재생에너지가 규모의 경제를 이루고 공급 체인도 제대로 갖추면서 이전과는 다르게 재생에너지로의 에너지 패러다임 전환은 속도가 붙을 수 있을 것으로 보인다.

또 다른 변화는 넷제로의 시대가 도래했다는 점이다. 글로벌 기업 들은 앞다투어 탄소 중립을 선언하고, 모든 제품 생산 과정에서 기 후 변화에 미치는 영향을 제거하려 한다. 이는 전기를 포함해 기업 이 사용하는 모든 에너지를 온실가스가 발생하지 않는 에너지로 대 체한다는 것인데 이러한 움직임이 사회 전반으로 확산되면 에너지 생산자들은 변화하지 않을 수 없다. 각국의 2050년 넷제로 계획을

미국 에너지 정보관리청(EIA)의 균등화된 전기 생산비용(Levelized cost of electricity) 전망

$/MWh 추정	석탄	넷가스 복합 사이클		원자력	풍력		태양력	
기간	저가	저가	고가	고가	육상	해상	PV	CSP
2010~2016	100.4	83.1	79.3	119.0	149.3	191.1	396.1	256.6
2011~2016	95.1	65.1	62.2	114.0	96.1	243.7	211.0	312.2
2012~2017	97.7	66.1	63.1	111.4	96.0	NB	152.4	242.0
2013~2018	100.1	67.1	65.6	108.4	86.6	221.5	144.3	261.5
2014~2019	95.6	66.3	64.4	96.1	80.3	204.1	130.0	243.1
2015~2020	95.1	75.2	72.6	95.2	73.9	196.9	125.3	239.7
2016~2022	NB	58.1	57.2	102.8	64.5	158.1	84.7	235.9
2017~2022	NB	58.6	53.8	96.2	55.8	NB	73.7	NB
2018~2022	NB	48.3	48.1	90.1	48.0	124.6	59.1	NB
2019~2023	NB	40.8	40.2	NB	42.8	117.9	48.8	NB
2020~2025	NB	36.61	36.61	NB	34.10	115.04	32.80	NB
2010~2020	NB	-56%	-54%	NB	-77%	-40%	-92%	NB

자료: EIA
* NB는 'Not Built'를 뜻함. EIA에서 전망하지 않음.

살펴보면 단순히 대체하는 수준을 넘어서 기존 에너지원에 강력한 세금과 벌금을 부과해 시장이 경제적으로 재생에너지를 선택하도록 만들겠다는 의지를 내비치고 있다.

에너지 생산 단가가 낮아짐에 따라 가격경쟁력이 생기는 것만으로도 재생에너지는 시장에서 환영받을 수 있다. 여기에 정책적 지원과 넷제로란 시대적 요구, 재래에너지원에 대한 패널티까지 더해진다면 에너지 패러다임의 전환은 지금부터 가속화될 수밖에 없다.

에너지 패러다임 전환에 대한 현실적 전망

넷제로 시대의 지속가능한 에너지 구조로의 전환은 시대적 요구이며 이미 시작된 전 세계적인 흐름이라 보는 것이 맞다. 방향엔 이견이 없지만 그 전환 속도에 대해서는 다양한 예측과 분석이 이뤄지고 있다. 미국 에너지 정보관리청(EIA)은 2021년 연간 보고서를 통해 2050년 미국 전체 전력 생산의 42%가 재생에너지로부터 발생될 것이라 전망했고, 기존 에너지원들의 발전량은 소폭 감소세가 예상되는 가운데 추가로 필요한 부분들을 재생에너지가 채워 나갈 것이라 분석했다. 글로벌 석유기업 BP는 〈2020 에너지 전망 보고서〉의 급진적인(Rapid) 시나리오의 경우 2050년에 재생에너지가 전력뿐만 아니라 전 세계에서 필요한 전체 에너지에서 절반 가까이 분담할 것으로 전망했다. 기존에 석유와 석탄, 심지어 가스로 생산해온 에너지 중 많은 부분이 재생에너지로 전환된다는 것이다.

　기관에 따라 수치와 속도는 다르게 예상하고 있지만 공통된 결론은 다음과 같다.

- 각국의 국내총생산(GDP)은 코로나19 팬데믹(대유행) 이후 다시 늘어날 것이다.
- 이에 따라 에너지 수요는 꾸준히 증가하게 되고, 특히 전기에너지에 대한 수요 증가 폭이 가파를 것이다.
- 추가로 요구되는 전기에너지의 대부분을 재생에너지가 담당하게 될 것이며 태양광과 풍력이 그 핵심이 될 것이다.
- 넷제로 요구에 따라 재생에너지로의 대체 속도는 가속될 수 있으며, 탄소 네거티브를 달성하기 위한 기술과 에너지 산업이 발전하게 될 것이다.

　이러한 에너지 패러다임의 변화는 전통적인 대형 에너지 기업들을 변화시키고 있다. BP는 국제 석유 생산 기업에서 재생에너지를 포함하는 통합 에너지 기업으로 변신하기 위해 기존의 석유 가스 생산을 40% 이상 줄이고 재생에너지와 수소에너지에 투자하겠다고 선언했다. 또 다른 글로벌 석유 기업인 쉘(Shell)과 엑손모빌(Exxon Mobil) 또한 다양한 재생에너지원을 새로운 성장 동력으로 키우고 있다. 글로벌 에너지 기술 회사인 슐럼버저(Schlumberger)는 신에너지 부문을 설립해 재생에너지 생산에 기여할 원천 기술 확보에 적극

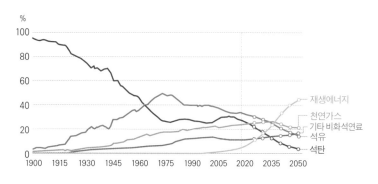

BP의 2020 에너지 전망(급진적인 시나리오)

자료: BP Energy Outlook 2020

적인 투자를 진작부터 시작했다.

새로운 에너지 패러다임으로의 전환은 석유 시대의 종말이 아니라 재생에너지의 약진에 의한 새로운 기회의 장이 될 것이다. 기존의 에너지 기업들이 살아남기 위해 다양한 변화를 모색하고 또 새로운 에너지 기업들이 성장하는 과정에서 더 긍정적인 방향으로 에너지 시장이 발전될 것으로 보인다.

⋮ **전기차 시대와 e-퓨얼** ⋮

에너지 공급 시장의 변화는 에너지 소비 시장의 변화와 맞물려 움직이게 된다. 조 바이든 미국 대통령은 현재 미국에서 판매되는 전체 차량 중 4.5%[1]에 불과한 전기차 판매 점유율을 2030년까지 50%로 만들겠다고 선언하며 공격적인 친환경차 육성정책에 서명했다. 미국 정부는 자동차 산업의 미래는 전기차이며 '돌아갈 수 없는 (no turning back)' 흐름이자 결정이라고 확언할 정도로 강력하게 시장을 압박하기 시작했다. 이러한 정부의 강력한 드라이브는 완성차 제조업체와 소비 시장의 변화를 나아가 에너지 공급 산업에까지 영향을 미치게 될 것으로 분석된다.

내연기관 자동차를 전기차로 전환해 온실가스 배출량을 줄여나가겠다는 방향엔 이견의 여지가 없지만 최종 배출량을 효율적으로 줄이기 위해서는 전기 생산 시스템이 혁신적으로 변화해야 한다는 가정이 붙게 된다. 국제에너지기구(IEA: International Energy Agency)의 2020년 보고서에 따르면 전기차의 경우 주행 중엔 온실가스를 배출하지 않지만 배터리와 연료 생산에 많은 양의 이산화탄소가 배출되는 것을 확인할 수 있다. 전기를 생산하는 방식이 궁극적으로 재생에너지의 형태로 전환되지 않으면 기존의 에너지원으로 생산하는 전력은 반드시 이산화탄소를 배출하게 되고, 오히려 내연기관에서 직접 사용하는 것보다 전환에 따른 에너지 손실로 효율도 떨어지게 된다. 결국 현 시점에서 전기차가 완전하게 친환경차라고 보기엔 부족한 점이 많다.

---

1 2021년 연간 배터리 전기차(BEV), 플러그인하이브리드(PHEV), 수소연료전지차(FCEV)의 판매 비중, EV-Volumes 자료 기준.

같은 관점에서 내연기관차에서도 주행 중 배출되는 배출가스만 효과적으로 줄일 수 있다면 총 배출량을 전기차 수준으로 줄일 수 있는 가능성이 있다. 최근 주목받고 있는 e-퓨얼(electric-fuel)로 공기 중의 이산화탄소를 포집해 원료로 투입하는 환경친화연료를 사용하는 것이다. 물론 전기에너지로 다른 에너지를 합성해 내연기관에서 사용한다는 것은 복잡한 에너지 전환 단계를 거치기 때문에 기술적으로나 경제적으로나 가야 할 길이 험난한 것이 사실이다. 하지만 탄소 중립 연료인 e-퓨얼 기술은 내연기관 시스템과 전기차가 공존할 수 있는 방안 중 하나로 검토되고 있다. 휘발유 가격의 세 배가 넘는 생산비가 문제지만 탄소세 부과로 화석연료의 비용이 올라가는 것을 감안하고, e-퓨얼이 규모의 경제를 이뤄내면 새로운 대체제가 될 가능성도 있다.

앞으로의 에너지 패러다임은 시대가 요구하는 새로운 정의에 의

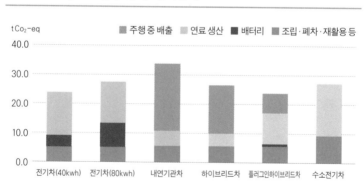

차종별 생애 CO$_2$ 배출량(중형자동차, 10년 사용 시)

(단위: t CO_2-eq)

구분	합계	연료 생산 + 주행 (Well-To-Wheel)		자동차 제조, 폐기 및 재활용 (Vehicle Cycle)	
		연료 생산 (Well-To-Tank)	주행 중 배출 (Tank-To-Wheel)	배터리 (NMC111 기준)	조립·폐차· 재활용 등
전기차(40kWh)	22.8~24.2	14.8	–	2.6~4.0	5.4
전기차(80kWh)	25.4~28.2	14.8	–	5.2~8.0	5.4
내연기관차	34.3	4.6	23.7	–	6.0
하이브리드차	27.5	3.4	17.6	0.3	6.2
플러그인 하이브리드차	24.5	10.2	7.1	0.8	6.4
수소전기차	27.5	17.7		0.3	9.5

자료: IEA, Global EV Outlook 2020

해 결정될 것으로 보인다. 각국의 정책적 결정이 에너지 산업의 공급과 수요를 결정하는 기준이 될 것이다. 넷제로 시대에 새로운 에너지 패러다임으로의 전환은 이미 시작됐다. 경제적으로 지속가능한 에너지원을 계획하고 이에 해당하는 산업과 기술을 육성하는 것이 새로운 에너지 시대를 살아가는 생존 전략이 될 것이다.

ENERGY FOCUS

1.5℃를 제한하기 위한 파리 협정과 넷제로

파리 협정은 교토의정서의 한계를 극복하기 위하여 2020년 교토의정서 만료 후, 이를 대체할 새로운 기후 변화 협정으로서 2015년 12월 12일 프랑스 파리에서 열린 제21차 유엔기후변화협약 당사국총회(COP21) 본회의에서 195개의 당사국이 참여해 채택된 협약이다. 이 협정은 최초로 지구 온도 변화 목표치를 제시하고 온실가스 감축, 기후 변화 영향에 대한 적응, 감축 이행에 대한 투명성 확보, 개발도상국에 대한 재원 제공 및 기술 이전 등에 대한 큰 틀을 마련함으로써 모든 국가들이 공통된 목표를 향해 협력할 수 있는 기반이 됐다. 파리 협정은 선진국과 개도국 모두 협력하여 탄소 감축과 노력에 참여하는 보편적이고 포괄적인 체계. 기존 교토의정서는 주로 선진국에 집중하며 온실가스 배출량에만 집중한 반면 파리 협정은 감축을 넘어서 적응, 투자, 기술 등 다양한 분야를 포괄한다.

또한 파리 협정은 목표 온도를 설정했다는 데 의미를 가진다. 파리 협정 제2조는 지구 평균 온도 상승을 2℃보다 훨씬 아래로 유지해야 하고, 1.5℃까지 제한하도록 노력해야 한다고 규정했다. 지구의 온도는 산업혁명이 일어난 1800년대 말과 비교하여 약 1℃ 상승했으며 이러한 추세로는 2030년과 2052년 사이에 1.5℃로 상승할 것이라고 예상된다. 지구 온도 상승을 1.5℃로 제한하려면 2050년까지 전 세계적으로 넷제로가 이루어져야 하기에 많은 국가들이 2050년 넷제로를 목표로 삼고 있는 것이다.

파리 협정이 체결된 이후 국제 사회는 온실가스 감축 목표치를 달성하고 기후 변화에 대응하는 저탄소 경제로 전환하기 위해 노력하고 있다. 각국은 화석연료를 사용하는 차량에 대한 규제를 강화하고, 재생에너지를 사용하는 발전원의 전기 생산을 늘리는 등의 전략을 통하여 온실가스를 감축하고자 하며 이를 위해 전 세계적으로 대체 연료 기술에 대한 연구와 투자, 에너지 사업 투자가 확대될 전망이다. 특히 화석연료 대체재로 주목받은 태양광이나 풍력, 배터리와 같은 재생 전기에너지의 발전 기술 및 기반 시설을 위한 투자가 더 커질 것으로 예상된다.

에너지 수요와
공급 전망

모든 경제 부문에서 에너지 소비 계속해서 증가

에너지 메이저 기업 중 하나인 BP는 매년 에너지 전망 보고서를 발간하는데 이는 에너지 업계에서 가장 신뢰할 수 있는 통계 자료 중 하나로 평가된다. 팬데믹 이전 자료를 기반한 2020년 에너지 전망 보고서에서 BP는 2050년까지 글로벌 국내총생산(GDP)은 늘어날 것이며, 이에 따라 주요 에너지 소비도 꾸준히 증가할 것으로 예측했다. 각 경제 부문별 소비의 구성비는 다소 변할 수 있겠지만 소비의 총량이 계속적으로 증가될 것임은 의심의 여지가 없다. 다만 그 증가 폭은 지난 30년에 비해 줄어들 것으로 전망된다. 보고서는 급진적인 전환이 일어날 것이라 예측한 시나리오와 넷제로를 타깃

글로벌 국내총생산(GDP) 성장 전망

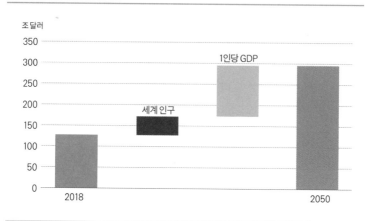

자료: BP Energy Outlook 2020

글로벌 국내총생산(GDP) 성장 전망

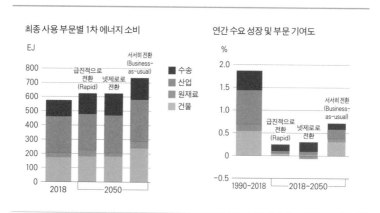

자료: BP Energy Outlook 2020

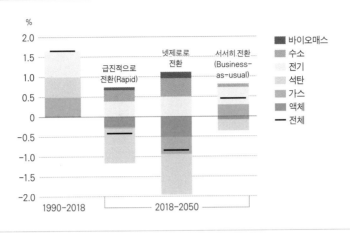

자료: BP Energy Outlook 2020

으로 더욱 혁신적인 전환을 예상한 넷제로 시나리오, 그리고 지금
의 시스템을 유지하면서 서서히 전환될 것을 예측한 시나리오로 나
누어 분석하였다. 급진적인 시나리오와 넷제로 시나리오에서 연간
수요 성장 증가 폭은 상대적으로 줄어들 것으로 예상된다.

　수송과 산업 부문은 주요 에너지 공급원의 형태 또한 빠르게 변
화할 것으로 전망된다. 석유와 가스 위주의 에너지 공급에서 전기
로, 또 전기를 만드는 발전원도 재생에너지로 대체될 것이다. 위 그
래프를 보면 산업 부문에서 에너지 소비 구조가 에너지원별로 어떻
게 변화할 것인지를 보여준다. 시나리오에 따라 예측되는 대체비율
은 다르지만 온실가스 배출에 주요 원인으로 꼽히는 전통적인 에너
지원들이 재생에너지원으로 전환될 것이란 대전제에는 변함이 없다.

건물의 에너지 소비 구조도 마찬가지로 기존에 상업용과 주거용 건물에서 소비되는 에너지가 전기로 크게 대체되면서 석유와 가스의 에너지 분담율은 낮아지게 된다. 우리의 삶 전반에서 에너지를 직접 소비하기보다 전기란 핵심적인 매개체로 에너지 소비 구조가 변화하는 것이다. 이러한 변화는 전기를 생산하기 위해 기존의 에너지를 전환하는 것이 아니라 직접 전기에너지를 재생에너지원으로 생산할 때만 당위성이 생긴다. 저렴해진 비용과 강력한 정치적 유인 정책은 재생에너지원에 경제성을 부여해 대체제로서 비용상 비교 우위를 만든다.

수송 부문 에너지 전환은 가속화

수송 부문 또한 에너지 수요는 세 가지의 모든 시나리오에서 증가할 것으로 예측된다. 다음 도표는 2018년과 비교해 2050년에 수송 부문 에너지 수요가 어떻게 변화할지에 대한 전망이다. 넷제로가 강하게 요구되거나 이미 넷제로가 실현됐더라도 수송 부문 전체의 에너지 수요는 계속된다. 다만 다음 도표의 오른쪽 차트처럼 에너지 소비 구조는 현 시점 대비 급격하게 변하게 될 전망이다. BP는 넷제로 시나리오에서 수소와 전기가 분담하는 전체 수송 부문 에너지 공급이 2050년 기준으로 많게는 약 58% 수준에 이를 것으로 전망한다. 미국 에너지 정보관리청(EIA)의 최근 전망과 비교하면 이는 매

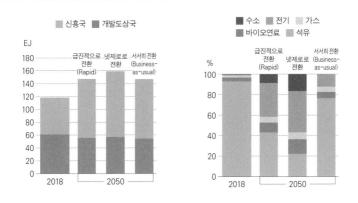

수송 부문 에너지 수요의 변화 전망

신흥국 ■ 개발도상국

EJ

급진적으로 전환 (Rapid) / 넷제로로 전환 / 서서히 전환 (Business-as-usual)

2018 | 2050

수송 부문 에너지 소비 구조 전망

■ 수소 ■ 전기 ■ 가스
■ 바이오연료 ■ 석유

%

급진적으로 전환 (Rapid) / 넷제로로 전환 / 서서히 전환 (Business-as-usual)

2018 | 2050

출처: BP Energy Outlook 2020

2020년 미국 수송 에너지원 비중

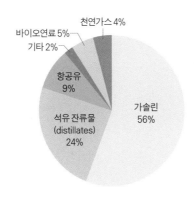

천연가스 4%
바이오연료 5%
기타 2%
항공유 9%
석유 잔류물 (distillates) 24%
가솔린 56%

자료: EIA

우 급진적인 변화를 예측하는 것이다.

위 도표에서 보듯 2020년 미국에서 수송 부문에 사용된 에너지원은 석유와 가스를 제외하고 2%에 불과했다. 바이든 행정부가 2021년에 선언한 '전기차 시대'란 슬로건에 맞게 자동차 시장을 획기적으로 변화해야 달성 가능한 목표로 보인다. 내연기관에서 전기차로의 전환이 예상보다 더디게 진행된다면 30년 후의 에너지 시장 또한 소폭의 변화에 그칠 수 있다. 자동차 시장에 큰 변화가 없을 것이란 보수적인 전망은 전체 차량 판매 중 전기차 판매 비율이 약 10% 내외에 그칠 것으로 가정했다.

시장의 변화는 전기차의 경제성과 맞물려 돌아간다. 현 시점에서 내연기관 자동차에 비해 다소 비싼 가격인 전기차가 더욱 경제적인 선택일 때 시장의 변화는 가속될 것이다. 이를 위해 보조금과 인프라 확충 같은 정책적인 뒷받침이 요구된다. 넷제로 목표와 함께 책임 있는 정부들이 강력한 드라이브를 걸고 있으므로 조만간 가시적인 성과가 나타날 것으로 보인다.

다만 전기차 시대가 와도 결국 재생에너지를 통한 전기 공급이 이뤄지지 않는다면 탄소 배출 감소란 궁극적인 목표에 이르지 못한다. 전기차를 이용하기 위해 석유, 가스를 이용해 전기를 만들면 효율은 직접 사용하는 것보다 못하다. 에너지를 전환하면 손실이 발생한다는 열역학 법칙은 여전히 유효하며, 기존의 에너지원으로 만든 전기로 전기차를 탄다면 진정한 에너지 전환이라고 보기 어렵다.

수요 증가에 따른 재생에너지 공급 확대

BP는 2020년 에너지 전망보고서를 통해 향후 재생에너지가 석유와 가스의 에너지 점유율을 대체할 것으로 전망했다. 시나리오에 따라 넷제로가 강하게 적용되면 재생에너지가 2050년에 전체 에너지 시장의 약 60% 가까이를 차지하게 될 것이란 급진적인 전망치이다. 물론 미래 시점에서 어떤 기술적인 돌파구가 만들어질지는 알 수 없다. 하지만 과거를 되짚어 볼 때, 에너지의 대전환이 하루아침에 이루어지진 않을 것이다. 태양광발전 시설을 설치하는 데도 시간과 비용이 들어가고, 발전 시설이 즉시 가동된다고 하더라도 기존의 발전 설비를 계획 없이 닫아버릴 수도 없는 노릇이다. 장기적인 계획을 가지고 지금의 발전 시설을 어떻게 대체해 나갈 것인가를 계획하는 것이 경제적으로도, 정치적으로도 합리적인 결정이다.

재생에너지 산업과 공급 체인이 빠르게 발전하고는 있지만, 현재 인류가 사용하고 있는 에너지의 절반을 재생에너지가 공급하기 위해서는 매해 20% 이상 재생에너지에 의한 전력 생산이 지속적으로 추가돼야 한다. 2035년까지 약 8,000TWh를 각각 태양광과 풍력이 에너지 생산을 맡아야 하는데 2022년 기준으로 두 에너지원 모두 각각 약 1,000TWh에 그치는 수준이기 때문에 산술적으로 남은 기간에 8배 정도의 성장이 필요하다. 또한 재생에너지 공급 계획에 따라 수요는 꾸준히 증가하지만 공급에 병목현상이 생길 수 있는 가능성은 여전히 남아 있다.

2020년 유럽에서 전체 에너지 생산의 13%를 담당하던 풍력발전이 2021년 전체 에너지원 중 5%를 밑도는 상황은 특별히 눈여겨볼 만하다. 연속성이 불확실한 '바람'이란 에너지원은 우리가 필요에 맞게 공급을 조절할 수 없다. 게다가 2021년 유럽의 에너지 비용이 상승함에 따라 미치게 된 경제적인 영향은 코로나19 팬데믹 이후 회복되는 실물경제를 차갑게 식힐 전망이다.

재생에너지의 공급이 안정적으로 이루어지지 못한다면 전체 에너지 구조는 매우 복잡하게 요동칠 것으로 보인다. 필요한 만큼 전기에너지를 확보하지 못하는 나라는 기존의 에너지원에서 빠르게 필요한 전기를 생산하는 방법을 검토하게 된다. 석탄은 환경적인 부담이 너무 심하니 결국 가장 쉽게 눈을 돌릴 수 있는 발전원은 석유나

재생에너지와 탄화수소(석유, 가스) 에너지의 점유율 전망

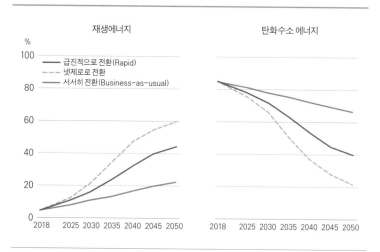

자료: BP Energy Outlook 2020

가스가 될 확률이 높고 이는 다시 석유·가스 자원에 대한 수요 증가와 공급 부족으로 이어지게 된다. 에너지를 안정적으로 확보하기 위한 새로운 정책과 전략이 기존 에너지를 계속해서 사용하는 방향으로 수립되면 재생에너지의 사용은 지연되는 방향으로 흐를 수 있다.

예측된 수요에 맞게 공급되지 못하는 에너지는 진정한 에너지원으로서 가치를 잃게 된다. 재생에너지의 미래는 얼마나 빠르게 수요 증가에 맞추어 공급이 따라갈 수 있는지, 그리고 그 공급이 안정적으로 유지될 수 있는지에 달렸다고 해도 과언이 아닐 것이다.

⋮ 에너지 수요의 가변성과 재래에너지 ⋮

매년 미국의 천연가스 발전 비용은 상승세를 거듭하고 있다. 여름 냉방용 전력 수요가 집중되면 급격히 증가하는 전기에너지 필요량을 재생에너지로는 모두 감당할 수 없기에 다음 도표에서 보듯이 천연가스 발전량은 매년 늘어나고 있다. 그마저도 2021년엔 유럽에서 발생한 풍력발전 공급 감소로 가스 수요가 증가해 가격은 더 가파르게 상승했다.

그다음 도표의 '스페인 전기 가격 추이'를 보면 에너지 공급을 탄력적으로 대응한다는 것이 얼마나 어려운지 짐작할 수 있다. 그나마 원자재를 소모해 발전량을 가변적으로 증감할 수 있는 재래에너지원들에 비해, 재생에너지는 탄력적 생산이 더욱 제한적이란 점에서

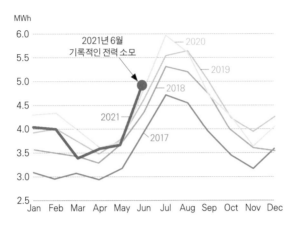

자료: BNEF

앞으로 이러한 수요와 공급의 불균형을 어떻게 대응할 것인가에 대한 문제는 아주 복잡해졌다. 2021년 여름 역사상 최고치를 경신한 유럽 일부 국가의 전력 가격이 앞으로 우리에게 곧 닥칠 현실임을 직시해야 한다.

과연 재생에너지로 우리가 당장 필요한 에너지를 전부 공급할 수 있을 것인가에 대한 근원적인 질문이 주어진 것이다. 에너지는 너무나 현실적인 문제이다. 각국 정부는 무엇보다 국민들이 필요한 에너지를 제때 공급해야 하는 중대한 책무를 가지고 있다. 전력 수요가 급증하는 상황에서 발전량이 부족해 대규모 블랙아웃이 발생하게 된다면 그 피해는 국가적인 문제이다. 때문에 재생에너지가 가지는 불확실성은 언제든 에너지 수급의 정책적 전략과 결정에 시한폭탄

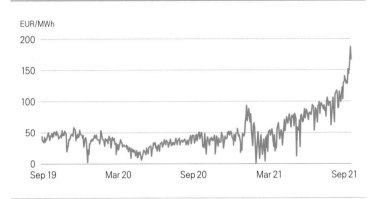

자료: BNEF

이 될 수 있는 문제이다.

코로나19 팬데믹으로 수요가 줄고 전반적인 에너지 시장의 트렌드가 넷제로와 재생에너지에 대한 강력한 투자로 귀결되면서 석유, 가스에 대한 에너지 기업들의 투자가 크게 축소된 상황이다. 천연가스에 대한 수요가 급속하게 증가하더라도 내일 당장 공급을 확대할 수는 없다. 천연가스의 최대 생산국인 미국의 2021년 천연가스 생산량은 오히려 2019년보다도 줄었다. 시장 상황에 따라 석유 생산이 줄면서 함께 생산되는 가스량도 줄어든 것이다. ESG(환경·사회·지배구조) 등의 이슈로 천연가스 투자도 크게 감소했다. 지속적 투자가 필수적인 셰일가스 생산정에 추가적인 투자가 없다는 것은 큰 폭의 생산량 감소가 추가적으로 이뤄질 수 있다는 것을 의미한다. 다음 도표의 미국 에너지 정보관리청(EIA)의 주당 유정 개수(Rig count)를

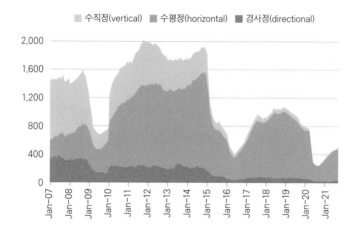

■ 수직정(vertical)　■ 수평정(horizontal)　■ 경사정(directional)

자료: EIA

보면 이러한 위기가 이미 현실이란 것을 확인할 수 있다. 바이든 정부는 2022년 천정부지로 오르는 석유·가스 가격을 잡기 위해 석유회사들에게 증산을 요구했지만, 지속적인 투자와 안정된 미래 없이 유정을 늘리고 증산을 계획하는 것은 에너지 업계로서도 매우 어려운 결정이다.

화석연료에 대한 일괄적인 투자 중단은 에너지 전환 과도기에 발생할 수 있는 수요 공급의 불균형을 악화시킬 수 있다. 에너지 수요는 꾸준히 증가하고 있는데 이를 공급해줄 화석연료 기반의 재래에너지원에 대한 투자는 계속해서 감소하는 분위기다. 재생에너지가 수요의 증가분과 기존 에너지원의 공급 감소분을 모두 부담할 수 있을지는 불확실한 상황이다.

에너지 수요와 공급에 대한 분명한 로드맵 없이 기존의 균형을 무너뜨리면 에너지 가격 상승이라는 현실을 직면하게 된다. 지속가능한 에너지가 우리에게 편리하고 값싼 에너지가 될 수 없을지도 모른다.

넷제로를 향한
에너지 대전환

파리 기후 협약에 기반한 넷제로(탄소 중립) 시대로의 전환은 에너지 산업 전 부문에서 배출량 감축을 목표로 질서 있는 전환을 통해 이뤄져야 한다. 2021년 에너지 조사기관 블룸버그 뉴에너지파이낸스(BNEF: Bloomberg New Energy Finance)에서 발간한 에너지 전망 보고서는 넷제로를 위한 구체적인 실현 방안들을 세 가지 시나리오로 분석했다.

BNEF는 '그린(Green) 시나리오'에서 이상적으로 재생에너지가 성장해 기존 에너지 수요를 대체하고 추가로 요구되는 에너지의 총량도 공급할 수 있다고 가정했다.

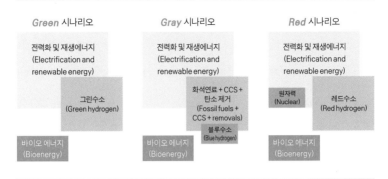

자료: BNEF

넷제로 시대의 에너지 전환 시나리오(BNEF 그린 시나리오)

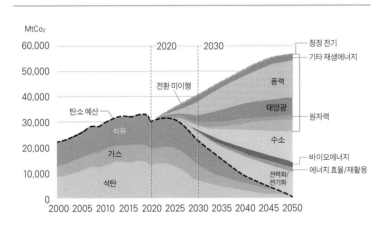

자료: BNEF

위 그림에 빗금으로 표기된 만큼 생산된 청정 전기로 인류에게 필요한 에너지를 공급하면 2050년 이산화탄소 발생량은 0으로 수렴하게 된다는 것이다.

BNEF의 '그레이(Gray) 시나리오'는 화석연료가 일부 사용되지만 이 과정에서 발생된 이산화탄소는 탄소 포집·저장(CCS) 과정을 통해 상쇄함으로 넷제로를 이룰 수 있다고 설명한다. 물의 전기 분해(electrolysis)를 통해 수소를 만드는 것이 가장 이상적인 방법이지만 이 과정에서 전기가 필요하다. 전기 분해 과정에서 사용되는 전기에너지가 청정 재생에너지로 생산된다면 이를 그린수소라 분류한다. 메탄(CH_4)에서 수소를 추출한다면 블루수소로 분류된다. 이 경우 수증기를 이용해 메탄을 수소와 이산화탄소로 분리하며 남은 이산화탄소는 CCS 과정을 거쳐 다시 지하에 저장된다. 블루수소가 청정에너지원으로서 가치가 있는지는 논쟁의 소지가 있으나, 그레이 시

넷제로 시대의 에너지 전환 시나리오(BNEF 그레이 시나리오)

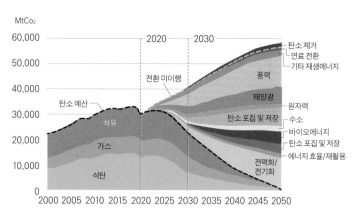

자료: BNEF

나리오는 그 가치를 인정하고 CCS가 기술적으로 완벽하게 이루어질 것을 가정한다.

'레드(Red) 시나리오'는 재생에너지가 충분하게 생산되지 못하는 만큼 원자력 생산을 늘리면서 넷제로를 이룰 수 있다는 가정이다. 원자력을 청정 전기에너지원으로 분류할 수 있을 것인가에 대해서는 논쟁의 여지가 있다. 하지만, 넷제로만을 목표로 실행 계획을 수립한다면 충분히 고려해볼 만한 에너지원임에 분명하다. 레드수소(혹은 핑크수소)는 원자력에너지에 기반해 만들어진 수소를 의미한다. 원자력으로 만들어진 전기에너지로 전기 분해하거나 고온의 원자로에서 만들어진 증기로 효율적인 메탄 리포밍(Reforming)을 함으로써 생산되는 수소를 통칭한다. 이렇게 생산된 수소는 석유 가스의 대

넷제로 시대의 에너지 전환 시나리오(BNEF 레드 시나리오)

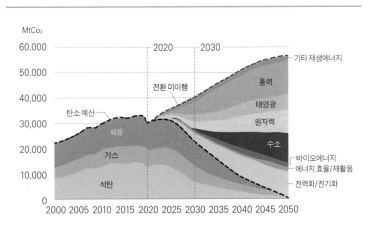

자료: BNEF

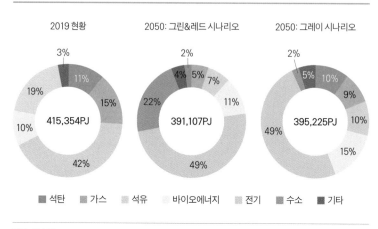

인류의 에너지 소비 총량 및 에너지 공급원
(2019년 기준 vs. 2050년의 그린, 레드, 그레이 시나리오)

2019 현황

415,354PJ

3%
11%
15%
42%
10%
19%

2050: 그린&레드 시나리오

391,107PJ

2%
4% 5% 7%
11%
49%
22%

2050: 그레이 시나리오

395,225PJ

2%
5% 10%
9%
10%
15%
49%

■ 석탄　■ 가스　■ 석유　　바이오에너지　■ 전기　■ 수소　■ 기타

자료: BNEF

체재로서 산업과 수송 부문에서 전기로 채우지 못하는 에너지 간극을 담당하게 된다.

현재 기술을 바탕으로 넷제로에 도달하는 것은 세 가지 시나리오 모두 쉽지 않을 전망이다. 무엇보다 이 시나리오들은 앞으로 우리 인류의 에너지 수요가 현재 시점보다 낮게 유지될 수 있다고 가정하고 있다. 매우 낙관적인 가정이다. 2019년 41.5만 페타줄[2](PJ: Peta-Joule, 10^{15} joules; 1PJ = 약 1만 9,000가구의 1년 에너지 총량) 에너지를 사용한 인류가 과연 2050년에 더 적은 양의 에너지로 모든 수요를 충

2　통계 기관에 따라 인류의 에너지 소비 총량은 다르게 계산될 수 있다. BNEF는 415KPJ을 1년의 총량으로 계산하였는데, 세계 에너지 및 기후통계 연감(Enerdata)에서는 2019년 소비 총량을 1만 4,000MToe, 약 58만 6,152PJ로 발표했다.

당할 수 있을지는 의문이다. 그보다 더 중요한 문제는 탄소 중립을 만들기 위한 충분한 사회적 합의가 이루어졌는가, 또 실행 계획을 수행할 수 있는 예산이 충분한가에 있다.

실현 가능한
에너지 대전환 방향

⋮ **과연 에너지 소비를 줄일 수 있을까?** ⋮

국제에너지기구(IEA) 보고에 따르면 2019년 전 세계는 606엑사줄[3]의 에너지를 생산하고 소비했다. 1971년 230엑사줄에 비하면 2.6배 증가한 것이다. 에너지 공급 비중은 1971년에 비해 석유 비중이 오히려 줄었고 천연가스와 원자력, 그리고 재생에너지의 비중이 늘었다. 역설적이게도 기후 변화와 탄소 중립을 외치던 2019년과 비교해도 석탄의 비중은 변하지 않았다. 심지어 비중이 아닌 사용 총

---

3 EJ: Exa Joule, 10^{18} Joule = 1억 6,300만 배럴의 석유에너지와 동급; 글로벌 석유 생산량은 하루 약 8,840만 배럴(2020년 기준)

1971년(총량 230EJ)과 2019년(총량 606EJ)의 에너지원별 공급량 비중 비교

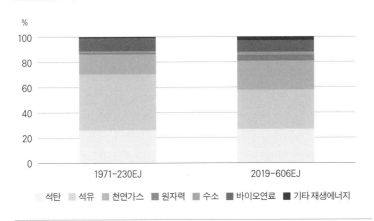

전 세계의 에너지 소비 총량 트렌드

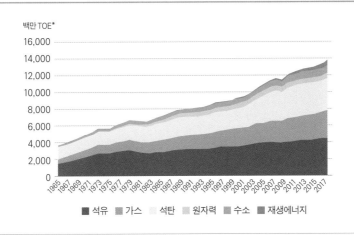

* Ton of Oil Equivalent(석유환산톤)
자료: BP, 세계은행

량으로는 2019년에 석탄을 2.6배나 더 많이 사용했다. 전 세계의 에너지 소비가 꾸준히 우상향한 것이다.

앞서 살펴본 넷제로의 모든 시나리오들은 2050년에 인류의 에너지 소비가 2019년과 비슷하거나 다소 줄어들 것이라 가정하고 있다. 2019년 606엑사줄(EJ)이던 인류의 에너지 소비가 과연 30년 뒤에 3분의 2 수준인 400엑사줄 수준으로 충족될 수 있을 것인지에 대해서는 명확한 설명이 없다. 그마저도 2050년에 생산되는 에너지 대부분이 청정한 전기에너지 형태로 공급될 것이라 전망했다. 전기에너지가 어떻게 풍력과 태양광을 통해 인류에게 필요한 규모의 에너지를 생산해나갈 것인지에 대한 구체적인 방안은 충분히 검토되지 않은 것으로 보인다.

⋮ 태양광에너지 생산 확대 ⋮

2020년 글로벌 태양광에너지는 전년과 비교해 156TWh가 증가한 821TWh의 전기에너지 생산을 기록했다. 태양광 생산이 가파르게 증가해 에너지 전환의 큰 축으로 자리매김하리란 점에는 이견이 없다. 하지만 2030년에 넷제로를 위해 2020년의 태양광발전 용량에 비해 10배 가까운 에너지를 생산해낼 수 있을지에 대해서는 의문 부호가 붙는다. 산술적으로는 매년 25%씩 꾸준히 성장하면 10년 후 지금과 비교해 9.3배까지 생산 용량을 늘릴 수 있다. 생산 초기엔 매해 일정 비율의 생산량 증가가 가능하지만 일정 규모에 이르게 되면 생산 증가 폭이 적체되는 것이 일반적이다. 예를 들어 중국은 각각 2016년 34.5GWh(기가와트시), 2017년 53GWh, 2018년 45GWh, 2019년 30GWh, 2020년 49GWh의 태양광발전 용량을 추가했다. 증가 폭도 일정하지 않고 전체 누적 생산량의 증가에 비해 추가되는 생산량이 폭발적으로 늘어나지 못해 누적 증가 폭은 감소했다. 매해 전년과 비교해 25%의 에너지가 추가로 생산되는 것은 현실적으로 굉장히 어려운 목표이다. 태양광 전력 생산에 필수적인 패널이 만들어지려면 공급망의 다양한 원재료들이 단계적으로 가공돼야 하는데, 이 모든 과정이 기존 대비 매년 25%씩 설비 증가가 이루어져야 가능하다.

2020년부터 2030년까지 10년간 늘어야 하는 태양광발전 용량인

2030 넷제로를 위한 태양광의 에너지 분담 요구치 예측

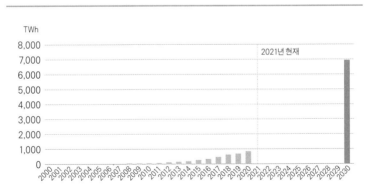

자료: IEA

7,000TWh는 약 25엑사줄로 환산이 가능한데(1EJ=277,778GWh) 이는 2019년 전체 에너지 소비량 606엑사줄의 약 4.16%이다. 에너지 대전환을 위한 인류의 노력이 최대로 적용된다고 하더라도 태양광 홀로 책임질 수 있는 에너지 생산의 한계가 존재한다. 또한 태양광 전력 생산 장비 제조에 있어 지역적 불균형이 존재하는 점은 생산 시설 확대에 상당한 불확실성으로 작용한다. 2021년 11월 11일 중국에 대한 미국의 새로운 무역 제재는 직·간접적으로 태양광발전에 필수이며 중국에서 주로 생산되는 웨이퍼와 폴리실리콘, 잉곳과 같은 자원들을 겨냥했다. 이로 인한 무역 마찰은 전체 글로벌 태양광 장비 제조에 영향을 미칠 수 있다. 폴리실리콘만 하더라도 중국 본토의 생산량이 173GW(기가와트)인 데 반해 나머지 국가에서 생산되는 양은 56GW에 불과해 지역적 편재성이 지니는 공급망 불안 요소는 매우 중요하게 작용할 전망이다.

공격적인 에너지 대전환 시나리오, 어스샷

지속가능한 에너지원으로의 에너지 대전환은 필수불가결한 방향이다. 문제는 어떻게 실현시킬지다. 기술적인 실현 가능성과 전환의 이행 속도가 핵심이다. 공격적인 에너지 대전환을 주장하는 전망에서는 앞으로 10년 동안 우리가 경험해보지 못한 엄청난 기술적 발전을 단언한다.

냉전이 한창이던 1957년, 당시 소련이 최초의 인공위성 스푸트니크를 성공적으로 발사했고, 미국은 충격을 받았다. 1961년 1월 대통령에 취임한 존 F. 케네디는 국민에게 '우리는 10년 내 달에 간다'는 단 한 문장으로 요약된 문샷(Moonshot) 프로젝트를 제안했다. 많은 사람이 회의적으로 보았지만, 1969년 마침내 인류는 달에 첫발을 디뎠다.

영국 케임브리지 공작 윌리엄 왕세손은 2020년 10월 테드(TED) 강연에서 역사상 가장 위대한 도전인 '어스샷(Earthshot)'에 도전할 것을 촉구했다. 이는 미국 케네디 대통령의 문샷에서 영감을 받은 것으로 2030년까지 자연을 보호하고 복원하며, 공기를 정화하고, 바다를 되살리고, 폐기물이 없는 세상을 만들며, 기후를 바로잡자는 것이다. 현재 시점에서 공학적으로도, 또 현실적으로도 어려운 도전 과제이지만, 인류의 역량을 모으면 불가능해 보이는 여러 에너지 대전환 시나리오들도 돌파구를 찾아낼 수 있다는 주장이다.

어스샷에 대해 윌리엄 왕세손은 TED 강연에서 다음과 같이 설명했다.[4]

"인간은 비행기를 발명하고 백신과 컴퓨터도 만들어냈습니다. 지구 곳곳을 여행하게 됐고 인간 게놈의 서열 정리도 했으며 지구의 대기

---

4 https://www.ted.com/talks/prince_william_this_decade_calls_for_earthshots_to_repair_our_planet (Korean translation by Irene Nayoung Ye)

밖으로 나가보기도 했습니다. 이 혁명의 속도는 엄청났지만 그만큼의 영향력도 가속화됐습니다.

새로 시작하는 10년은 역사에서 가장 중대한 시기입니다. 과학계는 반박할 수 없을 것입니다. 우리가 지금 바꾸지 않으면 앞으로 일어날 피해를 되돌릴 수 없습니다. 그 영향은 미래 세대뿐만 아니라 현재 우리에게도 끼칠 것입니다. 심각한 것은, 모두가 동등한 피해를 입는 것은 아니라는 점입니다. 가장 힘없고 자원이 부족하며 기후 변화에 상대적으로 적은 영향을 미쳤던 사람들이 가장 큰 영향을 받을 것입니다.

해결하기 쉽지 않은 이 문제를 어떻게 헤쳐 가야 할까요? 어려워 보이지만 불가능한 것은 아닙니다. 인간은 목표를 세우고 성취할 수 있는 대단한 잠재력이 있기 때문입니다. 1961년 존 F. 케네디 대통령이 10년 만에 성공시켰던 달 착륙 미션은 오랫동안 저에게 많은 영감을 줬습니다. 그는 그 미션을 '문샷'이라고 했죠. 말도 안 되는 일 같았어요. 당시 첫 번째 위성을 발사했을 때였거든요. 달에 사람을 그렇게 빨리 착륙시킨다는 건 불가능해 보였어요.

하지만 이 단순한 도전은 큰 성공을 거뒀습니다. 그는 목표를 정한 뒤 계획을 세웠고 최고의 자원과 기술을 지원했습니다. 인류를 위해 거대한 도전을 해내면서 문샷 임무를 수행한 팀은 전 세계 수백만 명의 사람들을 한마음으로 결속시켰습니다. 이 바보 같아 보이는 열정이 꼭 미친 짓은 아니었다는 것을 깨닫게 됐죠. 이후 이 미션은 CAT 스캔(X선 체축 단층 사진), 태양열 전지판 발명 등에 도움이 됐습니다.

그러나 이제는 문샷 임무가 아닌 '어스샷'을 해야 할 때입니다. 우리는 다시 그때와 같이 인간의 독창성과 목적성을 발휘해야 하는 중요한 순간에 다다랐고, 이제 우리는 날카로운 집중력과 집요함을 보여야 할 때입니다. 바로 지구를 복구하는 일이죠. 우리 세대를 위해 바라봐야 하는 공통된 목표는 명확합니다. 다 함께 자연을 복구하고 깨끗한 공기와 바다 환경을 살려야 하며 쓰레기 없는 세계를 만들고 기후 변화를 바로잡아야 합니다. 우리는 10년 이내에 이 모든 일을 해내려고 노력해야 합니다."

영국 왕립 재단은 환경 노벨상과 같은 '어스샷 상(Earthshot Prize)'을 제정해 2020년부터 다섯 가지 부문에 대해 수상자를 선정하고 있다. 낙관론자들은 어스샷을 통해 에너지 대전환이 가속화될 수 있다고 설명한다. 하지만 몇 가지 중요한 차이는 있다. 문샷이 미 국이라는 한 국가의 기술적인 도전이었다면 어스샷은 다양한 이해관계가 얽힌 많은 국가들의 공동 과제라는 점이다. 각국이 처한 현실과 경제적인 당위성이 다르기 때문에 어스샷이 넘어야 할 장애물은 처음으로 인류를 미지의 세계로 보냈던 문샷보다 더 크고 복잡할 것으로 보인다. 에너지는 오늘을 살아가는 우리 모두의 현실적인 문제라는 점에서 또한 그렇다. 매일의 생활 속에 필요한 전기의 안정적 공급과 합리적인 비용은 모든 개인에게 인류가 달에가는 문제보다 더 피부로 와 닿는 현실이다.

미국의 '어스샷' 프로젝트,
또 다시 기적을 만들 수 있을까?

미국 에너지부(DOE)는 경제적으로 부담이 적고 의존 가능한 청정에너지 솔루션 장려를 위해 2021년 6월에 에너지 어스샷 이니셔티브(Energy Earthshots Initiative)을 시작했다. 미국 에너지부는 에너지 어스샷의 첫 번째 목표로 재생에너지 등 깨끗한 전력원으로부터 생산되는 수소의 가격을 향후 10년간 감소시키는 기술을 개발하는 것으로 선정했다. 2021년 기준 재생에너지에서 생산되는 그린수소는 kg당 4~5달러 정도에 생산되고 있는데 미국 에너지부의 목표는 10년 후 그린수소의 가격을 현재 가격에서 80%가량 내린 kg당 1달러로 감소시키는 것이다. 그린수소 가격 인하를 바탕으로 교통 수단과 기존 수소를 사용하는 산업들이 친환경적인 그린수소를 부담 없이 이용함으로써 탄소 배출을 줄이고자 하는 것이 주 골자이다(그린수소에 대한 설명은 8장 '수소에너지의 현실과 미래'를 참조).

2021년 7월, 미국 에너지부는 에너지 어스샷의 두 번째 목표로 장주기 에너지 저장장치(Long Duration Energy Storage) 기술 개발과 개선을 선정했다. 미국 에너지부는 10년 내 10시간 이상 사용이 가능한 대규모 장주기 에너지 저장장치의 가격을 현재 가격의 90% 수준으로 줄일 것을 목표로 했다. 2021년 기준 에너지 저장장치의 가격은 $160~170/kWh 정도로 높은 가격과 가격에 미치지 못하는 성능으로 인해 아직까지 사용이 제한적이다. 따라서 저렴하고 효율이 높은 장주기 에너지 저장장치가 개발되고 장치의 보급이 활성화된다면 재생에너지 저장이 수월해지므로 재생에너지 발전원의 사용도 증가할 것으로 예상된다. 에너지 저장장치는 낮 시간에 발전된 태양광에너지를 시간 제약 없이 필요할 때 사용할 수 있게 하며 출력이 일정한 원자력발전의 경우 전기 수요가 낮을 때 잉여 전력을 저장장치에 저장하여 수요가 높을 때 저장된 전기를 사용할 수 있도록 한다. 따라서 에너지 저장장치는 전력망의 유동성 확보에 크게 기여할 것으로 기대된다.

아폴로호가 달에 착륙한 지 반세기가 지난 지금, 마치 반세기 전 인류를 달에 보내기 위해 모든 이들이 협력하고 다양한 분야의 전문가들이 모여 불가능을 가능하게 했던 문샷처럼 어스샷을 통해 인류는 다시 한 번 어려운 일을 가능하게 만들고자 한다. 전 세계가 끊임없이 연구하고 투자하기에 2050년까지 넷 제로를 이룰 수 있을 것이라 기대해본다.

⋮ 경제적 전환 시나리오 ⋮

"모르는 천사보다 아는 악마가 낫다(Known devil is better than unknown angel)"란 말은 에너지 업계에서 오래 이어져 내려온 격언이다. 생산과 공급이 불안정하고 불확실한 청정에너지보다 환경적으로 깨끗하지는 않지만 컨트롤이 가능하고 예측 가능한 에너지가 안정적인 계획과 관리에 용이하다는 것이다. 에너지는 국가와 사회에 가장 기초가 되는 인프라이다. 때문에 가장 중요한 가치는 공급 안정성이다. 에너지 대전환의 시대에 공급 불안이 가져오는 에너지 혼돈을 우리는 지켜보고 있다.

2020년 유럽 전체의 에너지 생산의 13%를 담당하던 풍력이 2021년 그 비율이 5%로 줄어들자 유럽 전체에 에너지 대란이 발생했다. 영국 정부의 2020년과 2021년의 각 분기별 공식 통계에 따르면 발전 용량이 증가했음에도 해상 풍력발전과 육상 풍력발전에서 급격한 생산량 감소가 일어났다. 예상치 못하게 바람이 멈추자 유럽

영국의 재생에너지 발전 용량 및 생산량 증감

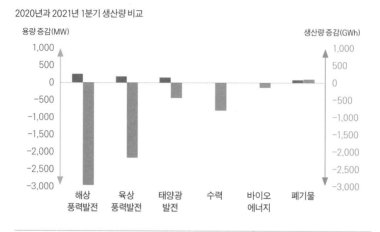

2020년과 2021년 1분기 생산량 비교

자료: Department for Business, Energy & Industrial Strategy – Government of UK

전체의 전기료는 걷잡을 수 없이 폭등했다. 재생에너지의 확대와 넷 제로가 화두가 되는 지금, 역설적으로 석탄발전소를 재가동해야 하는 지경에 이르렀다. 부족한 전력량을 가능한 메우기 위해 각국 정부는 앞다퉈 가스 수급에 뛰어들었고 이에 천연가스는 2008년 이후로 가장 가파르게 상승 중이다($9.75/MMBtu, 2022년 7월 기준). 재래 에너지원에 대한 투자가 줄어들면서 석유와 가스 공급량도 단시간 내에 급격하게 늘어나기는 어려워 보인다. 수요는 늘어나는데 공급이 불안정하니 가격 상승은 피할 수 없다. 치솟는 전기·가스·에너지 가격은 우리가 구상하는 재생에너지로의 대전환에 의구심을 불러일으킨다. 2050년에 기존의 에너지원 없이 완벽한 재생에너지 체계를 만들 수 있을 것인지, 그 시스템은 안정적으로 수요를 채울 수

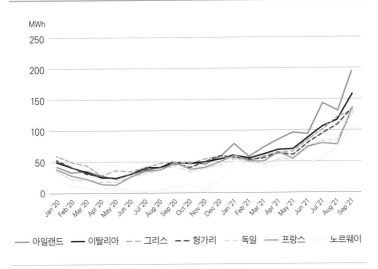

자료: BNEF

있을지 말이다.

　블룸버그NEF의 '그린 시나리오'는 이상적으로 재생에너지가 성장해 기존의 에너지 수요를 대체하고 추가로 요구되는 에너지의 총량도 공급할 수 있다고 가정한다. 청정 전기로 인류가 필요한 에너지를 충분히 공급하면 2050년 이산화탄소 발생량은 0으로 수렴하게 된다는 것이다. 그러나 기술적으로 또 정치·경제적으로 얼마나 많은 장애물들이 있을지 가늠조차 할 수 없는 것이 냉정한 현실이다. 좀 더 설득력 있는 실현 방안은 경제적 에너지 전환 시나리오가 될 수 있다. 블룸버그NEF가 예측한 한국의 전력 생산 부문의 경제적 전환 시나리오는 기존의 에너지원과 재생에너지가 결합해 변화될

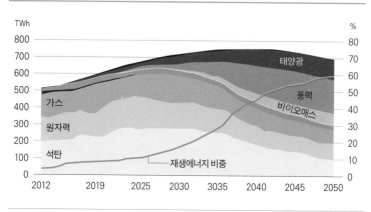

자료: BNEF

미래를 현실적으로 보여준다. 추가로 요구되는 수요는 모두 재생에 너지가 담당하되 그 생산 비중을 차츰 늘려서 2050년엔 전체 에너 지 생산의 60% 정도를 담당하게 된다는 것이다.

세계적인 데이터와 정보처리 회사인 IHS 마킷(Markit)의 대니얼 예 긴(Daniel Yergin) 부회장은 EEI(Edison Electric Institute)가 주최하는 글로벌 전력화 포럼에서 파리 협정에 관해 "2050년을 위해 무엇을 해야 하는지는 있지만 어떻게 해야 하는지는 불분명하다"고 논평했 다. 예긴 부회장은 탄소 중립으로의 전환은 시간이 걸릴 것이고 예 상하는 것보다도 그 전환 과정 중에 여러 도전 과제에 직면할 것이 라 전망했다. 석유와 가스에 대한 의존도 역시 2030년까지는 꾸준 히 상승할 것으로 전망하면서 탄소 중립을 구체화할 현실적 실현 안 이 필요하다고 지적했다. 미국 에너지 정보관리청(EIA)의 2021년 국

전 세계 에너지 소비 전망(2010~2050)

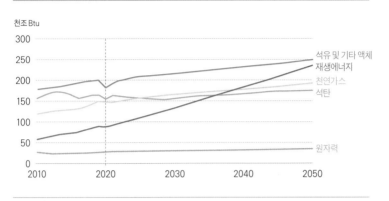

천조 Btu

석유 및 기타 액체
재생에너지
천연가스
석탄
원자력

자료: International Energy Outlook 2021, EIA

제 에너지 전망 보고서는 2050년까지 재생에너지가 가파르게 성장하겠지만 늘어나는 인구와 경제 성장에 따라 기존의 에너지원에 대한 의존도가 사라지지는 않을 것이라고 분석했다. 안정적이고 경제적인 에너지 전환이 가장 현실적인 대안이라면 말이다.

에너지 대전환이란 방향성엔 의심의 여지가 없다. 재생에너지 비중이 올라갈 것이고 이를 준비하기 위한 투자가 확대되고 기술적 혁신이 이루어질 것이다. 다만 그 전환은 사용자가 받아들일 수 있는 속도로 안정적인 공급을 바탕으로 이루어져야 한다고 전문가들은 지적하고 있다. 전기가 이틀에 한 번만 공급되는 청정에너지의 미래는 상상할 수 없는 것이기에, 안정적이고 경제적인 에너지 대전환이 요구된다.

IPCC와 블룸버그NEF가 예측한 넷제로 달성 경로에 따른 기후

IPCC와 BNEF의 시나리오별 탄소 배출량 비교

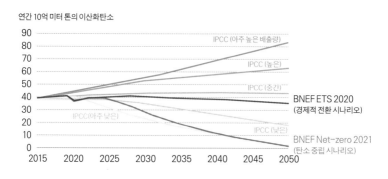

연간 10억 미터 톤의 이산화탄소

자료: BNEF

넷제로 달성 경로에 따른 기후 영향

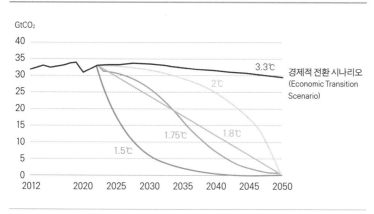

자료: BNEF

영향을 보면 경제적 에너지 대전환이 상대적으로 불성실한 탄소 중
립 계획이란 사실은 부인할 수 없어 보인다. 하지만 실현 가능한 실

행 방안을 세우는 것은 현실적으로 불가능한 장밋빛 청사진을 늘어놓는 것보다 더 중요하다. 2020년 전체 전력 생산의 24.8%를 풍력으로부터 생산하던 영국이 폐쇄를 앞둔 석탄발전소를 다시 가동하게 된 사례는 우리에게 시사하는 바가 크다. '모르는 천사보다 아는 악마가 낫다'는 말이 에너지 대전환의 시대에도 여전히 유효할지는 아무도 알 수 없다.

NET ZERO

⚡

ENERGY WAR

2장

테슬라는
종합 에너지 회사를
꿈꾼다

"우리의 목표는 세계가 에너지를 이용하는 방식을
근본적으로 바꾸는 것입니다."
—

2015년 4월 30일. 미국 캘리포니아주 호손에서 한 남자
가 연단에 올라 힘주어 말했다. 그는 천천히 이동하며 이
어 "세계의 에너지 인프라를 완전히 변화시키겠다"는 목
표를 제시했다. 글로벌 에너지 회사의 수장이 나선 것일
까? 다름 아닌 그는 전기차 회사 테슬라의 CEO 일론 머스
크였다. 그는 테슬라가 자동차 회사에 머무는 것이 아니라
종합 에너지 회사가 되겠다는 장기적인 비전을 회사 설립
이후 처음 제시했다. 이날 일론 머스크가 가지고 나온 제
품은 신차가 아니라 가정용 에너지 저장장치(ESS) 파워월
(Powerwall)과 상업용 ESS 파워팩(Powerpack)이었다. 이
날은 테슬라가 '테슬라 에너지'란 자회사를 설립한 날이기
도 하다. 자동차 회사에서 종합 에너지 회사로 거듭나기 위
해 2017년 2월 사명 또한 '테슬라 모터스'에서 '테슬라'로
변경했다.

테슬라가 그리는
에너지의 미래

자동차 회사가 에너지 사업을 시작한 이유?

"테슬라 에너지는 전기차 비즈니스와 거의 같은 규모로 성장할 것입니다. 또한 태양광과 에너지 저장장치의 매출이 전기차 매출보다 훨씬 더 빠르게 성장할 것입니다."

일론 머스크 테슬라 CEO는 틈만 나면 테슬라의 에너지 사업 부문에 대한 기대를 숨기지 않았다. 전기차 시장을 평정한 뒤 종합 에너지 회사로 거듭난다는 포부를 드러내놓고 나타낸 것이다. 실제로 자동차 회사가 태양광이나 ESS 비즈니스를 하는 경우는 유례가 없었고, 반대의 경우도 마찬가지다.

테슬라 에너지는 태양광발전 시스템과 ESS 제품 등과 관련 서비

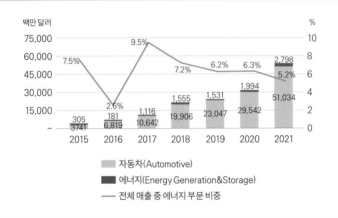

테슬라 사업부문별 매출(좌측) 및 에너지 부문 매출 비중(우측) 추이

자료: 테슬라

테슬라의 연간 ESS 설치 추이　　　　**테슬라의 연간 태양광 설치 추이**

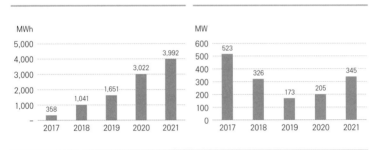

자료: 테슬라

스를 개발·제조·판매 및 설치하는 비즈니스를 한다. 대표 제품으로
는 세 가지 종류의 ESS인 파워월과 파워팩·메가팩, 태양광 제품인
솔라패널·솔라루프·솔라 인버터가 있으며 자사의 하드웨어 제품을
지원하는 소프트웨어인 오토비더(Autobidder)·파워허브·버추얼파워

플랜트(VPP·가상발전소) 등이 있다.

테슬라의 전체 매출 중 에너지 부문의 매출 비중은 파워월과 파워팩을 발표했던 2015년 7.5%를 차지했다가 2016년 2.6%로 급격히 줄었다. 출시 초기에 파워월과 파워팩의 수급이 원활하지 않았기 때문이다. 하지만 이 비중은 솔라시티를 인수한 직후인 2017년 9.5%로 급격히 늘었다가 2021년 5.2%까지 점진적으로 감소했다. 이 기간 동안 ESS의 매출은 지속적으로 증가했지만 솔라시티가 매출 부진을 겪었고, 테슬라의 본업인 자동차 부문이 모델3·모델Y의 출시와 중국 상하이 공장의 오픈에 따른 자동차 판매 증가로 상대적으로 에너지 부문의 매출 비중이 적어졌기 때문이다. 2022년 1분기 실적만 살펴봐도 테슬라의 태양광 설치는 48MW(메가와트)로 전년 같은 기간 대비 48% 감소했지만, ESS 설치는 846MWh(메가와트시)로 전년 동기 대비 90% 늘었다.[5]

⋮ 에너지 저장장치부터 가상발전소까지 ⋮

테슬라의 전체 매출에서 에너지 부문의 매출 비중이 늘어나려면 공급망 이슈가 해결되어야 한다. 배터리 수급이 부족할수록 테슬라

---

5 ESS 배터리의 전력 용량은 전력생산용량(Power Capacity)과 에너지 용량(Energy Capacity)으로 표현된다. 전력생산용량은 임의 순간 생산되는 최대 전력량으로 MW 단위를, 에너지 용량은 저장시스템에 저장할 수 있는 총 에너지 양으로 MWh 단위를 사용한다.

의 본업인 자동차 쪽으로 배터리가 우선적으로 공급될 가능성이 높다. 하지만 그렇다고 해서 테슬라의 장기 계획인 종합 에너지 회사를 포기하는 것은 아니다. 테슬라는 여전히 전기차부터 솔라패널-에너지 저장장치로 이어지는 솔루션을 지속적으로 강화할 가능성이 높다.

테슬라의 비즈니스 중에 눈여겨봐야 하는 것 중 하나는 바로 가상발전소(VPP·소규모 에너지를 통합, 관리하는 클라우드 기반 플랫폼)이다. 잉여 전기를 송전망에 되파는 자사 플랫폼 오토비더를 기반으로 하며 운영은 아웃소싱을 한다. 테슬라는 '테슬라 에너지 플랜'에 가입한 파워월 유저들에게 VPP를 통해 지역 사회에 재생에너지를 공급할 수 있도록 돕는다. 이 플랜에 가입하면 테슬라는 인공지능(AI) 등을 활용해 파워월 유저들의 에너지 사용량을 분석하고 날씨와 전력시장 상황, 앞으로 예상되는 이벤트 등까지 감안해 각 유저에게 가장 효율적인 맞춤식 전력 솔루션을 제공한다. 테슬라는 VPP 비즈니스를 호주를 필두로 미국, 독일 등에서 시행하고 있다. 특히 이미 사우스오스트레일리아에서 2018년부터 8억 달러를 투입해 VPP 구축을 진행해왔다. 테슬라는 이곳에서 5만여 개 주택에 각각 5kW(킬로와트)급 태양광발전소와 파워월·스마트미터 시스템을 설치하고 이를 소프트웨어로 통합해 체계적으로 제어하는 세계 최대 규모의 VPP를 운영할 계획이다. 테슬라는 VPP가 가동되는 2022년부터 사우스오스트레일리아의 평균 전기요금이 kWh(킬로와트시)당 0.4달러(2018년 4월 기준)에서 0.27달러로 낮아질 것으로 예상했다.

테슬라가 꿈꾸는 종합 에너지 회사로의 전환은 이제 시작 단계다. 전기차부터 에너지 저장장치·태양광, 그리고 에너지 관련 시스템까지, 앞으로의 에너지 산업의 흐름이 궁금하다면 테슬라의 행보를 지켜볼 필요가 있다.

파워월의 시작,
곧 테슬라 에너지의 시작

테슬라는 왜 우크라이나에 파워월을 보냈을까?

"우크라이나에 파워월을 공급하겠습니다."

일론 머스크 테슬라 CEO는 러시아의 침공으로 통신 이용의 어려움을 겪는 우크라이나에 저궤도 위성통신 서비스 스타링크 서비스를 지원하며 동시에 테슬라가 생산하는 가정용 에너지 저장시스템인 파워월도 함께 제공했다고 밝혔다. 파워월은 지상의 인터넷 접속 장비에 전원을 공급하기 위한 것이다. 애초에 우크라이나 표도로프 장관이 발전기를 보내줄 것을 요청했으나 머스크는 발전기보다는 열 신호와 연기가 나지 않고 연료 고갈 문제도 없는 에너지 저장장치가 더 유용할 것이라며 파워월을 보냈다. 긴급한 상황에 생명을 구하는 도시 연결망과 긴급 서비스를 유지시킬 수 있던 스타링크가 제대로 작동하는 데엔 파워월이 큰 몫을 한 것이다. 테슬라는 푸에르토리코가 허리케인 마리아로 전력 인프라에 큰 피해를 입을 때도 파워월을 제공한 적이 있다.

파워월은 일반 주택의 벽에 붙여 사용할 수 있는 대형 전력 장치로 태양광 패널에 연결해 낮 동안 충전한 전기를 야간이나 비상시 사용할 수 있는 장비다. 러시아가 우크라이나의 기존 통신망과 전력망을 상당 부분 파괴했지만 파워월 덕분에 우크라이나는 통신 및 전력을 사용할 수 있는 대안을 마련했다.

칼 브라우어 미국 자동차 전문지 켈리블루북 자동차 애널리스트는 테슬라가 파워월을 발표하자 "일론이 전기차 사업에서 개인이 이용할 수 있는 에너지에 눈길을 돌렸다는 것은 테슬라의 미래를 위해서 전적으로 옳은 결정"이라고 평가했다. 테슬라가 전기차 사업용 배터리를 개발하면서 에너지 저장용 배터리 사용 실험도 시작하며 테슬라 에너지 프로젝트가 시작됐다. 2012년부터 테슬라는 일부 기업 고객들이 필요한 장소에 추후 파워팩으로 불린 프로토타입 대형 배터리 팩을 설치하기도 했다.

가정용으로 개발된 파워월은 리튬이온 배터리로 만들어진 벽걸이형 소형 에너지 저장장치(ESS)이다. 파워월은 태양광발전을 통해 생산한 전기를 저장해 비상 상황에 예비 전원으로 활용할 수 있다. 미국의 일반적인 지역은 한국, 특히 수도권 지역과는 달리 전력 회사들이 공급을 해야 하는 지역 단위가 크고 자연재해 또한 빈번해 전력 공급이 불안정한 경우가 잦다.

그뿐 아니라 파워월은 전기요금이 싼 시간대를 이용해 충전할 수도 있다. 가정에서 전력을 가장 많이 소비하는 건 아침과 밤이다. 하지만 태양광발전이 최고조에 이르는 시간은 낮이다. 따라서 시간별로 전력 수급의 차이가 발생하는 만큼 낮에 저장한 전력을 그대로 전력 소비가 많은 시간대로 옮겨주는 이른바 피크 시프트(peak shift)를 통해 전기요금을 저렴하게 이용하는 것이 가능하다. 게다가 전력회사가 화력발전이나 원자력발전 등을 사용하는 양도 줄일 수 있다.

파워월의 또 다른 가능성은 시간별 또는 계절별로 생산량이 불규칙하고 일정하지 못한 재생에너지의 단점을 해결할 수 있다는 점이

테슬라 파워월의 모습

자료: 테슬라

다. 파워월을 태양광발전 패널과 함께 설치하면 기존 전력망에서 완전히 벗어나는 것도 불가능하지 않다.

모델S와 모델X의 연이은 성공에 힘입어 테슬라의 신규 비즈니스도 소비자들의 많은 관심을 받았다. 파워월은 출시하자마자 큰 인기를 끌었다. 블룸버그 보도에 따르면 일론 머스크 테슬라 CEO가 파워월을 발표한 이후 약 2개월 동안 테슬라에 5만 5,000개의 파워월의 선주문이 들어왔다.

최초 파워월 공개 당시 테슬라는 일상 활용을 겨냥한 7kWh와 백업 용도에 최적화된 10kWh 파워월 두 가지를 출시하겠다고 발표했다. 미국의 가구당 하루 평균 소비 전력량은 30kWh 수준이기 때문에 보조 전력 역할을 하는 파워월이 소비자들에게 부족함 없는 용량으로 출시됐다는 평가를 받았다. 하지만 특별한 언급 없이 테슬라는 2016년 3월 10kWh 용량의 파워월에 대한 내용을 웹사이트에서 삭제해 공식적인 생산을 시작한 이후로 설치된 파워월은 6.4kWh였다. 또한 테슬라는 파워월이 NMC(니켈-망간-코발트) 배터리를 사용해 보증 만료 전에 약 5,000회 이상 충방전 사이클이 가능하다고 전했다.

전력 재난을 겪는 곳에서 파워월의 인기 높아

테슬라는 2015년에 500개의 파워월을 캘리포니아 프리몬트 공장에서 파일럿 형태로 생산해 설치했다. 이후 리튬-이온 배터리를 생산하는 공장인 기가 네바다에서 본격적으로 파워월 출고를 시작했던 2016년 1분기, 테슬라는 북미·아시아·유럽·아프리카 등 4개 대륙의 고객들에게 2,500개 이상의 파워월을 납품했다.

테슬라의 파워월은 본격적인 출고가 시작되면서 하와이와 같이 외부에서 공수된 연료로 전기를 생산하는 곳에서 소비자들에게 좋은 반응을 얻었다. 하지만 전력 재난을 겪어본 곳은 그 수요의 정도가 남다르다. 특히 호주에서 테슬라의 파워월은 출시 이후 높은 수요가 지속됐다.

발단은 호주의 기록적인 폭염에 따른 정전 사태였다. 2016년 9월

테슬라 파워월 모델별 스펙

모델	공개	가격	용량 (kWh)	최대 전력		무게
				연속	피크 (최대 10초)	
파워월1*	2015년 4월	$3,000	6.4	3.3kW		97kg
파워월2	2016년 10월	$5,500→$6,500 추후 인상	13.5	5kW	7kW	114kg
	2020년 11월	$7,500		5.8kW	10kW	
파워월+**	2021년 4월	$8,500	13.5	5.8kW(no sun)	10kW(no sun)	156kg
				7.6kW(full sun)	10kW(full sun)	

* 단종
** 통합 솔라 인버터 포함

호주의 사우스오스트레일리아주(남호주)와 빅토리아주에서 발생한 대규모 정전 사태 직후 파워월의 수요가 평소보다 약 30배 급증한 것으로 알려졌다. 매년 기록적인 폭염을 겪고 있는 호주는 2022년 1월 서호주 온슬로 지역에서 최고 기온이 50.7℃를 기록하며 호주 역사상 가장 더운 날로 기록된 1960년 1월의 폭염 기록과 같은 기온을 나타내기도 했다. 특히, 남호주 일대는 폭풍과 폭염 등으로 대규모 정전 사태가 잇따라 발생하면서 전기 요금 폭등 문제를 지속적으로 겪고 있는 중이다. 이후 호주 소규모 태양광발전 설비 구매자 중 약 95%가 테슬라의 파워월을 구비하고 있다. 일반적인 호주 가정에서는 하루 평균 21kWh의 전력을 사용해 파워월2 기준으로 저녁 시간대에 필요한 전력을 충분히 저장할 수 있는 것으로 알려졌다.

지난 2021년 2월 미국 전역에 몰아닥친 한파로 인해 텍사스주에 송전망이 다운돼 일주일 이상 전력 공급에 문제가 생겼을 때 파워월의 인기는 실로 대단했다. 파워월을 설치했던 집들은 모두 위기를 넘겼던 것이다. 당시 트위터를 포함한 여러 소셜미디어엔 텍사스에 위치한 한 지역의 모든 집이 정전으로 불이 꺼져 있을 때, 아주 일부의 집만 파워월로 비상 전력을 가동시켜 불을 켜놓은 모습이 공유되기도 했다. 이 모습이 공개된 후 테슬라 파워월의 주문이 급격히 늘어난 것은 말할 것도 없다.

텍사스 정전 사태 이전부터 있었던 기능이지만, 테슬라가 매년 산불이 날 때마다 어려움을 겪는 캘리포니아의 일부 주민들을 위해 만들었던 '스톰워치' 기능은 파워월 소유자들에게 무척 유용하다. 호주 퀸즈랜드에 거주하는 한 파워월 소유주도 사이클론이 오기 전에 테슬라가 이 기능을 작동시켜 무척 도움이 됐다는 경험을 공유하기도 했다. 스톰워치는 파워월 앱 안에서 폭풍이나 혹독한 날씨가 예견되면 정전을 대비해 미리 배터리를 완충하는 기능이다. 이후 기상 상태가 좋아지면 자동으로 다시 원래의 모드로 돌아간다. 테슬라의 발표에 따르면 2021년 한 해에만 총 40만 건의 스톰워치 기능이 작동됐다고 한다.

파워월을 공개한 지 1년 반이 지난 시점인 2016년 10월, 테슬라는 로스앤젤레스 유니버설 스튜디오에서 13.5kW의 용량으로 개선된 형태의 파워월2를 선보였다. 이전 모델에 비해 전력 피크 시(최대 10초) 최대 전력이 40% 늘어난 7kW, 연속 출력 시엔 50% 늘어난 5kW로 개선됐다. 이후 파워월2는 2020년 11월에 보다 업그레이드된 모델을 출시해 용량이 동일하지만 피크 전력 시 10kW, 연속 전력 출력 시 5.8kW의 전력을 제공할 수 있게 됐다. 물론 전력 개선을 이유로 파워월2는 최초 공개한 지 4년 만에 가격이 7,500달러로 인상됐다. 파워월2부터는 파워월 초기 모델에서는 별도로 구매해야 했던 인버터를 내장했다. 인버터는 태양광 집전판에서 직류 형태로 저장된 발전 전력을 교류로 변환시켜 실생활에서 사용할 수 있는 전기 형태로 바꿔주는 설비로, 태양광발전 시스템을 송·배전 전력망에 연결하기 위한 필수 제품이다.

2021년 1분기 실적 발표가 있던 2021년 4월, 테슬라는 2010년

11월부터 준비해온 파워월2와 테슬라 백업 게이트웨이, 테슬라 솔라 인버터의 기능을 결합한 '파워월+(파워월플러스)'를 출시한다고 발표했다. 파워월 본체는 기존과 동일하게 파워월2를 사용하기 때문에 배터리 용량이 동일하고 해가 뜨지 않았을 때 최대 전력은 같지만 날씨가 맑을 때는 파워월플러스의 최대 전력이 7.6kW까지 더 늘어난다는 특징이 있다. 테슬라는 파워월플러스 출시와 함께 파워월 소프트웨어를 업그레이드했다고 발표했다.

파워월플러스 출시에 앞서 2021년 3월 테슬라는 밀려드는 파워월 주문을 대응하기 위해 태양광 패널과 묶어서 판매하는 '끼워팔기' 전략을 내놨다. 테슬라는 2016년 솔라시티를 인수해 태양광 패널을 판매하기 시작했지만 파워월과는 다르게 판매가 지지부진해왔다. 이에 따라 두 제품을 동시에 구매하는 패키지를 내놓은 뒤 파워월플러스를 출시한 것이다. 테슬라 파워월의 공급이 수요를 따라가지 못하기 때문에 가능한 전략이다.

실제로 테슬라의 파워월의 판매량은 본업인 전기차 판매 못지않다. 2020년 5월 테슬라는 약 4년이 걸쳐 파워월 10만 개를 설치했다고 발표했으며, 그로부터 1년 뒤인 2021년 5월 파워월 누적 판매가 20만 대를 돌파했다고 전했다. 2021년 11월 기준 테슬라는 25만대의 파워월 구축을 완료했다. 공급이 수요를 따라가지 못하자 배송 지연도 6개월에서 1년 이상 장기간 이어지는 일은 부지기수였다. 2021년 7월 일론 머스크가 밝힌 파워월의 밀린 주문량은 8만 개였다.

하지만 테슬라 측은 통해 모델3와 모델Y의 생산과 파워팩, 메가팩 등에 주력하면서 파워월의 생산량 증가세가 둔화돼왔으며, 배터리 셀 공급이 부족해 파워월보다는 전기차 생산을 우선시하고 있다는 입장을 밝혔다. 이런 상황에도 불구하고 테슬라 파워월의 인기는 앞으로도 지속될 것으로 보인다.

기업용 에너지 저장장치
'파워팩'

본래 테슬라의 ESS 비즈니스는 2012년부터 일부 기업 고객들에게 프로토타입 배터리 팩을 설치해주면서 시작됐다. 이 배터리 팩을 통해 고객들은 백업 전력, 마이크로 그리드(지능형 에너지 전력망), 주파수 조절 및 전압 제어 등에 필요한 에너지를 저장할 수 있었다. 덕분에 기업들은 전력 사용 비용을 약 20% 절감했다. 테슬라는 이러한 배터리 비즈니스 모델에 고무돼 가정용 ESS인 파워월까지 내놓게 된 것이다. 기업 고객들에게 먼저 제공됐던 이 배터리 팩이 바로 파워팩(Powerpack)이다. 첫 번째 상용화된 파워팩 모델(파워팩1)은 2015년 4월 파워월과 함께 출시됐다.

공공시설이나 기업들의 상업용으로 판매되는 파워팩은 주로 가정용으로 쓰이는 파워월보다 용량(kWh) 기준으로 7~17배 큰 ESS이다. 파워팩은 랙(Rack)과 캐비닛(Cabinet)을 결합한 형태의 모듈 케이스에, 리튬이온 팩으로 된 16개의 포드(pod)를 내장한 구조로 돼 있다. 각각의 배터리는 절연된 DC/DC(직류-직류) 컨버터로 연결돼 있고, 이중 냉각수 및 냉매 순환 시스템을 적용한 냉각 시스템과 고효율 전력 제어 장치 등으로 구성돼 있다. DC/DC 컨버터는 배터리에서 나오는 고압의 직류 전력을 내부 장치에 적합한 직류로 바꿔주는 부품이다. 이와 같이 건물이나 유틸리티 네트워크에 연결하는 데 필요한 것을 모두 갖춘 통합형 ESS인 파워팩은 실외에서 사용할 수 있도록 설계된 제품인 만큼, 추가적인 설비 없이 야외에 모듈 형태의 본체를 그대로 설치해서 사용할 수 있다. 또한 파워팩끼리 연결해서 사용하면 무한대로 확장이 가능하며, 어떤 크기의 배터리 시스템과

테슬라 파워팩의 모습

자료: 테슬라

도 연결될 수 있다는 점이 특징이다.

테슬라 파워팩1은 100kWh로 출시됐으며, 18650 원통형 배터리(지름 18mm, 길이 65mm)가 사용됐다. 이후 2016년 10월에 공개된 파워팩2는 전력 저장 밀도를 2배로 높인 2170 원통형 배터리(지름 21mm, 길이 70mm)를 사용해 용량이 200kWh로 두 배 커졌다. 이후 파워월2의 용량은 210kWh로 늘었다가 2020년부터는 232kWh로 판매되고 있다.

파워팩의 가격은 일률적인 가격으로 판매되는 가정용 제품 파워월과는 달리 배터리 가격과 구매 개수에 따른 프로모션, 보조금 등에 따라 달라진다. 2020년 3월 한 대당 17만 2,000달러에 판매됐던 파워팩은 2020년 9월 테슬라가 개최한 배터리 데이에 맞춰 12만 5,000달러로 인하되기도 했다.

파워팩은 안정적으로 전력이 필요한 곳에서 이제 없어서는 안 되는 존재다. 파워팩 출시 후 전 세계의 수많은 곳에 설치됐지만 그중 대표적인 다섯 곳을 사례로 꼽아봤다.

⋮ 미국령 사모아의 타우 섬 ⋮

테슬라는 자회사 솔라시티와 함께 2016년 11월 거대한 마이크로그리드 프로젝트를 통해 미국령 사모아의 타우 섬 전체를 태양광 에너지로 전환했다고 발표했다. 약 785명의 주민이 거주하는 이 섬은 그간 디젤 발전기로 가동돼 정기적인 원료 보급이 없으면 정전으로 어려움을 겪어왔는데 하루에 300갤런(1,135리터), 1년에 10만 9,000갤런(41만 2,609리터)의 디젤연료를 사용해왔다. 타우는 태양광 패널을 갖춘 태양광발전소와 테슬라 파워팩(100kWh) 60개(총 6MWh)를 설치해 사이클론이 오더라도 3일 동안 햇빛 없이 섬 전체에 전력을 공급할 수 있다. 이 배터리 시설은 낮 동안(약 7시간) 충전된다.

미국 캘리포니아주의 마이러 로마 변전소

테슬라의 파워팩은 일반적으로 전력 수요가 많을 때만 가동되는 발전소인 피크 발전소(peaker plant)의 필요성을 줄이는 데 도움이 된다. 무더운 여름날 오후에 온도가 올라갈 때 일시적으로 에어컨 가동이 많은 것처럼 전력 수요가 일시적으로 급격히 올라갈 때 주로 천연가스로 운영되는 피크 발전소 또한 한시적으로 가동된다. 이 발전 설비는 연중 내내 사용하는 것이 아니기 때문에 설치 및 유지 관리 비용이 많이 필요하며, 전력은 간헐적으로만 공급되기 때문에 기본 부하 전력보다 훨씬 더 높은 가격을 지불해야 한다.

미국 캘리포니아주 온타리오에 있는 서던캘리포니아에디슨(SCE)의 마이러 로마(Mira Loma) 변전소엔 2017년부터 피크 발전소 역할을 대신하는 파워팩 396개가 설치돼 운영되고 있다. 이는

80MWh(200kWh 396개)의 규모로 캘리포니아 1만 5,000가구에 4시간 동안 전원을 공급할 수 있는 양이다.

남호주에 가져온 100일의 기적

2016년 가을에 호주의 사우스오스트레일리아주(남호주)에서 폭염으로 인해 발생한 정전 사태로 반사수혜를 입은 것은 테슬라의 파워월뿐 아니라 파워팩도 마찬가지였다. 남호주는 당시 공급 전력의 약 40%를 풍력에너지를 통해 공급할 정도로 재생에너지 활용에 적극적이었지만 대규모 정전 사태로 큰 비난을 받아 대형 ESS를 주문하고 디젤 터빈 설치 등 5억 5,000만 달러를 들여 에너지 공급망을 보강한다는 대책을 내놓았다. 테슬라의 일론 머스크 CEO는 대규모 정전 사태를 막기 위한 ESS 시설을 100일 안에 완공할 수 있으며, 약속을 지키지 못하면 돈을 받지 않겠다고 공언했다. 테슬라는 2017년 7월 혼스데일 풍력발전소를 운영하는 프랑스 재생에너지 회사 네오엔(Neoen)과 컨소시엄을 이뤄 결국 수십 대 1의 경쟁을 뚫고 이 사업을 수주했고, 그 약속을 지켰다.

이 프로젝트는 네오엔이 운영하는 인근 풍력발전소에서 생산한 전기를 테슬라의 파워팩 배터리에 저장했다가 전력 사용량이 많은 시간에 전달하는 것이다. 당시 기준 세계 최대 ESS였던 100MW/129MWh급 파워팩 배터리에 완전 충전을 하면 3만 가구에 1시간 동안 전력을 비상 공급하는 시스템이다. 테슬라와 네오엔은 2019년 이 ESS의 용량을 1.5배 확장시켜 150MW/194MWh의 에너지를 저장할 수 있는 시스템으로 업그레이드했다.

테슬라는 이 ESS 프로젝트를 통해 전 세계에 태양광과 풍력발전이 화석연료를 대체할 수 있을 것이란 가능성을 보여줬다. 또한 석탄 에너지와 천연가스 에너지 등 전통적인 화석연료 에너지 전달이 쉽지 않은 오지 지역이 많은 남호주에서는 에너지 저장 산업이 더욱 각광받기 시작했다.

⋮ 전기차 충전소, 메가차저 ⋮

전기차 배터리 충전소에도 파워팩이 설치됐다. 폭스바겐의 전기차 충전 네트워크인 일렉트리파이 아메리카는 2021년 12월까지 140개 이상의 충전소에 테슬라 파워팩을 사용해 총 30MW 용량 이상의 ESS를 설치했다고 발표했다. 테슬라 또한 세미 트럭 출시를 겨냥한 전기트럭 충전소 '메가차저(Megacharger) 스테이션'에 파워팩을 설치하기 시작했다. 메가차저는 1.5MW급 충전이 가능한 초급속 충전소이다. 대용량 배터리를 초급속으로 충전하기 위한 전력 저장 시스템과 고효율 변압기 등을 갖췄다.

메가차저는 일반 전기차용 급속충전소인 슈퍼차저 대비 출력이 월등히 높아 배터리 용량이 큰 전기트럭 충전에 적합하다. 출력이 시간당 60kWh에 불과한 기존 슈퍼차저로는 대형 전기트럭인 세미를 완충하는 데 10시간 이상 소요되기 때문이다. 세미는 1회 충전 시 최대 500마일(800km) 주행이 예상되며, 메가차저에서 30분간 급속 충전하면 400마일(640km)을 달릴 수 있을 전망이다.

테슬라는 2021년 네바다주 기가팩토리에 메가차저를 시범 운영한 바가 있다. 메가차저의 상용화가 처음 이뤄질 곳은 미국 캘리포니아주 모데스토다. 모데스토는 테슬라가 세미 트럭 15대의 초도 물량 인도할 펩시코의 자회사 프리토레이가 위치한 곳이다.

⋮ 스페이스X의 태양광발전소 ⋮

테슬라는 2018년부터 텍사스 공장에서 우주 탐사 기업 '스페이스X'에 필요한 파워팩을 공급하기 시작했다. 이어 2022년 5월 스페이스X는 미국 텍사스 남부 보카치카의 태양광발전소의 크기의 약 30%에 해당하는 1.7에이커(약 2,200평)만큼 추가 확장에 나서면서 전력 공급 용량을 1MW에서 1.6MW로, 비축용 ESS 용량을 3.87MW에서 8MW로 확장하기로 결정했다. 이에 따라 테슬라의 파워팩의 설치도 추가로 늘어났다.

재생에너지에 반드시 필요한
메가팩

테슬라의 파워월은 가정에서 쓰이고 파워팩이 기업이나 건물 및 공공시설에서 소규모 전력망이 필요할 때 설치되는 용도라면, 메가팩은 그보다 훨씬 단위가 큰 지역에 설치되는 대용량 ESS로 주나 국가 단위로 설치될 정도로 규모가 크다. 테슬라에 따르면 메가팩이 파워팩보다 에너지 밀도가 60% 더 높다고 한다. 주로 태양광 패널이나 풍력 터빈에서 생성된 에너지를 저장하는 용도로 쓰이며 각국에서 재생에너지의 수요가 늘어나면서 메가팩의 판매 또한 증가하고 있다.

2018년 상반기부터 기획해 2019년 7월 공식적으로 발표된 메가팩은 전력 기준으로 하나의 용량이 최대 3MWh로 파워팩(232kWh 기준)의 13배, 파워월(13.5kWh)의 222배에 달한다. 메가팩은 리튬이온 배터리를 컨테이너 형태의 모듈인 인클로저에 탑재한 것으로 단일 장치가 모듈과 인버터, 열 시스템이 통합돼 있다. 메가팩의 무게는 약 5만 1,000파운드(2만 3,000kg)이며, 메가팩의 인클로저는 운송하기 수월하도록 컨테이너와 동일한 크기로 제작됐다. 테슬라에서 보증하는 메가팩의 결함에 대한 수명은 15년이며, 10년 또는 20년간 성능에 대한 워런티를 제공받고 싶으면 추가 비용을 지불해야 한다.

메가팩의 가격은 정확하게 공개되지 않았지만 미국 전기차 전문 매체 '일렉트렉(Electrek)'에 따르면 출시 당시 메가팩 하나에 153만 7,910달러, 10개엔 프로모션 가격이 적용돼 999만 9,290달러(1개당 99만 9,929달러)였다. 그러다 2022년 3월 기준으로 10개의 메가팩은 1,604만 8,230달러(1개당 160만 4,823달러)로 급등했다. 출시했을 때와 비교해 인플레이션과 공급망 이슈로 가격 인상이 있던 것으로 보인

메가팩이 설치되는 모습

자료: 일렉트렉

다. 메가팩은 2022년 1분기 기준으로 약 1년 이상의 주문이 밀려 있을 정도로 수요가 충분한 상태다.

메가팩은 출시된 지 비록 수년밖에 되지 않았지만 전통적인 에너지 저장 형태보다 월등하다는 평가를 받는다. 호주의 빅토리아 에너지정책센터(Victoria Energy Policy Centre)는 2021년 11월 테즈메이니아주에서 추진 중인 에너지 사업의 경제성을 검토하는 보고서를 발표하며, 양수식 수력발전소보다 테슬라의 메가팩을 구축하는 것이 안정적인 전력 공급에 더 효과적이란 분석을 내놓았다. 이 센터는 배터리가 효율성과 응답성 모두 우수한 것을 감안해 테즈메이니아에서 양수식 수력발전이 개발된다면 유휴 상태로 남아 있을 가능성이 높다고 분석했다. 양수발전은 전기 수요가 적을 때 잉여 발전 용량을 사용해 물을 상류 저수지로 전달하는 방식으로 에너지를 저장한다.

메가팩의 수요가 급격하게 늘어나자 테슬라는 2021년 9월 메가팩 생산 거점을 미국 네바다주에서 캘리포니아주 북부 라스롭으로 옮기기로 결정했다. '메가팩토리'란 이름으로 공장이 건립되는 이 지역은 테슬라의 차량이 생산되는 캘리포니아주 프리몬트 공장과 차로 약 1시간 거리에 위치해 있다. 기존엔 네바다주 기가팩토리에서 파워팩, 파워월 등 다른 ESS 제품과 함께 메가팩을 생산해왔다.

테슬라는 메가팩 출시 2년 만에 잇단 수주에 성공하며 ESS 업계 톱 플레이어로 떠올랐다. 전 세계에 메가팩이 설치된 곳 중 대표적인 여섯 개의 사례를 정리했다.

호주 화재에도 불구하고 메가팩 가동 성공

이상 기후의 영향으로 전력 수급에 어려움을 겪고 있는 호주는 테슬라의 파워월과 파워팩의 설치로 기존보다 전력 사정이 보다 안정화되는 것을 경험했다. 테슬라도 호주에서 테슬라의 ESS가 각광받음에 따라 다른 지역보다 공을 들인 것도 사실이다. 따라서 '신제품'인 메가팩이 호주에서도 설치되는 것은 짐작하기 어렵지 않다. 호주의 빅토리아주는 2020년 11월 질롱시에 30분간 100만 가구에 전력을 공급할 수 있는 용량인 450MWh 규모의 메가팩 210개를 설치하기로 결정했다. 테슬라는 남호주에서 파워팩 프로젝트를 함께 했던 프랑스 에너지 회사 네오엔과 다시 손을 잡았다.

하지만 문제는 2021년 7월 메가팩을 테스트하는 도중 발생한 화재였다. 배터리 1개에서 시작된 불길이 다른 배터리로 옮기면서 나흘간 화재가 지속됐던 것이다. 소방관 150명과 소방차 30대가 나흘에 걸쳐 진화 작업을 벌인 끝에 간신히 화재를 진압할 수 있었다. 사고 원인은 냉각수 누수로 인한 열 폭주 현상으로 밝혀졌다. 발열로 온도가 급격히 상승해 내부 단락이 발생하고 화재로 이어진 것이다. 이때 메가팩용 원격감시·제어시스템(SCADA)은 작동하지 않았다. 불이 난 첫 메가팩이 오프라인 상태였기 때문이다. 이 사건으로 네오엔과 테슬라는 메가팩 펌웨어와 모니터링 시스템 등을 개선했다.

다행히 예정대로 2021년 12월 빅토리아주에서 테슬라의 메가팩이 안정적으로 가동되기 시작했다. 릴리 담브로시오 호주 에너지부 장관은 트위터를 통해 메가팩의 설치로 더운 날에도 에너지를 공급하고 전기 가격을 낮추며 대규모 재생에너지 구축을 지원할 것이란 계획을 공유했다. 또한 빅토리아주의 전력 수요가 높아질 경우를 대비해 메가팩 시스템 용량의 80%를 상시 저장해 전력 문제가 발생해도 전력망 운영자가 발전소 문제를 처리하는 동안 가정과 기업에게 전력이 계속 공급될 수 있다고 전했다.

애플도 테슬라의 메가팩 장착

애플은 테슬라로부터 파워팩 85개를 주문해 캘리포니아주 몬터레이에 240MWh 규모의 ESS를 설치하기로 2021년 3월 발표했다. 이는 130MWh 규모로 태양광발전 시설을 지원하는 애플의 프로젝트로 '캘리포니아 플랫'이라고 불린다. 애플은 2020년 몬터레이 규제 당국으로부터 사업 승인을 받아낸 뒤 테슬라의 파워팩을 사용하

대규모 메가팩 단지의 모습

자료: 일렉트렉

기로 결정했다. 이 파워팩 단지는 인근에 설치되는 태양광발전소와 연동되며, 완공되면 하루 7,000가구에 전력을 공급할 것으로 예상된다.

미국 태양광발전소 운영사 아레본에 대규모 파워팩 공급

테슬라는 2022년 4월 미국 태양광발전소 운영사 아레본 에너지(Arevon Energy)가 운영하는 타운사이트 태양광발전소에 총 360MWh 규모 메가팩을 공급했다. 아레본은 미국 주요 재생에너지 부문 투자사인 캐피탈 다이내믹스(Capital Dynamics)로부터 분사한 회사로 청정에너지 인프라 부문과 이전 자산 관리 계열사를 합병해 새로운 태양광·에너지 저장 플랫폼 회사 아레본을 출범했다. 6만 가구에 전기를 공급 중인 이 발전소는 라스베이거스에서 수마일 떨어진 네바다주 볼더시티에 위치하며 50만 개 이상의 태양광 패널을 보유하고 있다. 2021년 테슬라와 아레본은 총 6GWh(2GW) 메가팩 배터리 공급 계약을 체결했다. 이 용량은 테슬라가 메가팩을 론칭한 2019년 이후 2년간 구축했던 메가팩 용량보다 많을 정도로 대규모 계약이다. 여기엔 250MW 규모 캘리포니아 ESS 프로젝트 팔콘 포트폴리오(Falcon Portfolio)와 캘리포니아 옥스나드의 세티코이에 구축돼 2021년 6월 가동을 시작한 100MW 규모의 ESS 프로젝트도 포함돼 있다.

테슬라 메가팩의 일본 진출

테슬라가 일본 홋카이도에서 500가구의 전력을 지원하는 6MWh급 메가팩을 공급해 2022년 여름부터 가동에 돌입할 예정이다. 이프로젝트에서 일본 에네 비전은 EPC(설계·조달·시공)를, 또 다른 일본 업체 글로벌 엔지니어링은 도매 시장에 전력 판매를 담당한다. 일본은 2050년까지 탄소 중립을 달성하고자 재생에너지 확대에 적극적이어서 ESS 수요도 늘어날 것으로 전망된다.

ESS 모스 랜딩 프로젝트

미국 캘리포니아 몬터레이 카운티는 2021년 2월 테슬라와 퍼시픽가스앤드일렉트릭(PG&E)이 추진하는 대규모 청정에너지 배터리제조 시설 건설을 승인했다. PG&E가 2018년 6월부터 해당 프로젝트의 승인을 카운티에 요청하면서 기획된 모스 랜딩 프로젝트는PG&E가 피크 발전소의 의존을 줄이기 위해 기획한 것으로, ESS공급 업체에 테슬라의 메가팩이 낙점된 것이다. 이 프로젝트는 거의 가동되지 않는 모스 랜딩의 수력발전소 시설을 태양광과 풍력으로 에너지를 모아 몬터레이 지역과 일부 실리콘밸리 지역에 에너지를 공급하는 시설이다. 2022년 4월에 완공된 이 프로젝트는730MWh(182.5MW)의 용량으로 현재까지 설치된 에너지 저장장치중 세계에서도 규모 면으로는 몇 손가락 안에 꼽을 정도다. 향후 이곳의 용량은 필요에 따라 1.1GWh까지도 확장이 가능하다.

비트코인 채굴

테슬라는 비트코인 채굴 광산 시설에 4개의 메가팩을 전달했다. 태양광 및 배터리로 구동되는 최초의 비트코인 채굴 광산 시설인 것이다. 이 프로젝트는 2022년 4월 테슬라와 블록스트림(Blockstream), 잭 도시의 블록스(Blocks, 구 스퀘어) 간의 파트너십에 따라 진행됐다. 이 아이디어는 테슬라가 제공하는 3.8MW 태양광발전소와 12MWh 메가팩 시스템으로 구동되는 초당 30페타해시 오픈 소스 비트코인 채굴 시설을 새로 건설하는 것이다. 블록스트림은 사람들이 비트파이넥스(Bitfinex)에서 테슬라 메가팩 및 태양열로 구동되는 비트코인 채굴 작업에 기술 투자를 지원하는 토큰 거래를 허용하는 방식을 통해 4,000만 달러 이상을 모금하기도 했다.

솔라시티를 통한
재생에너지 수직 통합

테슬라 에너지 통합 솔루션을 완성하는
마지막 조각 '솔라시티'

미국의 대표적인 태양광 기업 중 하나인 솔라시티(SolarCity)는 2006년 7월 스페이스X와 테슬라의 CEO 일론 머스크의 사촌인 피터 리브와 린든 리브가 설립했다. 일론 머스크 테슬라 CEO 또한 솔라시티 설립에 1,000만 달러를 투자해 약 3분의 1의 지분을 소유한 최대주주이자 회장 역할을 맡았다. 태양 전지판을 자체 제작하는 경쟁사들과는 다르게 솔라시티는 이를 외부 업체에서 구입한 뒤 나머지 설치 작업을 담당했다. 솔라시티는 먼저 고객의 현재 에너지 청구서, 주택 위치, 주택이 일반적으로 받는 태양광의 양을 분석하

는 소프트웨어를 구축해 태양열 발전 시설을 설치할 만한 경제성이 있는지 판단했다.[6]

무엇보다 솔라시티가 급속도로 성장하게 된 계기는 바로 고객이 대금을 미리 내지 않아도 되는 금융 시스템인 솔라리스(Solar Lease) 상품을 만든 것이다. 소비자는 월 정액 요금을 지불하고 몇 해 동안 태양 전지판을 대여했다. 전기나 가스만을 에너지원으로 사용할 때보다 소비자가 비용이 지속적으로 인상돼도 영향을 받지 않았다. 덕분에 설립한 지 6년 후 솔라시티는 미국 최대 태양 전지판 설치 업체로 떠올랐고, 2012년 12월 나스닥에 상장했다. 하지만 솔라시티의 재무 사정은 악화됐고 2016년 기준으로 30억 달러가 넘는 회사 부채 중 솔라리스 관련된 부채가 절반이 넘을 정도로 악영향을 미쳤다. 솔라리스는 독이 든 성배였던 것이다.

이런 가운데 2016년 6월 테슬라는 솔라시티를 기업가치 26억 달러에 인수하기로 결정하며 솔라시티 주주들은 한 주당 테슬라 주식 0.110주로 교환했다. 테슬라는 솔라시티를 인수하며 '세계에서 유일하게 수직적으로 통합된 지속가능한 에너지 회사'란 타이틀을 내세웠고, 1억 5,000만 달러의 비용 절감 효과가 기대된다고 전망했다. 일론 머스크는 솔라시티 인수로 테슬라 주주들에게 피해를 끼치고 주식 교환으로 테슬라 주식 240만 주를 획득한 것에 대해 부당이득을 반환하란 소송을 당했다. 하지만 해당 소송은 2022년 4월 미

---

6 《일론 머스크, 미래의 설계자》, 애슐리 반스, 김영사, 2015.

국 델라웨어 법원에 의해 무혐의로 종결됐다.

솔라시티는 테슬라의 인수 전후로 인력 감축을 하며 빠르게 몸집을 줄여갔다. 2015년 말 솔라시티의 직원 수는 1만 5,273명에 달했으나, 2016년 회사 설립 후 처음으로 구조조정을 단행해 전체 인력의 20%를 감축했다. 2017년 6월 솔라시티의 설립자인 린든 리브와 피터 리브도 모두 회사를 떠났다.

테슬라는 솔라시티 인수가 결정된 뒤 곧바로 2016년 10월 배터리 파트너인 일본 파나소닉과 파트너십을 맺고 태양광 에너지 시스템을 구축하는 데 쓸 태양전지와 모듈 등 부품을 생산하기로 했다. 파나소닉은 뉴욕주 버팔로 소재 솔라시티 공장(기가팩토리2, 기가 뉴욕)에 2억 5,600만 달러를 투자하고 테슬라는 이곳에서 생산되는 모듈을 구매하기로 양사가 계약했다. 또한 뉴욕주는 앤드류 쿠오모 뉴욕 주지사가 주도하는 '버팔로 빌리언 이니셔티브' 프로그램의 일환으로 기가팩토리2에 7억 5,000만 달러를 지원하기로 결정했다.

태양광 패널 '솔라루프' 전격 출시, 그러나 수익 실현은 난망

테슬라는 2016년 10월 파워월2와 파워팩2를 공개하는 자리에서 주택용 태양광 패널인 솔라루프(Solar Roof)를 함께 공개했다. 솔라시티 인수가 완료된 시점이 2016년 11월이라 테슬라는 솔라시티 인수

자료: 테슬라

결정과 함께 신제품 출시도 함께 준비해왔던 셈이다(차후 알려진 사실이지만, 이 솔라루프는 제대로 작동하지 않은 상황에 공개된 것이었다. 그만큼 일론 머스크는 테슬라와 솔라시티의 합병에 대한 정당성을 보여주고 싶었다는 것을 짐작할 수 있다).

솔라루프는 태양광 충전이 가능하도록 타일 속에 태양광 패널을 내장하며, 기존 주택의 지붕을 대체하는 것을 목표로 했다. 또한 테슬라는 솔라루프로부터 저장된 전기에너지를 파워월로 보내 이 파워월이 가정에 필요한 전력 제공과 테슬라 차량의 완속 충전을 도울 수 있다는 '테슬라 에너지 통합 솔루션'을 제시했다.

테슬라는 솔라루프를 공개한 다음 해인 2017년 5월부터 주문을 받았다. 솔라루프 패널은 주택의 외관 디자인에 따라 텍스터드(Textured), 스무스(Smooth), 투스칸(Tuscan), 슬레이트(Slate)로 출시됐다. 테슬라는 솔라루프 패널의 무기한 보증과 전력 보증 기간 30년, 내후성 보증 30년을 약속했다. 무엇보다 5cm 크기의 우박이 초당 160km/h의 속도로 일반 패널에 닿아도 아무런 영향을 받지 않는다며 홈페이지에 초당 2,500프레임으로 촬영한 우박 저항 테스트 영상을 공개했다. 솔라루프는 지붕타일에 태양광 패널을 내장하고 강화유리로 코팅한 BIPV(빌딩외벽태양광) 제품으로 튼튼한 내구성을 자랑했다. 초기의 솔라루프의 태양광 셀은 배터리 합작사인 파나소닉 제품을 사용했으며, 2018년 1월부터 뉴욕의 기가팩토리2에서 조립되기 시작했다.

모델S부터 모델Y까지 출시하는 차량마다 성공을 거두고, 파워월과 파워팩·메가팩 등 ESS 업계도 평정한 테슬라였지만, 태양광 비즈니스는 다른 문제였다. 예상했던 것보다 업계가 치열하고 제품 판매가 크게 늘지 않았기 때문이다. 2018년 6월 테슬라는 솔라시티를 포함한 테슬라 전체 인력의 9%를 감축하고 솔라시티가 미국 내 9개 주에 있는 태양광 설비 제조시설 10여 곳을 폐쇄하기로 했다. 게다가 일본 파나소닉마저 2020년 2월 기가팩토리2에서 운영 중인 태양광 패널에 들어가는 태양전지 생산공장 가동을 멈추기로 발표하며 2020년 9월 테슬라와의 태양광 합작사업을 정리했다. 파나소닉은 태양광 패널 판매가 지지부진해 솔라루프에 들어가는 셀을 테슬라에 판매하는 대신 해외시장에 판매해왔으나 더 이상 버티지 못하고 결국 공장을 폐쇄키로 한 것이다. 파나소닉의 태양광 사업 종료 후인 2021년 기준으로 테슬라는 한화큐셀이 구축한 패널을 사용한다.

테슬라 솔라루프의 모습

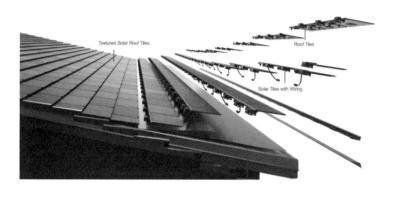

자료: 테슬라

2020년 초부터는 솔라루프 설치 비용도 계약과는 다르게 큰 폭으로 인상했다. 〈뉴욕타임스〉 보도에 따르면 한 고객은 당초 7만 5,000달러의 견적서를 받았으나 이후 11만 2,000달러로 30~40% 높은 수정된 견적을 받기도 했다. 또한 인기가 높은 테슬라의 파워월에 솔라시티의 태양광 패널과 묶어서 '끼워팔기'를 시작한 것도 비슷한 시기다.

2021년 1분기 테슬라의 실적 발표에서 일론 머스크 테슬라 CEO는 "솔라루프 프로젝트를 진행하면서 커다란 오판을 해 예상보다 비용이 초과되고 개발이 지연되는 문제를 겪었다"며 "특히 지붕을 태양광 타일로 교체 시공하는 경우 기존 지붕 밑 구조가 워낙 천차만별이고 복잡한 경우가 많아 솔라루프를 안정적으로 설치하기 어려운 문제, 예상치 못한 문제가 다반사로 발생하고 있어 당초 예상보다 2~3배 정도 많은 시공비가 드는 실정"이라며 솔라 패널로 수익을 내기가 만만찮다는 의견을 내보였다. 정보기술(IT) 매체 '더버지'는 이에 대해 "테슬라가 태양광 타일 가격을 최근 인상한 것에 대해 소비자들이 불만을 제기하자 머스크 CEO가 가격 인상 조치의 불가피성을 알리기 위해 발언을 한 것으로 보인다"고 평론했다.

테슬라의 태양광 패널 설치 실적은 2021년까지 매 분기 약 90MW에 머물러 있다. 그나마 기존 태양광 패널과 지붕타일 방식의 패널의 비중은 공개하지 않고 있다. 여기에 코로나19 팬데믹 이후 공급망 악화로 테슬라의 기가팩토리2에서는 매주 약 1,000개의 솔라루프를 생산할 수 있지만 배터리 생산이 지연돼 판매가 지연되고 있다. 미국 일부 솔라루프 고객의 경우 주문한 제품이 도착하지 못해 집에 임시방편으로 합판과 방수층으로만 덮인 지붕을 덮고 있기도 했다.

실적 부진을 거듭하던 솔라시티와의 합병으로 친척과 본인이 소유한 회사를 밀어주기 위한 것이 아니냐며 손해 배상을 제기한 테슬라 주주들의 소송은 결국 일론 머스크 CEO의 승소로 끝났다. 하지만 솔라시티의 부진이 지속된다면, 머스크 CEO의 솔라시티에 대한 경영상 도의적인 책임과 판단 능력에 대해 의심이 지속될 수밖에 없다. 전기차와 ESS에서 혁신을 가져온 테슬라가 앞으로 태양광 패널 분야에서도 마찬가지로 독보적인 위치를 차지할지가 주목된다.

NETZERO
ENERGY WAR

NET ZERO

⚡

ENERGY WAR

3장

변화하는
에너지 기업들

20세기 에너지의 중심에 있었던
글로벌 에너지 기업들의 움직임이 부산하다.

—

튼튼한 캐쉬카우 역할을 해주던 석유와 가스에 대한 시장
의 반감이 확산되고 있기 때문이다. 새로운 에너지원에 대
한 시대적 전환 요구가 거세지면서 에너지 기업들은 앞다
투어 미래 에너지 먹거리에 대한 투자와 기술 선점을 위한
연구 개발에 전력을 기울이고 있다. 한편으로는 자신감도
내비치고 있다. 에너지원이 변화한다고 해도 결국 기존 에
너지원을 완전히 차단하는 것이 아니라 에너지 다원화로
전환된다는 전망이 우세하다. 에너지 기업들은 탈탄소 기
술 개발을 가속화해 시대적 요구에 부합하는 석유, 가스 에
너지원을 만든다는 기술 혁신을 이야기한다. 전문 분야는
계속 더 잘하되, 새로운 에너지 시대에 부합하도록 변화한
다는 것이다. 글로벌 에너지 기업들이 진단하는 현재와 미
래는 우리에게 중요한 지향점을 제시하고 있다.

팬데믹 이후 다시 주목받는
에너지 공룡들

　코로나19 팬데믹이 휩쓸고 지나간 2021년 말부터 전 세계의 에너지 시장은 매우 불안정하게 흘러갔다. 전통 에너지원인 석유와 가스, 석탄 가격이 역대 최고치를 넘나들며 가격 안정성이 떨어지고 전 세계는 당장 에너지 부족 사태에 직면했다. 글로벌 주요 에너지 기업들은 탈탄소화와 같이 에너지 대전환이란 긴급하고도 새로운 시대적 요구 속에서도 전통적인 에너지 산업이 얼마나 중요한 역할을 담당하고 있는가를 증명하려고 한다.

　글로벌 석유 기업인 쉘의 벤 반 뷰어든(Ben Van Beurden) CEO는 2021년 11월 영국 공영방송 BBC와의 인터뷰를 통해 "에너지 업계에서 이야기하는 넷제로는 역설적으로 석유와 가스 사업에서 벌어들이는 수익을 통해서 가능하다"고 강조했다. 에너지 대전환이 하루

아침에 일어날 수 없으며 기존의 에너지원과 혼재된 채로 서서히 변화해야 한다는 것은 그의 발언을 통해서도 잘 알 수 있다.

세계적인 자산운용사 슈로더(Schroder) 글로벌 자원 자산 총괄인 마크 레이시(Mark Lacey) 포트폴리오 매니저는 에너지 전환 투자자로서 여전히 전통적인 에너지가 매우 중요한 위치를 차지하고 있다고 강조했다. 그는 슈로더의 '마켓 인사이트' 인터뷰에서 에너지 믹스의 변화가 안정적으로 진행돼야 한다고 설명했다.

"에너지 전환 투자자로서 우리는 에너지 섹터가 태양광·풍력·수소·축전지 등 저비용 기술의 사용을 확대해 탈탄소화를 진척시킬 필요성에 대해서 굳게 믿고 있습니다. 시간이 흐르면서 석탄과 석유, 그리고 결국엔 천연가스까지 모두 에너지 믹스에서 더 이상 사용되지 않고 서서히 퇴출될 것입니다.

그러나 화석연료가 여전히 글로벌 에너지 믹스의 85%를 차지하고 있다는 점을 간과해서는 안 됩니다. 그다음으로 수력과 원자력이 11%, 그리고 태양광에너지가 4%를 차지합니다. 보다 지속가능한 형태의 에너지로 이동하는 것은 일종의 전환이며, 이러한 전환은 관리가 필요합니다. 단순히 소비자들이 보다 청정한 에너지로 바꾸거나, 정부가 재정정책을 사용해 화석연료에 대한 투자를 억제하거나 새롭게 부상하는 기술에 대한 투자를 장려하기 위해 보조금을 지급하는 것만으로는 충분히 관리가 되지 않습니다. 거대 석유 기업들에 의해서도 관리돼야 하며, 앞으로 수년 동안 균형적인 투자가 이뤄져야 할 필요성이 여전히 존재합니다."

특히 그는 석유 수요가 2025년까지 계속 증가할 것이란 전망에 동의하며 석유 시장이 계속적으로 현재 에너지 믹스를 지지해야 한다고 답했다. 이는 미국 에너지 정보관리청(EIA)이 2025년(연간 수요 1억 700만 배럴)에도 글로벌 석유 수요가 2022년(연간 수요 1억 배럴)과 비슷한 수준이라고 예상한 것과 유사하다. 에너지 업계는 내연기관이 전기차로 전환되는 속도는 매우 빠를 것으로 예상되나 전체 에너지 수요의 증가를 뒷받침해줄 전통적인 에너지 공급 용량도 함께 증가될 것이라고 설명한다. 더불어 이러한 요소를 간과하면 전체 에너지 시장의 불안이 예상된다고 함께 경고하고 있다.

글로벌 석유 기업들은 탈탄소 혹은 저탄소 기조에 맞춰 사업의 포트폴리오를 전환하려고 노력 중이며 석유 및 셰일가스 자산을 매각하려는 움직임을 보이고 있다. 글로벌 에너지 회사 엑손모빌은 텍사스주 바넷에 위치한 자산 가치 4~5억 달러 규모의 2,700개 유정을 포함한 셰일가스 자산을 매각하기로 결정했다. 에너지 대전환의 압박이 거세진 이후로 글로벌 석유 기업들이 매각을 위해 내놓은 자산 가치는 약 1,400억 달러에 달한다. 또한 기존의 생산분을 대체할 새로운 매장량을 찾기 위한 신규 프로젝트에 대한 투자를 대폭 축소했다. 글로벌 석유시장에서 메이저 석유 회사들은 여전히 매우 중요한 공급원으로 남아 있으나 그들의 자본 배분은 이미 달라지고 있다. 석유와 가스 가격의 생산 설비 투자를 대폭 축소하고 자본 투입의 방향을 재생에너지 발전 용량과 수소, 에너지 전환 인프라로 이동하고 있다. 그리고 이러한 변화는 수요가 유지되는 방향과 역행하게 돼 자연스럽게 공급 부족을 불러올 수 있게 된다.

팬데믹을 거치면서 2022년 석유 및 가스 에너지 생산은 수요에 발맞추어 점진적으로 증가하기는커녕 현 수준을 유지하기에도 충분하지 않은 상황이다. 탈탄소로의 전환 목표와 팬데믹으로 인한 과소투자로 인해 석유수출국기구(OPEC)를 제외한 신규 석유 프로젝트의 수는 2002년 이래로 최저 수준이었다. 게다가 2022년 러시아의 우크라이나 침공은 이러한 불안정한 흐름이 얼마나 직접적인 타격이 될 수 있는지를 적나라하게 보여줬다.

석유와 가스에너지 재고량이 급격하게 하락하면서 모든 지역에서 가격이 매우 큰 폭으로 인상됐다. 에너지 가격의 상승은 모든 국가에서 생존의 문제이며 에너지 대전환을 목표로 하던 각국의 정부들도 다시 비중 있게 전통적 에너지들을 살펴보게 했다. 현실적으로 석유, 가스와 같은 기존의 에너지원들이 에너지 전환 솔루션의 일부로서 비중 있게 다뤄야 한다는 것을 깨달았기 때문이다. 전통적인 에너지 기업들은 현재 에너지 믹스에서 결정적인 연결고리 역할을 하고 있기 때문에 이에 대한 지속적인 투자가 에너지 전환의 안정성에 매우 중요하다는 것을 시장이 다시금 인정하고 있다. 따라서 이 전환에서 중요한 역할을 할 기업들을 선별하고 이에 대한 투자를 지속하는 것이 중요하다는 데 시장의 컨센서스가 이루어지고 있다.

지속가능한 미래를 준비하는 엑손모빌

메이저 석유기업 중 하나인 엑손모빌은 2021년 230억 달러(약 27조 7,000억)의 순이익을 올리면서 2014년 이후 최고 실적을 보고했다. 시장의 공급 부족이 가속화돼 유가가 급등한 4분기에만 89억 달러의 순이익을 기록하면서 코로나19 팬데믹 동안 궁지에 몰렸던 상황에서 크게 부활하는 움직임을 보였다. 장·단기적으로 공급이 부족한 상황이 지속되면서 유가가 강세로 돌아서자 수익이 크게 개선된 것이다.

2022년 3월 에너지 업계의 리더들과 정부 및 협회의 요인들이 만나는 세라위크(CERAWeek) 포럼에서 엑손모빌의 CEO인 대런 우즈 (Darren Woods)는 러시아의 우크라이나 침공 이전에도 석유에너지 시장의 전망은 팬데믹 기간에 투자 축소로 매우 위태로운 상황에 있었다고 지적했다. 현 시점의 글로벌 에너지 상황이 이러한 새로운 도전과 과제가 복잡하게 얽혀 있는 상황임을 언급하면서 석유 업계 전체가 생산을 늘리기 위해 최선을 다하고 있지만 빠른 시간 안에 수요 증가에 발맞추어 공급이 증대될 수 있을지는 여전히 불확실하다고 말했다. 바이든 행정부는 석유 업계가 고유가 상황을 즐기고 있다면서 강한 어조로 비난했지만, 에너지 업계의 사정은 그리 간단하지 않다.

2020년 8월 엑손모빌이 뉴욕 증권시장을 대표하는 다우존스30 산업평균지수에서 제외될 때만 해도 오랫동안 세계 경제를 쥐락펴

락했던 거대 석유기업의 쇠락은 약속된 일이나 마찬가지로 여겨졌다. 특히 지난해 1월 미국의 정권 교체로 기후 변화 대응을 중시하는 민주당의 조 바이든 행정부가 출범하면서 엑손모빌과 같은 거대 석유기업의 입지는 더욱 좁아졌다. 엑손모빌은 2011년까지만 해도 시가총액 기준 세계 최대 기업이었지만 세계적인 산업구조 변화에 따라 마이크로소프트(MS)와 애플 등 빅테크 기업에 그 자리를 내줬다. 2007년 5,250억 달러에 달했던 엑손모빌의 시가총액은 2020년 8월 1,800억 달러까지 줄었다가 2022년 2월 주가 반등의 영향으로 3,373억 달러까지 회복했다. 이러한 시점에서 어떤 미래를 준비할 것인가 하는 것은 회사의 명운을 가르는 중요한 의사결정이 될 것으로 에너지 업계는 보고 있다.

거대 석유 기업들이 탈탄소 전략과 함께 전통적인 석유 사업 외에 다양한 친환경 사업과 재생에너지원으로 투자를 전환하고 있다는 사실을 주목해야 한다. 엑손모빌의 경우 탄소 포집·저장(CCS), 바이오연료, 수소 등 탈탄소 사업 부문에 150억 달러(약 18조 원)의 투자 계획을 수립했다. 매년 휴스턴에서 IHS 마킷이 개최하는 에너지 회의로 에너지, 정책, 기술, 금융 산업의 경영진, 정부 관계자 및 최고 지도자들이 모이는 세라위크를 통해 엑손모빌은 크게 두 가지의 도전 과제를 제시했다.

첫 번째 도전 과제는 글로벌 에너지 수요 충족이다. 석유 업계가 전통적으로 지속해오던 에너지의 생산과 공급을 지속적으로 유지해 기본적으로 필요한 기초 에너지를 공급하고, 각 업계에 원자재로서 역할을 계속 수행해 나가겠다는 것이다. 결국 에너지는 가용성과 경제적 수용성에 대한 문제인데 원론적으로 패러다임이 완전히 전환되기 전까지는 글로벌 에너지 마켓에서 석유 산업의 역할이 공고히 유지될 것이란 전망이다. 각종 비즈니스가 원활히 가동되고 우리의 생업이 유지되기 위한 기본 에너지 공급을 하루아침에 바꾸는 것은 어렵다. 유럽의 사례로 인류가 직면한 에너지 위기는 우리가 얼마나 다양한 에너지원을 개발해야 하는지, 그리고 그 안에서 전통의 에너지원이 얼마나 중요한 역할을 하는지 보여준다. 결국 에너지 대전환의 시기에도 전통의 에너지원이 계속 중요하게 사용될 것이며, 탈탄소의 목적은 기술 혁신을 통해서 함께 이뤄야 한다고 주장한다.

미국 최대 유전인 텍사스주 퍼미안(Permian) 분지의 셰일층에서 가스와 원유를 생산할 수 있던 건 석유 업계의 기술 혁신 덕분이 컸다. 이 결과로 미국은 석유·가스의 세계 최대 생산국이 됐고, 국가의 생산성과 국민들의 삶에 지대한 긍정적인 영향을 가져올 수 있었다. 이러한 게임 체인저와 같은 기술 혁신이 우리가 직면하고 있는 온실가스의 배출과 넷제로의 미래로 전환하는 데 핵심적인 역할을 할 것이라고 대런 우즈 엑손모빌 CEO 또한 지적했다.

단순히 청사진을 제시하는 것에서 머무르는 것이 아니라, 실제로 엑손모빌은 퍼미안 분지에서 생산하고 있는 모든 석유, 가스 생산정에서 온실가스 배출을 넷제로 스코프 1(Scope 1)에 해당하는 탄소 배출 제한을 적용해 업계 최초로 공격적인 저탄소 및 탈탄소 실행을 수행 중인 것으로 알려졌다. 우즈 CEO는 온실가스의 저감뿐만 아니라 탄소 포집 과정에서 누출을 감지하는 기술과 누출을 최소화하는 기술, 각종 기반 시설의 개선 등 우리 사회가 기후 변화를 위해 노력하는 모든 목표에 발맞춘 핵심 역량을 개발하는 것이 중요하다고 말한다. 국제 에너지 기구에서 지적했듯이, 기후 변화를 충족하기 위한 현재의 솔루션은 기후 변화를 멈추기에도, 인류의 에너지 수요를 충족하기에도 턱없이 부족한 답안지이기 때문이다.

엑손모빌의 이런 자신감은 이미 탄소 포집·저장 기술(CCS)을 활용한 다양한 프로젝트를 운영해본 경험에 근거한다. 지금까지 엑손모빌이 포집한 탄소량은 모든 경쟁사들을 합친 것보다도 더 많다. 30년 이상 발전시킨 CCS 기술로 연간 약 900만 톤의 탄소 포획이 가능하며, 이는 승용차 약 200만 대의 연간 탄소 배출량과 비슷한 수준이다. 엑손모빌은 현재 미국·호주·카타르 등의 국가에서 CCS 프로젝트를 운영 중이며, 2025년까지 탄소 포집·저장 프로젝트의 배출 저감기술에 30억 달러를 투자할 예정이다. 이를 통해 2025년까지 메탄 강도 40~50%를 감축하고, 플레어링(Flaring, 에너지 가격이 낮거나 시판 운송 여력이 부족할 때 생산 과정에서 나온 천연가스 등을 일부러 태워버리는 행위) 35~45%를 줄이며, 업스트림(Upstream) 탄소 배출강도를 2016년 대비 15~20% 저감하겠다는 계획을 발표했다. 실현 가능한 탄소 중립을 향해 끊임없이 전환기술을 개발하고 적용하는 노력을 기울이는 것으로 보인다.

두 번째 도전 과제는 새로운 에너지 자원에 대한 개발과 투자이

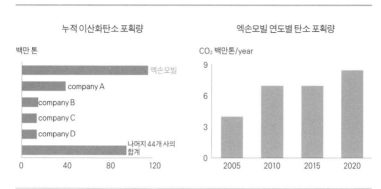

엑손모빌의 누적 이산화탄소 포획량 및 연도별 포획량

누적 이산화탄소 포획량

백만 톤

엑손모빌
company A
company B
company C
company D
나머지 44개 사의 합계

0   40   80   120

엑손모빌 연도별 탄소 포획량

CO_2 백만톤/year

2005   2010   2015   2020

자료: 엑손모빌

다. 기술 혁신은 향후 에너지 전환을 위해 핵심적인 역할을 담당하겠지만 그 자체로 넷제로를 충족시킬 수 없다. 결국 풍력과 태양광과 같은 대체 에너지원이 필수적이며, 이러한 재생에너지 역시 꾸준한 혁신을 이뤄나가야 한다. 엑손모빌이 주목하고 있는 핵심 기술과 자원은 탄소 포집·저장, 수소·바이오 연료와 같이 지난 수십 년간 전략적으로 추구해온 부문이 될 것이라고 공표했다. 엑손모빌이 전통적으로 강점을 가지고 있는 기술을 바탕으로 새로운 에너지 시대에 적용할 수 있는 포트폴리오를 구성하겠다는 전략이다.

세라위크의 기조연설에서 대런 우즈 CEO는 이러한 혁신 가운데 가장 중요한 요소 중 하나는 정부의 역할임을 강조했다. 예측 가능하고 안정적이며 비용 대비 효율이 좋은 정책적 뒷받침만이 이러한 기술 혁신을 독려하고 시장이 저탄소 및 탈탄소 해결책을 만들어내는 데 기여할 수 있다는 것이다. 이제까지 글로벌 에너지 수요와 에너지 대전환을 이끌어가는 핵심적인 역할을 해온 엑손모빌이 앞으로도 그 역할을 담당하겠다는 야심 찬 계획에 주목해볼 필요가 있다.

에너지 '전환기술'이란?

지난 수 세기 동안 화석연료는 인류의 가장 중요한 에너지원이었다. 그러나 현 시점에서 화석연료의 생산과 사용은 지속적으로 온실가스를 발생시켜 지구 기온을 상승시킴으로써 지속가능한 에너지원이 될 수 없다는 결론에 이르렀다. 파리 협약은 이러한 현실을 분명하게 직시하고 모든 산업이 탈탄소로의 전환을 가속화하며 더욱 지속가능한 에너지원으로 변화해야 한다고 공표했다.

전환기술은 전통의 석유·가스 기술과 새롭게 도래하는 에너지 기술 사이의 간극을 메우는 역할을 한다. 에너지는 모든 인류의 생활과 밀접하게 연관된 생존의 문제이기에 전환에 현실적으로 매우 긴 시간이 요구된다. 전환기술은 현재의 에너지원들이 환경적으로 더 지속가능한 해결책이며, 산업적으로 효율이 더 좋고 상업적으로 가치가 있는 결과를 가져다준다.

에너지 기술 기업들은 이러한 전환기술을 정량화하고 검증받기 위해 많은 노력을 기울이고 있다. 산업에 연관된 많은 기업들이 지속가능한 에너지 생산의 목표를 이루기 위해 필요한 여러 기술 혁신들이 전환기술로서 공급될 수 있다고 설명한다. 유엔이나 다수의 ESG 감독 기관에서는 과학에 근거한 전환기술 평가를 위해 많은 노력을 기울이고 있다.

에너지 서비스 기업 슐럼버저의 혁신

넷제로 시대의 시대적 요구에 따라 에너지 산업과 관련된 전통적인 기업들은 기후 변화에 대한 강력한 대응책을 앞다퉈 발표하고 있다. 2021년 6월 세계 최대 유전 서비스 업체인 슐럼버저는 온실가스 배출에 대한 탄소 중립을 2050년까지 이루겠다는 계획을 발표하며 중간 단계인 2025년과 2030년 목표들을 구체적으로 제시했다. 주로 석유·가스·에너지 회사들에 기술을 판매하는 슐럼버저는 서비스 업체 사상 처음으로 완벽한 넷제로를 이루겠다는 야심 찬 계획을 밝혔다. 이는 엑손모빌이나 사우디 아람코(Saudi Aramco)에서 목표하고 있는 기술 기반의 탄소 배출 감소와 맥을 함께하는 것이다. 2021년 슐럼버저는 탄소 저감 및 탄소 유출 탐지 등 전환기술의 포트폴리오를 구성해 지속가능한 에너지 생산과 넷제로 시대의 운영 방법을 제시했다. 현재 가동되고 있는 상용 프로그램에 확인되고 검증된 100가지 이상의 환경 영향 저감 기술들을 적용하겠다고 발표한 것이다. 서비스를 제공하는 기술회사로서 에너지 생산자들의 넷제로에 대한 기술적인 요구에 발맞추어 변화해야 하기 때문이다.

슐럼버저는 최근 MSCI(Morgan Stanley Capital International)로부터 업계 최고인 AA등급을, CDP(Carbon Disclosure Project)로부터 지속가능성 B등급을 획득해 넷제로 시대에 에너지 서비스 기업으로서 살아남기 위한 노력에 긍정적인 평가를 받고 있다. 이러한 변화의 핵심은 에너지 서비스의 다양화에 있다. 슐럼버저는 신에너지(New

건설 시
이산화탄소
발자국 최소화

메탄 배출
문제 해결

인프라 전력화

플레어 감소
또는 제거

전면 개발
솔루션

자료: 슐럼버저

Energy) 전담 부서를 신설해 지열과 탄소 포집·저장, 청정 수소, 리튬 배터리 및 에너지 저장 기술에 관한 다양한 기술 개발에 총력을 기울이고 있다. 이는 파나소닉 에너지(Panasonic Energy)와 마이크로소프트, 쉐브론(Chevron)과 같은 굵직한 파트너 기업과의 협력을 통해 시너지를 만들어내고 있으며 동시에 에너지 대전환의 시대를 준비하고 있다.

슐럼버저는 에너지 기업들에 다양한 신에너지 기술을 개발하고 지원하는 파트너이자 선도자로서 역할을 계속하고 있다. 슐럼버저는 스위스에 본부를 둔 솔라 임펄스 재단(Solar Impulse Foundation)의 파트너 기업으로서 환경을 보호하면서 에너지를 생산할 수 있는 다양한 기술 개발 임무를 부여받았다. 셀시어스 에너지(Celsius Energy)는 슐럼버저의 신규 에너지 벤처 회사로서 지열을 이용한 건물의 냉방과 난방을 공급하는 기술 상용화를 성공했다. 이는 COP26(제26차 유엔기후변화협약 당사국총회)에서 기후 변화에 대응하는 새로운 해결책 중 하나로 주목받는 기술이다. 또한 유엔 산하기

구인 유엔글로벌콤팩트(UNGC: UN Global Compact)의 일원으로 전 지구적인 지속가능성 원리를 어떻게 수행할 것인가에 깊게 참여하고 있다.

2050년까지 넷제로를 달성하기 위해서는 앞으로 10년간 현재 생산하고 있는 메탄 발생량의 75%를 저감시켜야 하는 당면 과제가 목전에 있다. 각 기업은 앞다퉈 이 목표를 현실화할 계획들을 구축하고 있는데 슐럼버저 역시 종단간 배출 솔루션(end-to-end emission solution)을 개시해 실제로 작동하는 온실가스 배출 저감 기술들을 적용 중이다. 이 솔루션은 배출가스의 감소를 위한 철저한 계획과 디지털 기술에 의한 실시간 측정·예측·최적화 등의 다양한 기술이 연관된다.

전통적인 에너지 생산자들에게 요구된 시대적 요구인 온실가스 배출 저감이 산업 전체에 기술 혁신 동력으로 작용하고 있다. 예전엔 추가 비용을 내고 사용할 가치가 없던 환경 친화적 에너지 생산 기술들이 이제는 에너지 시장에서 살아남기 위한 핵심 기술들로 인식되고 있다. 에너지 업계엔 이러한 기술들이 필요하기 때문에 에너지 기업에 다양한 기술을 제공하는 서비스 회사들은 위기이자 엄청난 기회의 순간을 맞닥뜨린 셈이다. 2022년 세라위크에서 S&P 글로벌의 다니엘 예긴 부회장이 지적한 것처럼 에너지 전환의 과도기 기술들이 가장 필요한 시점인 것이다.

미래를 향한
준비

각 기업의 미래에 대한 전망과 기술 우위에 따라 조금씩 중심 축을 다르게 설정하고 있지만, 에너지 전환 시대를 준비하기 위한 글로벌 에너지 회사들의 전략은 '3D'로 요약될 수 있다. 3D 전략은 각각 탈탄소화(Decarbonization), 다각화(Diversification), 그리고 디지털화(Digitization)이다.

글로벌 석유·가스 에너지 기업들은 다양한 미래 에너지원에 투자하고 직접 프로젝트에 참여함으로써 에너지 생산원을 다변화하는 노력을 기울이고 있다. 또한 이 기업들은 지속적으로 탈탄소화를 위한 전환기술에 투자해 생산을 하되 온실가스를 최소화하고 또 생산한 만큼의 온실가스를 상쇄하는 기술을 통해 탄소 중립을 이루겠다는 공학적 해결책을 제시하고 있다. 이에 글로벌 주요 에너

기후 협약 목표에 기여하기 위한 6대 원칙

기후 협약 지원	파리 기후 협약 목표 달성 위한 국제 협력과 기타 수단 활용.
탈탄소화	기업별 전략·목표에 따라 자체 발생한 탄소 배출량 및 고객·사회의 에너지 사용에 따른 탄소 배출량 감소 위해 노력.
에너지 시스템	파리 기후 협약의 국가온실가스 감축 목표(NDC: National Determined Contributions) 달성을 위해 에너지 사용에 따른 배출량 감축기술을 개발하고 에너지 사용자·투자자·정부 등 이해 관계자들과 협력 추진.
탄소 흡수원 개발	탄소 포집·활용·저장기술(CCS) 및 천연 흡수제 등 배출 흡수제 개발 지속 지원.
투명성	기후 관련 재무공개 협의체(TCFD: Task Force on Climate-Related Financial Disclosures)의 권장사항에 따라 기후 변화 위험·기회 등 관련 정보 공시.
산업·무역협회	주요 산업, 무역협회 회원 및 기업의 주요 기후 관련 정책 보고 추진 노력.

지 기업인 BP·에니(ENI)·에퀴노르(Equinor)·갈프(Galp)·옥시덴탈(Occidental)·렙솔(Repsol)·쉘·토탈(Total)은 에너지 전환을 위한 협력 플랫폼 구축 목표로 2020년 12월 기후협약 목표에 기여하기 위한 6대 원칙에 합의했고, 온실가스 감축과 탄소 흡수원 개발 등에 공동으로 노력을 기울이기로 합의했다.

글로벌 석유·가스 에너지 기업들은 매우 유사하게 2050년을 목표로 완전한 넷제로를 이루는 것을 목표로 설정하였다. 탄소 농도를 어떻게 저감할 것인가에 대한 구체적인 방향은 조금씩 차이가 있지만 대체로 2050년까지 넷제로를 이뤄야 한다는 시대적 요구에는 부응하겠다는 선언이다. 이러한 목표를 이루기 위해 재생에너지에 다양하게 투자하여 에너지 전환기술을 선점하고 탄소발자국을 상쇄시키려는 노력을 다양하게 진행 중이다.

대표적으로 쉘은 오일 생산량을 2019년 최고치로부터 2030년까

글로벌 석유·가스 에너지 기업들의 넷제로 및 재생에너지 투자 목표

기업	넷제로 목표	재생에너지 투자 목표
BP	– 2050년까지 탄소 중립 – 2019년 대비 2050년까지 탄소 농도 50% 저감	– 2030년까지 50GW 규모 재생에너지 발전 시설 설치
에니(ENI)	– 2018년 대비 2050년까지 탄소 농도 50% 저감	– 2024년까지 4GW, 2026년까지 12~16GW 규모 재생에너지 발전 시설 설치
에퀴노르 (Equinor)	– 2050년까지 탄소 농도 0	– 2026년까지 4~6GW, 2035년까지 12~16GW 규모 재생에너지 발전 시설 설치
렙솔(Repsol)	– 2050년까지 탄소 중립 설정 – 2016년 대비 2030년까지 탄소 농도 20%, 2040년까지 40% 저감	– 2025년까지 7.5GW, 2030년까지 15GW 규모 저탄소 발전 시설 설치
쉘(Shell)	– 2050년까지 탄소 중립 – 2016년 대비 2050년까지 에너지 제품 탄소 농도 100% 저감	– 재생(수소 포함) 및 에너지 솔루션에 연간 20~30억 달러 투자
토탈(Total)	– 2050년까지 탄소 중립 – 2050년 대비 탄소 농도 60% 저감	– 2025년까지 35GW, 2030년까지 100GW 규모 재생에너지 설치
페트로나스 (Petronas)	– 2050년까지 탄소 중립	– 2024년까지 3GW 규모 재생에너지 발전 시설 설치

자료: GWEC Market Intelligence(2021)

지 매년 1~2%씩 생산을 감축하는 반면 포트폴리오 중 총 천연가스 생산 비중은 2030년까지 55% 이상으로 증가시키는 변화를 계획하고 있다. 또한 쉘은 북미 지역에 1.6GW 규모의 태양광발전 용량을 보유했는데, 미국 14개 주에서 120개 이상의 태양광 시설을 갖춘 미국 최대 전력 생산업체 중 하나인 실리콘랜치(Silicon Ranch)의 지분 43%를 확보해 태양광에너지를 포트폴리오에 추가했다. 또한 쉘은 553개의 육상 풍력 터빈과 텍사스의 브라조스(Brazos) 풍력발전소를 보유하고, 재생에너지 운영 및 개발 기업인 테라젠(Terra-Gen)

과 조인트벤처(JV)를 추진하는 등 종합 에너지 기업으로서 발 빠르게 탈바꿈하고 있다. 석유와 가스같이 전통의 에너지원을 계속 생산하면서 동시에 다양한 미래 기술들에 투자함으로써 새로운 에너지 미래를 준비하는 다각화에 총력을 기울이는 것이다.

쉘뿐만 아니라 글로벌 석유·가스 기업들은 비슷한 방식으로 새로운 에너지 시대를 준비하고 있다. 새롭게 사업을 다각화하고 기존의 에너지원에 탈탄소화를 빠르게 진행 중이다.

마지막으로 디지털화이다. 글로벌 에너지 서비스 회사인 슐럼버저의 CEO 올리비에 르 피치(Olivier Le Peuch)는 2021년 투자은행 바클레이즈의 주최로 열린 CEO 에너지—파워 컨퍼런스(Barclays CEO Energy—Power Conference)에서 저탄소 시스템으로 전환하는 동시에 에너지 효율성을 변화시키고 에너지 시스템의 더 큰 유연성을 지

주요 글로벌 석유·가스 에너지 기업들의 에너지 다각화 현황

기업	육상 풍력	고정형 해상 풍력	부유형 해상 풍력	태양광	그린 수소	CO_2 포집·활용·저장	전기차	수소 전기차	바이오 연료
BP	○	○	○	○	○	○	○	-	○
에뉴오(ENIO)	○	○	-	○	○	○	○	○	○
에퀴노르	-	○	○	○	○	○	○	-	○
렙솔	○	-	○	○	○	○	○	-	○
쉘	○	○	○	○	○	○	○	○	○
토탈	○	○	○	○	○	○	○	○	○
페트로나스	○	-	○	○	○	○	-	-	-
중국해양석유 (CNOOC)	-	○	-	-	○	○	○	○	○

자료: GWEC(2021) / 〈미국 재생에너지 시장 및 에너지 전환 동향〉, 코트라(2021)

원하는 디지털화가 뒷받침되어야 한다고 강조했다. 이전에는 존재하지 않던 대규모의 디지털 혁신으로 이미 석유·가스 산업은 자동화와 디지털 플랫폼화가 빠르게 이뤄지고 있다. 대량의 문서와 대면 서비스로 진행됐던 많은 의사결정이 디지털 플랫폼에서 진행되고, 생산된 데이터는 디지털 생태계 안에서 저장, 재사용 되도록 시스템이 변화하고 있다. 생산 효율이 극대화하고 불확실성과 리스크를 줄이는 여러 기술적인 인더스트리의 도전과제를 풀 열쇠로서 디지털화의 중요성이 부각되고 있다. 더 멀리 내다보면 디지털 기능과 결합된 새로운 에너지 전략을 통해 저탄소 에너지 부문에 대한 시너지를 낼 수 있는 마중물로서 디지털화는 필수적이다. 많은 전환기술들이 디지털화와 연결되어 있으며 재생에너지 기술과도 맞닿아 있다.

넷제로를 달성하기 위한 글로벌 에너지 기업들의 전쟁은 더욱 가속화되어가고 있으며 큰 흐름 속에서 살아남기 위한 변화는 현재 진행형이다. 석유·가스 시대를 호령하던 글로벌 에너지 기업들이 어떻게 탈탄소화, 에너지원 다각화, 그리고 디지털화 전략을 통해 에너지 대전환 시대를 헤쳐나갈지 지켜보아야 하겠다.

기업	내용
에퀴노르	**▶ 태양광발전** – 브라질 아포지(Apodi) 태양광발전 프로젝트(162MW) 지분 40% 소유, 2018년 운영 시작 – 아르헨티나 그라니줄(Granizul) 2A 태양광발전 프로젝트(117MW) 지분 50% 소유 **▶ 고정형 풍력발전** – 영국, 독일, 폴란드, 미국, 한국 내 프로젝트 진행 – 미국 내 엠파이어 윈드(Empire Wind) 및 비콘 윈드(Beacon Wind) 지분 BP에 양도 – 영국 내 도거 뱅크(Dogger Bank) A와 B의 지분 에니에 양도 **▶ 부유형 풍력발전** – 2022년 가동될 노르웨이의 부유형 풍력발전 건설 중 – 한국 내 부유형 프로젝트 개발 중 **▶ 잉여에너지 전환 저장(PtX)** – 네덜란드에서 NortH2와 그린수소 프로젝트 협업
BP	**▶ 태양광발전** – 2021년 5월, 7X 에너지로부터 미 태양광발전 프로젝트(9GW)를 매입하여 재생에너지 파이프라인은 23GW로 증가 **▶ 고정형 풍력발전** – 에퀴노르로부터 엠파이어 윈드, 비콘 윈드 프로젝트 50% 인수 **▶ 잉여에너지 전환 저장(PtX)** – 독일에서 수소 프로젝트 개발 위해 오스테드(Orsted)와 협업
쉘	**▶ 태양광발전** – 2021년 6월, 싱가포르 정부와 대규모 태양광발전 프로젝트 협약 체결(고정형 풍력발전) – EDPR사와 조인트벤처(50:50)를 통해 미 동부 해상 프로젝트 진행 **▶ 부유형 풍력발전** – 노르웨이의 테트라스파(TetraSpar) 프로젝트 투자 – 아일랜드의 에메랄드(Emerald) 부유형 풍력 프로젝트(1GW) 주요 소유 기업 – 한국 내 코엔스핵시콘(CoensHexicon)과 공동 개발 프로젝트 진행 **▶ 잉여에너지 전환 저장(PtX)** – 네덜란드에서 NortH2와 그린수소 프로젝트 협업
에니	**▶ 태양광발전** – 2019년 12월, 팔크 재생에너지(Falck Renewables)와 미국 내 재생에너지 프로젝트(태양광발전, 육상 풍력, 저장 분야) 공동개발 위해 전략적 협업 계약 체결 – 2020년 11월, 버지니아 소재 태양광발전 프로젝트(30MW) 인수 **▶ 잉여에너지 전환 저장(PtX)** – 에넬(Enel)사와 함께 그린수소 프로젝트 협업 발표
토탈	**▶ 태양광발전** – 2013년 마스다르(Masdar), 아벵고아 솔라(Abengoa Solar)와 협업하여 UAE에 대규모 태양광발전소 건설 – 2017년 일본 나나오의 태양광발전소(27MW) 건설, 9,000여 가구에 전력 공급(고정형 풍력발전) – SSE 재생에너지(SSE Renewables)로부터 미국의 씨그린1(Seagreen 1)의 지분 51% 취득 **▶ 부유형 풍력발전** – 영국의 에레보스(Erebus) 부유형 풍력 프로젝트 80% 구매 – GIG와 한국 내 부유형 풍력 프로젝트(2GW) 공동개발 **▶ 잉여에너지 전환 저장(PtX)** – 프랑스에서 엔지(ENGIE)와 그린수소 플랜트 개발 중

자료: 코트라(2022)

지속가능 경영을 위한 기업들의 공동 선언, 'RE100'이란?

RE100는 'Renewable 100%'의 약자로 전 세계 기업들이 운영과 제품 생산 등에 사용되는 전력을 100% 재생에너지를 활용해서 충당할 수 있도록 전환하는 것을 추진하는 이니셔티브이다. RE100는 2015년 파리 협약 체결 전인 2014년에 개최된 유엔 뉴욕 기후주간에 세계 기후 문제를 다루는 국제 비영리 단체인 '기후그룹(The Climate Group)'과 CDP(Carbon Disclosure Project)에 의해 발족됐고 스웨덴 가구 회사인 이케아(IKEA)와 세계 최대 규모의 재보험사 중 하나인 스위스리(SWISS RE)를 창단 멤버로 시작했다.

RE100에 가입하기 위해서는 상당량의 전기 수요가 있어야 하며, 2030년까지는 총 전기 소비량의 60%, 2040년까지 총 전기 소비량의 90%, 2050년까지 총 전기 소비량의 100%를 재생에너지로 발전된 전기를 이용하겠다는 것을 준수해야 한다. RE100 멤버가 되면 매년 RE100 준수 현황을 보고해야 한다.

2015년 파리 협약의 영향으로 기업들의 환경에 대한 관심이 높아져 2015년 RE100 회원사 수가 한 해 100%가 넘게 증가했다. 마이크로소프트, 나이키, 스타벅스가 2015년, 애플이 2016년, 구글이 2017년에 RE100에 참여했다. 한국에서는 SK그룹이 2020년에 처음으로 RE100의 일원이 됐다.

RE100는 제조업의 생태계 내에서의 탄소 감축에도 영향을 미쳤다. 애플은 2020년에 2030년까지 제조공급망 및 제품 생애 주기를 아우르는 기업 활동 전반에서 탄소 중립화를 달성하겠다는 계획을 발표했다. 협력사들이 애플에 부품을 납품하기 위해서는 애플의 탄소 중립화 계획에 동참해야 하고, 그렇지 않으면 애플과의 거래 중단을 감수해야 하는 것이다. 2021년 애플이 발행한 '환경 진행 리포트(Environmental Progress Report)'에 따르면 100군데 넘는 애플의 공급업체들이 현재 화석연료로 발전되어 사용하는 전기를 재생에너지로 발전되는 전기로 100% 전환하는 것에 동참하겠다는 의사를 밝혔다.

BMW 그룹 역시 완성차 회사로는 최초로 공급 업체들에게 탄소 절감 목표치를 설정해 탄소 감축을 본사뿐만 아니라 제품 공급망으로 확대하겠다는 의지를 보였다. BMW는 1만 2,000개의 티어 1 협력사(1차 부품 공급사)들과 함께 일하고 있으며 600억 유로의 구매력을 가지고 있다. 2020년 6월 BMW의 CEO인 올리버 집세는 "우리는 친환경 전력만을 사용하는 셀 제조업체들로만 5세대 배터리 셀 계약을 맺었다"라고 말했다. BMW에 배터리 셀을 납품하는 LG화학이 한국 기업으로서는 처음으로 탄소 중립을 선언한 배경이기도 하다.

애플, BMW의 사례와 같이 지속가능한 공급망을 추구하는 회사들이 늘어남에 따라 이런 회사들과 함께 일을 하고 있는 회사들도 탄소 감축에 대한 목표를 세우고 있다. 대만의 TSMC는 2020년 RE100에 가입했으며 LG화학 역시 2020년에 2050년까지 탄소 중립을 이루겠다고 선언했다. 삼성전자, LG전자, 삼성SDI 등은 2021년 전기 전자 탄소중립위원회를 출범하고 공동 선언문을 통하여 탄소 중립에 대한 의지를 표명했다. RE100에 참여하는 기업들과 이외에 유사한 이니셔티브(EP100, EV100 등)에 참여하는 기업들이 늘어나면서 탄소 중립을 위한 기업들의 노력은 지속될 것으로 예상된다.

NET ZERO

⚡

ENERGY WAR

4장

태양광 시대가 온다

태양광발전의 중요도와 역할이 커지고 있다.

2021년 8월 바이든 정부는 2050년까지 전기 공급의 50%를 태양광으로 공급하겠다는 야심 찬 청사진을 내놓았다. 바이든 정부의 계획에 따르면 2035년까지 태양광은 전체 전기 발전의 40%, 2050년까지 50% 수준으로 끌어올린다는 것이 목표이다. 2020년 태양광이 미국 전체 전기 발전에 차지한 비중은 4%이다. 이를 위해서는 2025년까지 미국에서 매년 30GW(기가와트) 규모의 태양광 설비가 세워져야 하고, 2025년부터 2030년까지 매년 60GW 규모의 태양광 설비가 설치돼야 한다. 이러한 목표를 뒷받침하기 위해 미국은 태양광 설치를 위한 부지에 대한 세금 감면 등을 통해 태양광발전을 장려하고 있다. 2021년 한 해 미국 태양광 설치량은 23.6GW를 기록하면서 전년에 비해 19% 증가했고 2021년 추가된 발전원 중 46%를 차지했다. 파리 협약 이후 각국이 넷제로에 대한 목표를 발표하며 태양광발전의 역할에 관심이 쏠리고 있다.

미래는
태양광에 있다

태양광에 대한 수요는 지속적으로 증가하고 있다. 이를 반증하듯 블룸버그NEF(BNEF)는 2022년 1월 세계 태양광 설치 예상과 전망을 통해 전 세계적으로 태양광에 대한 폭발적인 수요를 예측하며 2022년 이후에도 매년 꾸준히 14%에서 22%까지 태양광에 대한 수요가 증가할 것이라 밝혔다. 이 자료를 통해 BNEF는 2020년 한 해 144GW 규모의 시설이 건설됐다면 10년 뒤인 2030년에만 2020년의 두 배가 넘는 334GW 규모의 태양광발전 시설이 건설될 것이라고 전망했다.

국제에너지기구(IEA)가 2022년 4월 발행한 태양광발전 시스템 프로그램(PVPS: Photovoltaic Power Systems Program) 스냅샷 보고서에 의하면 2021년 말 기준으로 누적량 942GW 상당의 태양광

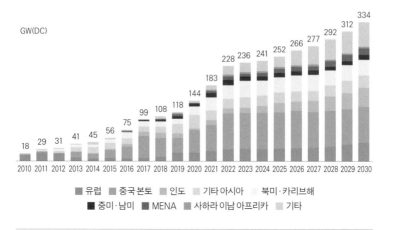

GW(DC)

자료: BNEF

시설이 전 세계에 설치됐으며 중국이 308.5GW로 1위, 유럽연합
이 178.7GW로 2위, 미국이 122.9GW로 3위를 차지했다. 한국은
21.5GW를 차지해 이탈리아(22.6GW)와 비슷한 수준의 태양광발전
시설을 보유한 것으로 나타났다.

태양광에너지 발전의
구성 요소들

    태양광발전은 태양광을 이용해 전기를 생산하는 발전 기술이다. 태양광이 태양광 전지로 이루어진 태양광 패널에 접촉하면서 태양광에너지의 발전이 시작된다. 태양광이 태양광 패널에 도달하면 빛의 입자[광자, Photon]들이 태양전지에 있는 반도체를 통해 흡수하게 된다. 이 과정에서 전자가 실리콘 접합면들 사이를 흐르게 되고 이러한 반응의 결과로 직류가 생산된다. 이와 같이 특정 주파수 이상의 빛이 금속과 반응해 전자를 발생시키는 것을 광전효과라고 부른다. 태양광발전을 통해 생산된 직류는 각 발전지의 계통 연계 시스템에 따라 에너지 저장원에 저장되거나 전력망으로 송전된다. 자가발전이나 가정에서 발전지에서 전력 소비를 요하는 경우, 태양광발전에서 생산된 직류는 인버터를 통해 교류로 변환되면서 전력 소비자들이 소비 가능한 형태로 전환된다.

일반적으로 전기 계량기는 전력 소비자들의 전력 소비를 기록하는 역할을 하지만 태양광 및 분산형 발전에서의 전기 계량기는 전력 소비 기록뿐만 아니라 전력발전원에서 전기를 전력망으로 송출할 경우 전기가 전력망으로 송출된 전력량을 기록하기도 한다. 이와 같이 재생에너지 발전을 통해 생산된 전력이 전력망으로 흘러가는 것을 기록하는 과정을 '넷미터링(Net Metering)'이라 부른다. 넷미터링은 전력계량기의 계량 값이 태양광 패널에서 발전된 전기량에서 가정 내에서 소비된 전기를 제한 후 전력망에 송출된 전기의 양을 의미한다. 기존엔 넷미터링 계량기를 주로 사용했으나 최근엔 태양광 패널에서 발전된 전기를 직접적으로 기록하는 기기를 사용해 가정의 전기 발전량을 모니터링하기도 한다.

태양광발전 시스템은 여섯 가지로 구성돼 있다. 1) 태양광 어레이, 2) 태양광 충전 제어기, 3) 배터리, 4) 인버터, 5) 계량기, 6) 전력망이 그것이다. 전력계통 시스템에 따라 태양광 충전 제어기와 배터리는 선택사항이다. 태양광 어레이는 태양광 패널로 이루어져 있으며 태양광 패널은 태양전지로 구성돼 있다. 태양광 충전 제어기는 태양광 어레이에서 발전된 전기의 전압을 제어함으로써 인버터로 배터리가 과충전되는 것을 막아준다. 태양광 어레이에서 발전된 직류전지는 배터리에 저장됐다가 인버터를 거쳐서 가정에서 사용되거나 전력망으로 송전된다.

태양광발전 시스템의 산업 구조는 크게 '소재 산업 → 부품 산업

→ 세트 산업'으로 구분된다. 소재 분야는 원재료인 폴리실리콘(Poly Silicon)으로 잉곳, 웨이퍼를 가공하는 단계를 말한다. 부품 분야는 태양전지 제조 및 모듈조립 부문으로 전지의 광전 효율이 발전 단가를 좌우하기 때문에 가장 핵심이 된다. 부품 분야 중에서 전력기기 부문은 직류인 태양 전원을 교류로 바꾸는 인버터나 저장장치인 배터리 등의 제조 부문이다. 세트 분야는 태양광발전을 위한 최종 시스템을 시공하고, 유지·보수 등의 서비스를 제공하는 부분이다. 부가가치가 높은 소재 분야 영역은 참여자가 적은 과점 형태인 반면, 부품에서 세트 영역으로 갈수록 참여자가 많아 과도한 과당경쟁 형태의 구조를 형성하고 있고, 부가가치가 낮은 편이다. 폴리실리콘, 잉곳, 웨이퍼, 전지 등은 높은 기술이 요구되는 기술집약형 장치산업으로서 시장 진입 장벽이 높은 부문이다. 반면, 다운스트림 부문의 모듈조립, 설치, 유지·보수 쪽으로 갈수록 중저위 기술이 요구되는 노동집약적 작업으로 시장 진입 장벽도 낮은 편이고, 규모의 경제가 필요한 산업이다.

태양광 산업의 가치사슬이 갖는 특징은 폴리실리콘의 경우 기술 개발이 어렵고 품질 확보가 쉽지 않아, 참여 업체의 수가 적고 수익성 확보가 상대적으로 용이하다는 것이다. 수직계열화는 태양전지 원료인 폴리실리콘부터 잉곳‒웨이퍼‒태양전지‒모듈‒다운스트림 (발전 사업 개발·시공)으로 이어지는 밸류 체인을 모두 갖추는 것을 의미하는데 잉곳·태양전지·태양광 모듈 등의 경우 폴리실리콘에 비해 상대적으로 진입 장벽이 낮으나, 전체적인 효율을 높이기 위해

세계 태양광 산업 가치사슬 동향(2019년 4분기 기준)

	폴리실리콘	잉곳·웨이퍼	셀	모듈	개발·시공
시장 크기	6조 원	15조 원	22조 원	35조 원	120조 원
설비 용량(GW)	193	213	198	265	–
공급 과잉률	140%	170%	160%	200%	–
2019년 기업 수	19	77	112	226	다수의 회사
2018년 기업 수	32	125	138	256	–
중국 점유율	64%	92%	85%	80%	–

자료: 한국수출입은행 해외경제 연구소

모든 단계를 한 회사가 소유하는 수직계열화를 진행하는 추세이다. 한국수출입은행 해외경제 연구소에서 발행한 2020년 2분기 태양광 산업 동향 리포트에 따르면 태양광 소재 산업에서 세트 산업 순으로 시장 규모와 연관된 기업의 수가 점차 늘어나며 태양광 전 가치사슬에 걸쳐 중국 기업에 대한 점유율이 높다.

태양광 전지도 다 같은 전지가 아니다

태양광발전의 첫 시발점은 태양전지다. 태양전지는 상용화 단계에 따라 1세대(결정질 실리콘 태양전지-단결정과 다결정), 2세대[박막형 반도체 a-Si, 카드뮴텔룰라이드(CdTe), CIGS(구리·인듐·갈륨·셀레늄)], 3세대 태양전지(유기계 및 나노, 페로브스카이트 태양전지)로 분류된다.

1세대는 가장 성숙하고 안정적인 태양전지로 2020년 상반기 기준으로 전체 시장의 90% 이상을 차지하고 있다. 1세대 태양전지는 다른 세대의 태양전지에 비해 효율이 높은 반면 재료 가격의 비중이 높고 공정 비용이 많이 든다는 단점이 있다. 시중에 있는 많은 태양광 관련 기업들이 1세대 태양전지 제조 과정 밸류체인에 속해 있다.

2세대인 박막형 태양전지는 1세대 태양전지에 비해 전지가 얇아 제조 비용이 비교적 저렴하고 초박막화 및 대면적화가 가능하다는 장점을 가지고 있지만 에너지 전환 효율은 다소 떨어져 아직까지 태양전지 시장점유율이 약 8% 수준에 그치고 있다.

3세대 태양전지는 1·2세대 태양전지와는 다른 소재로 광/전 변환을 만들어내는 신개념 기술을 사용하는 태양전지를 의미한다. 3세대 전지로는 염료감응 태양전지(DSSC: Dye Sensitized Solar Cell), 유기 박막 태양전지(OPV: Organic Photovoltaic), 그리고 페로브스카이트(Perovskite) 태양전지 등이 있고 아직 상용화되지 않고 연구 단계에 있는 실정이다.

초기에 사용되던 태양전지의 사이즈는 156mm×156mm이었으나 기술의 발전과 태양광발전의 보급에 따라 태양전지의 크기도 변화하고 있다.

1세대 태양전지는 결정질 실리콘 태양전지를 이야기하며 세부적으로는 제조 공정에 따라 단결정(Monocrystalline solar cells)과 다결정(Polycrystalline cells)으로 구분된다.

단결정 태양전지는 다결정 태양전지에 비해 생산 단가가 높아 다결정 태양전지에 비해 적은 생산량과 소비량을 보여왔지만 최근 들

태양전지 사이즈의 변화

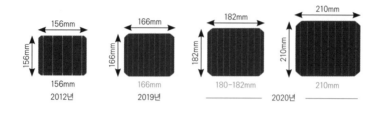

자료: Clean Energy Reviews

단결정 태양전지와 다결정 태양전지

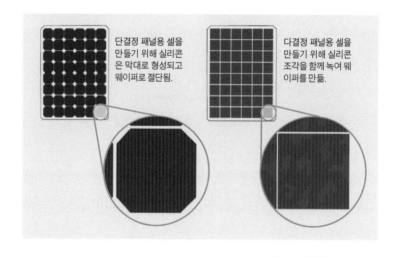

자료: American Solar Energy Society

어 단결정 태양전지의 단가가 낮아짐에 따라 태양광발전에서 단결
정 태양전지의 비중이 매년 꾸준히 늘어나고 있다. 효율성에 있어서
는 단결정이 다결정에 비해 높은 효율성을 보인다.

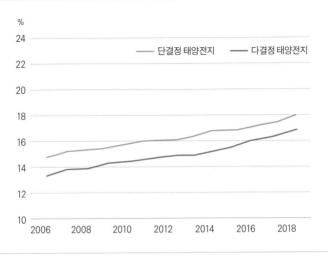

%

단결정 태양전지 ── 다결정 태양전지

자료: Fraunhofer Institute

다결정 태양전지는 단결정에 비해 상대적으로 저품질이고 효율도 10%대로 낮지만 제조가 용이하고 가격이 저렴해서 과거에 많이 사용됐다. 그러나 최근 단결정 실리콘 태양전지의 가격이 낮아짐에 따라 2015년을 기점으로 태양전지 시장을 단결정 태양전지에 내어주고 있다.

1세대 태양전지는 현재 이론적 최고 효율에 근접해 있어 더 이상의 효율을 기대하기 어렵다는 단점이 있다.

1세대 태양전지가 실리콘을 기반으로 하는 반면, 2세대 박막형 태양전지는 유리나 금속 포일 등으로 이루어진 기판 위에 형성한 소재 박막을 기반으로 제조된다. 1세대 실리콘 기반의 결정형 태양전지들은 태양전지를 만드는 과정에서 순차적으로 실리콘 → 잉곳 → 웨이퍼 → 셀 → 모듈의 단계를 거쳐야 하기 때문에 각 단계 간의 상호 유기적인 기술이 필요하다. 또한 각 생산 과정에서도 다양한 재료와 장비를 요하기 때문에 가치사슬이 복잡하고 태양전지 생산에 시간과 비용이 소요된다.

하지만 2세대인 박막형 태양전지의 경우엔 반도체 박막을 이용해 박막 형성과 전지 제작 등이 한곳에서 이루어지기 때문에 가치사슬이 1세대에 비해 단순하다. 따라서 1세대 결정형 태양전지처럼 각 공정들이 독립적인 산업을 형성할 수 있는 것이 아니라 일련의 공정이 일괄적으로 동시에 동일한 장소에서 수행될 수 있어 제조 과정에서 비용을 절감할 수 있는 장점이 있다. 그러나 2세대 태양전지의 경우, 1세대에 비해 발전 효율성이 떨어져 2세대 태양전지의 시장 점유율은 1세대 점유율에 비해 현저히 떨어진다. 3세대 태양전지는 염류를 이용해 광전기 화학적 반응을 유도하는 연료감응 태양전지(DSSC) 기술과 음극과 양극 사이에 전도성 유기 재료를 이용하는 유기 태양전지(OPV)와 페로브스카이트란 소재를 이용해 태양전지를 제조하는 페로브스카이트 태양전지 기술로 나뉜다.

페로브스카이트 태양전지는 가격이 와트(W)당 10~20센트 정도로, 와트당 75센트 정도인 실리콘 기반 1세대 태양전지에 비해 3~8배까지 가격을 절감할 수 있다. 그 이유는 페로브스카이트의 원재료를 구하기가 쉽고, 생산 과정에서도 실리콘은 가공을 위해 최고 900℃의 고온을 요하는 반면 페로브스카이트는

100℃ 정도에서 가공할 수 있기에 생산 비용이 저렴하기 때문이다. NREL(National Renewable Energy Labotory)에서 2019년에 발간한 태양전지 효율성 보고서에 의하면 3세대 태양전지인 페로브스카이트는 단결정 실리콘 다음으로 가장 광전효율성이 높은 것으로 알려졌다. 2009년 일본에서 처음으로 페로브스카이트를 태양전지 재료로 사용했을 때 광전효율은 3.8%에 그쳤지만 10년 후 25.2%로 효율이 개선됐다. 향후 이 효율은 31% 수준까지 상승할 것으로 예상된다.

페로브스카이트는 두껍고 경직됐으며 중량인 실리콘 웨이퍼와 달리 경량이며 얇고 유연한 것이 특징이라 지붕뿐만 아니라, 창문·차량·휴대폰 등 다양한 표면에 부착돼 전기를 발전할 수 있다. 현재 이를 바탕으로 기존 1세대 태양광 모듈 위에 뿌리거나 부착해 태양광발전 효율을 개선시키는 연구가 지속적으로 진행 중이다. 하지만 페로브스카이트는 분해되지 않고 납을 함유하고 있다는 점에서 환경 문제에 대한 문제점을 가지고 있으며, 내구성도 1세대는 평균 25년의 수명이 보장되지만 페로브스카이트는 1년 정도의 효율을 보장하는 데 그친다는 단점이 있다.

태양광 모듈/패널/어레이

태양광 모듈은 태양전지를 여러 장 모아 패널 형태로 만든 것을 말한다. 태양전지의 개수를 늘림에 따라 모듈이 발전하는 전기의 양이 증가한다.

현재 시판되는 태양광 모듈의 크기는 브랜드에 따라 차이가 있지만 태양전지의 개수에 따라 길이 1.65m 또는 2m, 넓이 1㎡로 구성돼 있다. 무게는 15~25kg로 300W에서 420W의 전력을 생산한다. 태양광 패널은 모듈을 여러 장 모은 것이고 태양광 어레이는 태양광 패널을 여러 장 연결해 지지대에 설치된 장치이다. 일반적으로 어레이는 설치 형태에 따라 다음과 같이 구분된다.

태양광 어레이 종류

고정형 어레이	가장 흔하게 볼 수 있는 형태의 어레이이다. 거치대 위에 어레이를 설치함으로써 안정된 구조 덕분에 강풍이나 지진 등 자연재해에도 강하다는 장점이 있다. 또한 설치 및 유지 보수 비용이 저렴하다는 특징이 있다. 설치 환경에 큰 제약이 없어 설치 면적을 많이 확보하지 않아도 설치가 가능하다. 정남향을 향해 입사각이 90도가 되도록 설치하며 각도 조절이 불가능하기 때문에 방향이 실시간으로 바뀌는 태양광을 모두 활용하지 못해 발전 효율이 다른 어레이의 형태보단 조금 낮을 수 있다. 하지만 투자 비용이 다른 어레이 형태에 비해 적으며 유지 보수가 비교적 쉽다는 장점이 있다.
반고정형 어레이	계절의 변화에 따라 어레이의 각도를 조절할 수 있어 계절별로 최대 경사면 일사량을 받을 수 있는 어레이 시스템이다. 계절에 따라 어레이의 경사를 조절할 수 있어, 계절별 최대 경사면 일사량을 갖도록 설계됐다. 반고정형은 앞에서 소개된 고정형과 다음에 소개될 추적식의 중간점에 있는 시스템이다. 태양광발전 시 가장 많이 쓰이는 고정형 어레이에 비해 평균 20% 정도 더 높은 발전량을 낼 수 있다.
추적식 어레이	태양광발전 효율을 높이기 위한 방식으로, 태양광이 내리쬘 때, 모듈의 전면에 수직으로 입사할 수 있도록 추적한다고 해서 붙여진 이름이다. 추적식 어레이는 추적 방향과 추적을 하는 방식에 따라 구분을 하는데 추적 방향에 따라서는 단방향 어레이와 양방향 어레이로 구분되며, 추적하는 방식에 따라서는 감지식 추적법과 프로그램 추적법, 혼합식 추적법으로 구분할 수 있다.

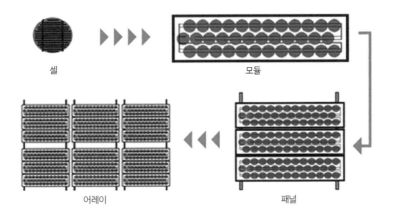

자료: Solar Direct

직류를 교류로 변환하는 인버터

인버터는 태양광 집전판에 직류 형태로 저장된 발전 전력을 교류로 변환해주는 장치이다. 직류로 발전된 전기는 교류로 변환돼 송전되거나 가정에서 발전된 전기는 교류로 전환돼 소비된다. 따라서 인버터는 우리가 태양광으로 발전된 전기를 사용하는 데 있어서 중요한 역할을 한다. 인버터는 연결 상태에 따라 스트링 인버터와 센트럴 인버터로 나뉘며 스트링 인버터는 마이크로 인버터와 스트링 인버터로 구분된다.

발전 수익에 민감한 발전소들을 중심으로 센트럴 인버터를 설치

스트링 인버터	스트링 인버터는 여러 개의 패널에 하나의 인버터를 연결한 것으로 발전 효율이 센트럴 인버터에 비해 높고 설치가 간편하다. 인버터가 고장 났을 경우 발전소 운영 위험을 최소화할 수 있다는 장점이 있다.
마이크로 인버터	각 패널에 소형 인버터를 연결한 것으로 설치가 쉽고 발전 효율이 다른 옵션에 비해 가장 높지만 가격이 비싸다.
파워 옵티마이저	각 패널에 파워 옵티마이저를 장착하고 이것을 인버터에 연결. 발전 효율, 가격 모두 스트링 인버터와 마이크로 인버터의 중간 정도 된다.
센트럴 인버터	센트럴 인버터는 태양광발전소 전력을 1대의 인버터에 모두 연결하는 방식으로 인버터 한 대의 시스템만 관리하면 되므로 설치와 운영이 편리하다는 이유에서 널리 사용됐으나 고장 시 인버터 수리 혹은 교체 전까지는 발전소 전체의 가동을 중단해야 하는 단점이 있다.

한 발전소들이 인버터 고장 혹은 교체로 발전 수익 손실이 늘어나자 발전 사업자들은 센트럴 인버터에서 스트링 인버터로 인버터 시스템을 교체하기 시작했다. 초기 스트링 인버터는 소규모 발전 설비를 대상으로 설치됐으나 지금은 지속적으로 기술이 개발되고 있고 대용량 발전에도 분산 설치가 가능해 그 수요가 늘어나고 있는 추세이다.

계량기가 거꾸로 도는 넷미터링

태양광 패널에서 생산된 전기가 인버터에서 교류로 변환된 후 발전지에서 사용될 수도 있지만 전력망을 통해 송전시스템으로 보내지기도 한다. 이때 계량기가 거꾸로 돌아가게 되는데 이와 같이 에너지 생산과 소비에 대한 양방향 계량을 넷미터링이라고 한다. 계량기는 일반 상태에서는 전기 사용량만큼 계량기의 수치가 상승하는 반면 계량기의 넷미터 상태에서는 전기를 발전한 전력량에 따라 미터가 거꾸로 돌아간다. 따라서 총 전기 소비량은 가정 내 전기 소비량에서 전기 발전량을 제한 것으로 전기 소비보다 발전을 더 많이 한 경우 총 전기 소비량이 0 이하로 내려갈 수도 있다.

⋮ 전기 회사를 위한 태양광 모니터링 시스템 ⋮

태양광 모니터링 시스템이란 사물인터넷(IoT) 기술을 이용해 통신 장치를 계량기에 설치해 인버터의 현재 발전량, 누적 발전량, 설비 이상 징후 등을 실시간으로 모니터링 및 관리하는 시스템이다. 이 시스템을 통해 발전량 패턴을 분석하고 설비 고장 및 이상 원인을 파악할 수 있다.

태양광발전의 경우 모듈 및 인버터의 설비 고장으로 인한 발전량 손실로 피해를 보는 경우가 많고 일반 가정에서는 태양광발전 설비 설치 후 인버터 및 태양광 모듈에 문제가 있는지 확인하기 어렵기 때문에 모니터링 시스템이 이상 신호를 감지하는 데 큰 역할을 하고 있다.

태양광 모니터링 시스템의 경우 발전량 모니터링 이후에도 현재 발전량을 바탕으로 발전량을 예측하는 데이터 분석 서비스도 제공한다.

잉곳이 없으면
태양광도 없다

태양광발전 설비는 단계별로 다양한 중간재를 필요로 한다. 모래에서 뽑아낸 기초 소재인 폴리실리콘에서 잉곳, 웨이퍼를 거쳐 가장 기본 단위인 태양전지가 만들어지고, 이를 집적시켜 모듈을 구성하면 태양광에너지의 핵심 포집 장치가 완성된다. 여기에서 끝이 아니라 모듈에서 생성된 직류를 변환해주는 전력 제어장치와 시스템의 구성 및 설치까지 마무리돼야 비로소 태양광발전 설비가 최소 단위로 구성된다. 각 단계별로 핵심 기술을 가지고 있는 기업들이 존재하며 태양광발전의 수요 증가와 시장 확대에 따라 해당 기업들은 지속적인 성장을 거듭하고 있다. 특히 중국의 태양광 산업은 빠르게 규모의 경제를 실현했으며 글로벌 태양광 공급사슬에서 우월적인 지위를 점유했다. 특히 잉곳과 웨이퍼의 경우 중국의 대표 제조사들

태양광발전 설비의 공급사슬 및 중국의 생산량 비중

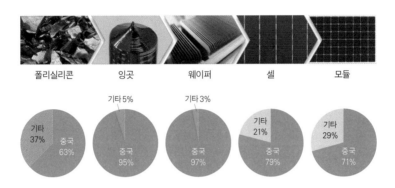

| 폴리실리콘 | 잉곳 | 웨이퍼 | 셀 | 모듈 |

기타 5% 기타 3%

기타 37% / 중국 63%
중국 95%
중국 97%
기타 21% / 중국 79%
기타 29% / 중국 71%

* 폴리실리콘은 베른로이터 리서치(Bernreuter Research), 잉곳은 BNEF, 웨이퍼·셀·모듈은 중국 태양광
  산업 협회(China Photovoltaic Industry Association) 자료를 기반
자료: Bernreuter Research

태양광 공급사슬의 대표 기업 요약

구분	업스트림		미드스트림		다운스트림	
	폴리실리콘	잉곳·웨이퍼	셀	모듈	EPC	전력 생산
특징	– 소수 과점 – 규모의 경제	– 과점 형태 – 실리콘 손실 절감 key – 대형화 진행 중	– 다수 업체들의 경쟁 심화, 증설 활발 – 제품 생산 비용 절감 중요, 수직계열화 심화 – 고효율, 고출력 제품 경쟁, R&D 기술력↑		– 낮은 LCOE 확보 필요 →EPC 원가 절감	
대표 기업 (한국)	OCI	웅진에너지 (기업 회생)	한화솔루션, 현대에너지솔루션, LG화학	한화솔루션, 현대에너지솔루션, 신성이엔지, LG화학	한화솔루션, 현대에너지솔루션, SK D&D 등	한국전력 등 전력 기업
대표 기업 (국외)	Daqo, Tongwei, GCL–Poly, Xinte Energy, East Hope, Wacker	LONGi, Zhonghuan, Semicon, GCL–Poly, Jinko Solar	Canadian Solar, JA Solar, Jinko Solar, Trina Solar, LONGi, Tongwei	Canadian Solar, JA Solar, Jinko Solar, Trina Solar, LONGi, First Solar (CdTe 박막)	Adani Solar, SWSL, Sunrun (주택용), Sunpower (주택용), Mortensen (유틸리티), SolarCity	NextEra Energy, Duke Energy 외 다수 전력 기업

자료: 산업자료 취합, 한화투자증권 리서치센터

인 융기에너지와 중환반도체가 약진하여 시장을 지배해 나가고 있다.

폴리실리콘

폴리실리콘의 제조 과정은 장치 집약적 사업이기 때문에 규모의 경제를 달성하기 위한 대규모 설비 투자가 요구된다. 때문에 시장 진입 장벽이 높고 소수의 핵심 기업들이 과점 형태로 시장점유율을 분할하고 있다. 폴리실리콘 생산의 가격경쟁력은 오퍼레이팅 비용에서 가장 큰 부분을 차지하는 전기료에서 결정된다. 상대적으로 값싼 전기를 공급받을 수 있는 중국의 폴리실리콘 업체들이 빠르게 시장을 잠식할 수 있는 핵심적인 이유이다.

폴리실리콘 생산에 필요한 전깃값에서 2020년 기준으로 중국의 폴리실리콘 업체 다초(Daqo)는 kWh당 1.5~3.6센트의 비용이 드는 반면 한국의 OCI는 kWh당 10.5센트가 든다고 하니 장기적으로 기초 소재 시장의 패권은 규모의 경제와 더불어 국가나 지역에 따른 생산 비용이 핵심 요소가 될 것으로 보인다. 다초의 공장은 지역적으로도 중국 내에서 가장 전기료가 싼 지역인 신장 지역에 위치하고 있다. 생산 능력과 전기 사용량이 증가될수록 kWh당 전기료를 낮춰주는 계약을 지방 정부와 맺어 가격경쟁력을 극대화하고 있다.

다초와 경쟁 기업들의 폴리실리콘 상각전영업이익(EBITDA) 마진 수준을 비교해보면 다초의 생산 원가가 얼마나 낮은지, 또 이로 인

폴리실리콘 생산 마진 비교

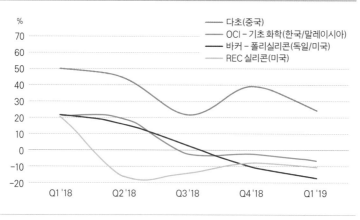

자료: 각사

해 얼마나 우수한 기업경쟁력이 확보되는지를 비교해볼 수 있다. 이러한 원가 경쟁과 규모의 경제 실현은 생산 단가의 하락과 함께 폴리실리콘 생산 시장의 구조를 서서히 변화시키고 있다. 낮은 생산 비용을 맞추지 못하는 기업들은 도태되고 사업을 철수하는 반면, 중앙 정부 혹은 지방 정부의 정책적 보조에 힘입어 생산단가를 유지 혹은 개선할 수 있는 기업의 경우 사업을 더욱 확장하는 중이다.

다초가 공개한 2020년 2분기 기준 생산 단가는 $5.79/kg으로 업계 최저 단가란 기록적인 결과를 보여줬다. 2021년 4분기에는 팬데믹의 심화와 함께 단기적으로 생산 비용이 급격히 상승하였는데 다초 CEO인 장롱겐(Longgen Zhang)은 이 같은 비용 상승이 다초의 생산 구조적 문제가 아닌 원재료인 실리콘 파우더의 가격이 $2.58/kg에서 $8.68/kg으로 급등했기 때문이라고 설명했다. 사실상 원재료

다초 폴리실리콘 kg당 생산 비용($/kg)

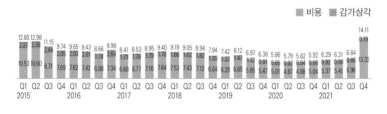

다초의 폴리실리콘 판매량 및 평균 판매가 추이

의 가격 상승과 함께 폴리실리콘의 가격 역시 급격히 올랐기에 다초는 2021년 생산 마진이 2020년에 비해 65% 상승했다고 보고했다.

생산 용량 측면에서 또 다른 중국 폴리실리콘 업체인 통웨이

(Tongwei)의 대규모 설비 증설은 특별히 눈여겨볼 만하다. 2022년까지 생산 용량을 22만 톤까지 확대할 예정인데, 이 증설이 성공적으로 마무리된다면 2020년 기준 글로벌 폴리실리콘 공급 총량인 54만 톤의 약 40%에 해당하는 규모가 늘어나는 셈이다. 글로벌 톱 5 폴리실리콘 기업들은 앞다퉈 생산 용량을 증설하고 있으며, 2022년 말이면 전체 폴리실리콘 생산 용량이 1.02MT(밀리언 메트릭톤)으로 늘어날 전망이다.

태양광발전의 가장 기초가 되는 폴리실리콘은 규모의 경제 실현을 통해 태양광 공급망에 생산비 절감의 중추적 역할을 담당해왔다. 생산 시장이 지역적으로 중국의 폴리실리콘 생산 업체들로 재편돼감에 따라 국제 정세에 따른 리스크나 공급의 병목현상이 생기면

폴리실리콘 업체 설비 용량

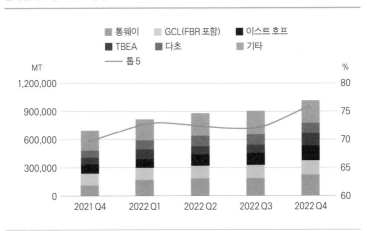

자료: InfoLink

서 가격 상승 요인이 발생할 수 있다. 때문에 공급망의 다음 단계에 있는 주요 웨이퍼 업체들은 폴리실리콘 장기 계약을 체결했다. 폴리실리콘 가격의 추이는 전반적으로 완만한 하락 추세로 안정화되는 상황이었으나 국제 정세의 변화와 팬데믹에 의한 물동량 제한, 인플레이션 등으로 2021년 말부터 가파른 가격 상승이 이루어지고 있는 상황이다. 또한 공급 시장이 몇몇의 대형 폴리실리콘 업체로 재편됨에 따라 과점화에 따른 가격 상승 요인이 발생할 수 있다. 태양광발전 수요의 증가에 따른 미드스트림과 다운스트림의 증설에 맞물려 기초 소재 확보 경쟁이 가속화되면 폴리실리콘의 가격 또한 중장기적으로 상승 기류를 타게 될 것으로 보인다.

웨이퍼

웨이퍼는 폴리실리콘을 단결정 혹은 다결정 상태의 실리콘 덩어리인 잉곳으로 만들어 균일한 두께로 절단해 만들어진다. 이 제조 과정에서 실리콘 손실을 최소화하고 수율을 높이는 기술이 기업 이익에 직결된다.

융기실리콘자재(LONGi Green Energy Technology)는 세계 1위의 태양광 웨이퍼 제조 기업이며 두 번째로 큰 태양광 모듈 제조 및 판매 기업이다. 2019년 생산 능력 기준 글로벌 웨이퍼 시장의 25%를 기록한 웨이퍼 분야 메이저 기업이다. 2021년에는 70GW에 해당하는

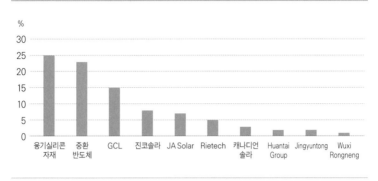

글로벌 웨이퍼 시장점유율(2019년 생산 능력 기준)

자료: 중국 태양광산업협회(China Photovoltaic Industry Association)

웨이퍼를 생산 및 선적하여 같은 기간 내 세계에서 가장 많은 생산과 성장을 기록했다. 웨이퍼의 경우 선두 업체 세 곳이 글로벌 점유율 63%를 차지할 정도로 과점화가 심화된 시장이다. 이러한 시장에서 마켓을 선도하고 있는 융기실리콘의 경우 향후 안정적인 성장 동력을 확보할 수 있을 것으로 기대된다.

융기실리콘은 또한 태양광에너지의 수요 확대에 힘입어 외형 확대와 수직계열화를 지속적으로 진행하고 있다. 웨이퍼뿐만 아니라 셀에서 모듈에 이르기까지 벨류체인을 연결함으로써 원가경쟁력을 확보하고 이익을 극대화할 수 있는 기반을 다졌다. 2019년 기준 매출 비중은 잉곳·웨이퍼가 42%, 단결정 모듈이 44%일 정도로 업스트림과 미드스트림, 나아가 다운스트림까지 총괄하는 기업으로서 사업 영역을 확대하고 있다. 기업의 외연 확장에 힘입어 매출은 5년 연속 연평균 57% 성장하는 결과를 나타냈다.

웨이퍼 생산은 핵심 소재인 폴리실리콘을 안정적으로 확보하는 것이 중요하다. 융기실리콘의 경우 다양한 폴리실리콘 공급 기업들과 계약을 통해 공급원을 다원화·장기화함으로써 폴리실리콘의 안정적이고 경제적으로 수급할 수 있도록 준비했다.

셀/모듈

주요 태양광 기업들의 수직계열화가 더욱 공고해지고 있다. 제품 가격은 하락하지만 태양광 산업 전체의 볼륨이 증가함에 따라 원가를 낮추고 영업이익률을 증대하기 위해 기업들은 밸류체인을 하나로 연결하는 수직계열화를 진행하고 있거나 이미 완성했다. 태양광 모듈 공급업체들의 모임인 '실리콘 모듈 슈퍼리그(SMSL: Silicon Module Super League)' 업체들은 대부분 이미 수직계열화를 완성했으며 이는 업스트림에서 소재를 만들던 기업이 최종 사용자에 제품을 판매하고 설치까지 하는 사업까지 총괄하는 것을 의미한다.

세계 최대 태양광 패널 제조업체 중국 진코솔라 역시 모노 웨이퍼 생산 설비 확대로 2020년 말에 총 20GW의 생산 능력을 확보했다. 수직계열화에 따라 생산된 웨이퍼로 셀과 모듈을 제작해 단계별 원가를 절감하고 안정적인 생산이 가능해지고 있다. 진코솔라의 핵심 사업 부문은 모듈 생산 및 판매이며 이는 2019년 기준으로 전체 사업 비중의 96%를 차지하고 있다. 향후 수요 증대에 발맞춰 최종 생

주요 태양광 기업별 서플라이 체인 계열화 현황(2021)

국가	기업	시가총액 (백만 원)	기업 가치 (백만 원)	폴리 실리콘	웨이퍼	셀	모듈	설치 (EPC)
한국	HANWHA SOLUTIONS	7,832,669	13,248,404			○	○	○
	OCI	3,171,966	4,064,086	○				
	SHINSUNG E&G	469,334	530,928				○	
	Hyundai Energy Solutions	392,000	376,033			○	○	○
중국	LONGi Green Energy Tech	87,745,676	86,065,568		○	○	○	○
	Tongwei	45,693,969	50,404,008	○	○	○	○	
	JA Solar Technology	31,898,943	34,912,892		○	○	○	
	Jinko Solar	29,980,002	33,262,320		○	○	○	○
	Trina Solar	25,848,795	29,715,430		○	○	○	○
	GCL Technology	14,587,463	15,703,734	○	○			
	Xinte Energy	5,085,584	9,332,877		○	○	○	○
	Risen Energy	4,662,753	6,331,912			○	○	○
	Daqo New Energy ADR	5,803,739	5,193,078	○				
미국	SunRun	6,888,977	16,659,852					○
	First Solar	9,196,276	7,801,943				○	
	SunPower	3,979,722	4,124,103			○	○	○
	Sunnova Energy Intnl	3,164,875	7,786,074					○
기타 지역	Canadian Solar	2,632,431	5,255,164		○	○	○	○
	Wacker Chemie	11,619,866	11,422,361	○				
	REC Silicon	1,140,462	1,117,676	○				

자료: Factset, 각사

산품이 모듈을 얼마나 신속하게 생산해내는가에 따라 앞으로 점유율이 결정될 것으로 예상된다.

　진코솔라의 2021년 태양광 모듈의 선적량 총량은 약 194GW에 해당하며 이는 2020년에 비해 47% 성장한 수치이다. 미국의 태양광 모듈의 생산량이 13%에서 1.2%로 하락하는 동안 중국의 생산량은 1%에서 69%까지 성장했다. 폴리실리콘에서 잉곳, 태양광 셀과 모듈에 이르기까지 주요 태양광 공급 사슬이 중국의 생산에 기대고 있다는 점은 주의 깊게 보아야 할 부분이다. 다양한 국제 정치 상황의 변화가 태양광 공급 사슬에 영향을 주고 나아가 태양광발전

글로벌 태양광 모듈 생산 및 선적량 추이

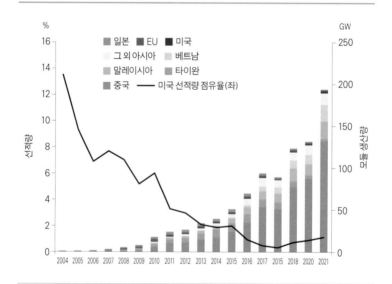

자료: NREL

160

과 넷제로를 위한 전력화 시나리오에 영향을 줄 가능성이 존재한다.

태양광 패널을 통해 광전효과로 발전된 전류는 직류 형태로 만들어진다. 이를 송전에 용이한 형태로 변환시켜주는 장치가 바로 인버터다. 인버터는 발전 규모에 따라 다양한 종류의 인버터가 사용되는데, 여러 태양광 패널 모듈에서 발전된 전류를 모아서 변환하는 중앙 집약형 인버터와 패널 모듈의 후면에 부착돼 바로 개별 전환하는 마이크로 인버터가 대표적이다. 기존의 중앙 집약형 방식으로 전환하는 경우 성능 저하 모듈이 발생해 개별 모듈 간 발전량의 차이가 생기면 모듈 불일치로 인한 전력 손실이 발생하는 문제가 있었다. 이러한 단점을 극복하고자 개별 패널에 소형 인버터를 부착하는 마이크로 인버터가 개발됐지만, 높은 설치 비용으로 발전 단가가 3배 이상 증가되는 비용 문제가 대두됐다.

이스라엘 태양광업체 솔라엣지테크놀로지스(솔라엣지)는 각 모듈 후면에서 최대 에너지를 경제적으로 생산할 수 있는 파워 옵티마이저(Power Optimizer) 인버터 솔루션을 개발했다. 이 기술을 통해 전체 시스템은 대조군에 비해 2~10% 더 많은 에너지를 생산할 수 있는 것으로 알려져 있으며, 각 모듈의 생산량과 전환량을 실시간으로 모니터링할 수 있게 된다. 인버터의 구조상 솔라엣지의 인버터는

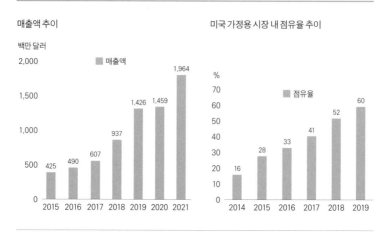

매출액 추이

미국 가정용 시장 내 점유율 추이

자료: 솔라엣지

효율과 안정성 측면에서 대형 태양광발전 시설에 적합해 대부분의 3MW 이상 중대형 태양광발전 시설에서 비교우위를 지닌다. 하지만 최근엔 가정용 시장에도 제품 공급량이 큰 폭으로 증가해 2019년엔 미국 가정용 인버터 시장의 약 60%의 시장점유율을 기록하여 미국 시장 1위 공급자로 성장하게 됐다. 태양광발전 시설에 대한 글로벌 수요 증가로 미국 시장뿐 아니라 유럽 및 호주, 아시아 등 글로벌 시장으로의 진출과 이를 통한 외형 성장이 진행되고 있다.

태양광 설치 및 시스템 솔루션

미국에서 주거용 태양광발전 시스템 솔루션을 제공하는 업체로는 선런(Sunrun)이 대표적이다. 일반 개인 주택에 태양광에너지 설치 솔루션을 통해 전기료를 절감하는 저비용 솔루션을 제공하는 것을 주된 비즈니스로 태양광 시장의 확대와 함께 성장하는 중이다. 2021년 기준 미국 주거용 태양광 설치 비율은 약 4%인데 이는 향후 10년간 17%까지 성장할 것으로 기대된다. 중장기적 성장 과정에서 태양광 장치를 최종 소비자에게 연결해주는 플랫폼인 선런은 밸류 체인의 핵심적인 역할을 담당하게 될 것으로 기대된다.

소비자 입장에서는 태양광에너지 솔루션을 통해 전기료의 10~40%를 절감할 수 있다는 점에서 경제성을 가지게 된다. 또한 회사와의 리스 계약을 통해 초기 투자 비용 없이 서비스를 선택할 수 있다는 낮은 진입장벽 또한 선런의 매력이라고 할 수 있다. 회사 입장에서는 장기적인 서비스를 제공하고 안정적인 수익을 얻을 수 있다는 점에서 긍정적이며 모니터링과 유지, 보험 등의 각종 부대 서비스를 추가로 판매해 수익을 창출할 수 있게 된다. 이러한 비즈니스 모델은 편리하고 경제적인 서비스를 제공한다는 점에서 매우 경쟁력이 있으나, 이자율 상승 시 고객과 회사 입장에선 비용 부담으로 작용할 수 있다는 점에서 리스크를 가지고 있기도 하다.

미국의 주거용 태양광 시장에 대한 성장 기대치는 매우 높은 상황이다. 태양광발전 설비의 비용은 계속해서 낮아지고, 그린 에너지

미국 주거용 태양광발전 시장의 마켓 쉐어 트렌드

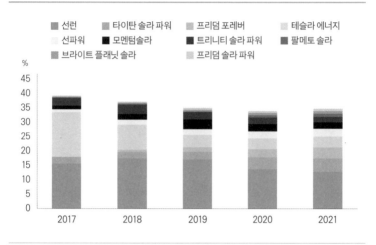

자료: 우드매킨지

태양광 시스템 설치 비용의 구조적 하락

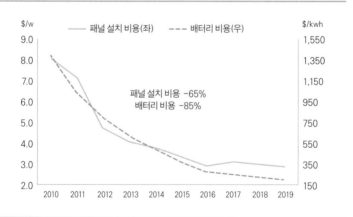

자료: 선런

에 대한 정책적인 드라이브와 이에 따른 지원은 계속해서 확대될 전망이다. 보조금 지급 등으로 계속적인 정책적 유인이 발생하고 기존 유틸리티 요금 상승과 같은 경제적 요소가 결합되면 가정용 태양광 발전 수요는 폭발적으로 증가될 수 있을 것으로 기대된다.

현재 선런은 2021년 태양광 설치 용량(PV installation capacity) 기준 미국 주거용 태양광 시장에서 약 13%의 시장점유율로 1위 사업자 지위를 영위하고 있지만, 시장은 더욱 다각화되는 양상이다.

ENERGY FOCUS

미국 태양광 산업의 공급망 이슈

2022년 4월 발표한 미국 태양광발전 기업 옥신솔라(Auxin Solar)의 관세 청원 영향 보고서에 따르면 태양광 산업협회는 2022년 상반기 미국 전역에서 318개에 달하는 태양광 건설 공사가 연기되거나 취소됐다고 발표했다. 메인(Maine) 주에서는 수백 개의 가정에 전기를 공급할 태양광발전소 건설이 중단됐고 텍사스에서는 만 세대가 넘는 가정에 전력을 공급 가능한 태양광발전소 프로젝트가 다음 해로 미뤄졌다.

태양광발전소 건설 공사가 연기된 이유의 중심엔 옥신솔라란 작은 태양광 회사가 있다. 이 회사는 현재 미국에서 사용되고 있는 태양광 모듈 중 동남아에서 수입되는 모듈들이 사실 중국산 태양광 모듈에 부과되는 관세를 피해 미국에 수입됐다는 내용의 진정서를 미 정부에 제출했다. 이후 동남아산 제품 수입이 중단됐고, 태양광 산업협회는 태양광 패널 설치 수가 기존 예상보다 46% 정도 감소할 것으로 전망했다. 태양광 회사들은 이 추세가 지속될 경우 기업의 이윤이 줄어들기 때문에 감원 혹은 인원 동결을 해야 할지도 모른다는 불안감을 감추지 못하고 있다. 이는 기업뿐만 아니라 넷제로 성취를 위해 태양광발전의 비중을 늘리고자 하는 미국 정부에게도 큰 타격을 줄 것으로 예상된다.

태양광을 선택하는 이유,
그리고 선택하지 않는 이유

태양광발전은 이제 누구라도 한 번쯤 들어봤을 만큼 친숙한 단어가 됐다. 태양광에 대한 높은 관심을 반영하는 현실이라고 해도 과언이 아닐 것이다. 태양광이 친환경적인 발전이란 이유로 태양광의 장·단점을 제대로 이해하지 못하고 맹목적으로 태양광을 설치할 경우 오히려 독이 될 수도 있다.

태양광에너지를 선택하는 가장 큰 이유로는 친환경과 설비 운용의 용이성이 꼽힌다. 태양광에너지는 태양광을 연료로 이용하는 친환경 에너지로서 연료가 무한하며, 운송과 저장에 대한 걱정이 없다. 또한 태양광발전 설비는 한번 설치 시 별도로 작동을 조정할 필요 없이 자동으로 운전이 가능하다는 장점이 있다. 태양광 설치 비용도 계속해서 저렴해지고 있다는 것 역시 유인 효과가 있다. 가격이 계속해서 낮아진다면 대형 플랜트 대신 태양광발전단지가 경제적이고 넷제로 친화적인 발전이 가능하다.

반면 태양광에너지는 발전량이 일정치 않다는 것과 공간의 제약이 크다는 단점이 있다. 태양광발전은 날씨나 주변 환경, 그리고 시간대별로 일조량에 따라 발전량이 일정하지가 않고, 각각의 태양전지의 효율성이 낮아 많은 수의 태양전지를 사용해야 하는데 이를 설치하기 위해서는 넓은 용지가 필요하다. 또한 태양전지 등 초기 설비에 들어가는 투자 비용도 무시할 수가 없다. 사용 연한이 불안정한 점과 유지 보수가 계속 필요하다는 점도 고려사항이다.

태양광발전에 대한 시대적 요구는 거스를 수 없는 현실이다. 다만 어떻게 얼마나 계획하고 운용할 것인지, 그리고 얼마나 많은 양의 에너지를 대체할 것인지를 결정하는 것은 더 깊은 논의가 필요하다.

NET ZERO

⚡

ENERGY WAR

5장

풍력이 에너지 전력화의
열쇠를 쥐고 있다

"혁명은 승리했다."

─

미국 대형 에너지 기업인 인베너지(Invenergy)의 CEO이자
풍력에너지 억만장자인 마이클 폴스키(Michael Polsky)는
2020년 말 <포브스(Forbes)>와의 인터뷰에서 힘주어 말
했다. 그는 인베너지가 소유한 시카고 서남부 80마일에 달
하는 풍력과 재생에너지 발전 단지 '그랜드리지 에너지센
터(Grand Ridge Energy Center)'를 배경으로 결국 해답은
풍력이라 강변했다.

넷제로 목표를 달성하기 위해서 어떤 도시나 국가, 기업을
막론하고 산업 규모의 풍력에너지가 필수적이다. 가격적으
로도 그렇다. 풍력은 이미 재래에너지에 비해 훨씬 저렴하
게 전기를 생산해내고 있다. 깨끗하고 효율적인 풍력에너
지는 시장에서 충분히 매력적이다. 물론 다양한 현실적 어
려움과 기술적 도전 과제도 남아 있다. 하지만 풍력 없이는
재생에너지의 미래도 없다는 것은 분명하다.

바람을
돈으로 바꾸다

⋮ 풍력발전의 생산 원리 ⋮

　풍력발전이란 말 그대로 자연의 바람을 이용해 날개를 돌리고 이 회전력으로 발전기를 돌리는 발전 방식을 말한다. 효율적으로 전기 에너지를 얻기 위해서는 초속 5m 이상의 바람이 지속적으로 불어야 한다. 일반적으로 바람은 높이 올라갈수록 강하게 불기 때문에 우리가 흔히 보는 풍력발전기는 대부분 매우 높고 커다란 구조물이다.

　회전 날개(Blade)가 바람의 운동 에너지를 기계적 회전력으로 변환시키고, 동력 전달 장치는 입력된 회전력을 증폭시킨다. 발전기가 이 회전력을 전기에너지로 변환시키고 전력 변환 장치가 직류 전기를 교류 전기로 변환시켜 전력을 공급한다.

당연하게도 풍력발전은 바람이 많이 부는 지역이 주요 입지 조건이 된다. 또한 바람을 방해할 수 있는 지형적 혹은 인공적인 요인들이 제거돼야 하므로 사막이나 바다, 대형 구릉의 능선에 주로 위치한다. 현 시점의 풍력발전기는 풍력에너지의 약 30%를 발전기 돌리는 에너지로 전환할 수 있으며 에너지 전환 효율은 계속해서 향상되고 있다.

풍력발전기는 날개의 회전축이 놓인 방향에 따라 수평축 발전기(Horizontal Axis Wind Turbine)와 수직축 발전기(Vertical Axis Wind Turbine)로 나뉜다. 수직축 발전기는 땅 위에 세워진 기둥 주위에 볼록한 형태의 큰 날개가 붙어서 서서히 도는 형태를 나타내고 있다. 그러나 수직축 발전기는 수평축에 비해 효율이 떨어지기 때문에, 현재 풍력발전기 시장에서 판매되는 것은 거의 모두 수평축 발전기이다. 수평축 풍력발전기도 날개의 수가 한 개에서 세 개까지 다양하다. 날개가 두 개인 형태는 주로 바다에 세우는 초대형 발전기(예상 발전용량 3~6MW)가 대부분이며 지상에 세워지는 풍력발전기는 대부분 세 개의 날개를 가지고 있다. 또한 풍력으로부터 오는 힘이 발전기에 전달될 때 기어와 같은 중개장치를 이용하는지, 그 힘이 날개 이외의 아무런 매개체도 거치지 않고 직접 전달되는지에 따라 형태가 달라진다.

풍력발전기는 설치되는 지역의 바람의 세기와 성질에 의해 영향을 받는다. 바람의 세기가 초속 5m 이상인 곳엔 풍력발전기를 세울 수 있는데, 바람은 공중으로 올라갈수록 강하게 불기 때문에 바람이 약한 곳에도 풍력발전기를 높게 세우면 전기를 생산하기에 충분한 바람을 얻을 수 있다. 풍력발전의 최적 바람의 세기는 약 10m/s로 알려져 있으나 발전기 규모에 따라 다를 수 있다.

풍력발전기의 구조 및 분류 – 수평축 발전

풍력발전기는 날개의 회전축 방향에 따라 수평형과 수직형으로 분류된다. 우리가 쉽게 기억하는 풍력발전기는 대부분 수평축 발전기로 회전축이 바람이 불어오는 방향인 지면과 평행하게 설치된다. 구조가 간단하고 설치가 용이하지만 회전 날개의 전면을 바람 방향에 맞추기 위해 회전축을 360도로 변경해줄 수 있는 요잉(Yawing) 장치가 필수적이다.

수평축 풍력발전기의 주요 구성 요소는 회전 날개·허브·증속기·발전기 및 각종 안전장치의 제어 장치·유압 브레이크 장치·전력 제어 장치이다.

수평축 풍력발전기는 바람을 맞는 방식에 따라 맞바람 방식 (Upwind Type)과 뒷바람 방식(Downwind Type)으로 나눌 수 있다. 맞바람 방식은 바람이 블레이드를 가장 먼저 만나 회전을 가하는 방식이므로 타워에 의한 풍속 손실이 없고 소음이나 피로가 뒷바람 방식보다 적다. 다만 바람의 방향에 민감하게 회전을 해야 하는 요잉 시스템이 필요해 시스템 구성이 복잡해지는 단점이 있다. 뒷바람

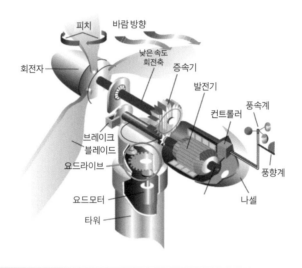

자료: "Onshore and Offshore Wind Energy: An Introduction", Lynn.

방식은 바람이 타워와 나셀을 먼저 만나고 블레이드를 회전시키는 방식으로 바람 방향에 따라 자체적으로 나셀이 요잉되는 장점이 있다. 하지만 이 자유 요잉으로 전력선이 꼬이는 등의 문제가 발생하거나 타워와 나셀에 의한 풍속 손실, 소음 등의 단점이 있다.

풍력발전은 크게 회전축 방향에 따라 나누어지지만 운전 방식이나 출력 제어 방식, 혹은 전력 사용 방식에 따라 좀 더 상세하게 분류될 수 있다.

출력 제어 방식은 크게 피치 제어 방식과 실속 제어 방식으로 나뉜다. 대부분의 대형 풍력발전 시스템(MW급 이상)에서는 안정적 출

분구조상 분류 (회전축 방향)	수평축 풍력시스템(HAWT): 프로펠러형
	수직축 풍력시스템(VAWT): 다리우스형, 사보니우스형
운전 방식	정속운전(fixed roter speed type): 통상 기어(Geared)형
	가변속운전(variable roter speed type): 통상 기어리스(Gearless)형
출력 제어 방식	피치(날개각) 컨트롤
	실속(失速) 컨트롤
전력 사용 방식	계통연계(유도발전기, 동기발전기)
	독립 전원(동기발전기, 직류발전기)

력 확보를 위해 정격 풍속 이상에서 날개의 경사각(pitch) 조절로 출력을 능동적 제어하는 피치 제어 방식을 택하고 있다. 실속 제어 방식은 한계 풍속 이상이 됐을 때 양력이 회전 날개에 작용하지 못하도록 날개의 공기 역학적 형상에 의한 제어 방식이다. 중소형 발전기의 경우 대개 경제성을 고려해 실속 제어 방식을 채택한다.

운전 방식은 회전 수를 어떻게 제어하는가에 따라 정속회전과 가변속운전으로 나뉜다. 정속을 유지시키면 값이 저렴하면서도 견고한 유도발전기와 전력 변환 장치를 적용할 수 있는 장점이 있다. 하지만 동기식발전기와 슬립을 허용하는 유도발전기의 개발로 비정속회전으로 운전하는 것이 가능하게 됐다. 비정속회전은 풍속 변화에 따라 출력이 최적화되도록 조절할 수 있기 때문에 최대 출력을 목표로 하는 대부분의 풍력발전기에 적용되고 있다.

파워트레인 구성 방식에 따라서 간접구동형(Geared Type)과 직접구동형(Gearless Type)으로 분류할 수 있다. 간접구동형은 견고하면서도 유도발전기가 저렴하다는 장점이 있어 널리 사용돼왔다. 그러나 대형화에 따른 기어박스 유지 보수 문제나 기계적 손실, 나셀의 무게 증가 등의 이유로 직접구동형과 저단 기어의 동기식 발전기를 결합한 하이브리드형이 개발돼 적용되는 추세이다.

전력을 사용하는 방식에 따라서도 분류가 가능한데, 풍력발전용 발전기엔 직류발전기·교류 동기발전기·교류 유도발전기 등의 세 가지 종류의 발전기가 주로 사용되고 있다. 직류발전기는 발전 용량이 작으며 축전지의 충전이나 전열용에 주로 이용된다. 교류 동기발전기는 동기발전기와 일반 권선형 동기발전기, 영구자석 여자형 동기발전기가 있다. 교류 유도발전기는 유도발전기, 농형 유도발전기, 권선형 유도발전기가 있다.

풍력발전기의 구조 및 분류 – 수직축 발전

수직축 풍력발전기는 회전축이 바람이 불어오는 방향인 지면과 수직으로 설치된다. 바람의 영향을 받지 않아 회전 장치가 불필요하지만 수평형 발전기에 비해 에너지 전환 효율이 낮다. 일반적으로 수평축이 45~50%의 발전 효율을 내는 반면, 수직형은 25~35%로 비교적 낮다.

지표면으로부터 고도가 올라갈수록 바람의 속도가 증가하는 경계층 효과로 시스템이 불균일한 풍속을 받게 된다는 문제가 있다.

자료: 위키피디아

이로 인해 발전 시스템이 불안정해질 수 있고 효율이 낮아지게 된다. 풍속이 낮을 때 시동 토크가 필요해 자기동이 불가능하다는 점과 주베어링의 분해 시엔 시스템 전체를 분해해야 한다는 구조적인 단점 또한 지적되고 있다. 이러한 문제점으로 일부 소형 풍력발전용으로는 사용되고 있으나 상용화된 대형 프로젝트는 대부분 수평축 발전기이다.

최근 영국 옥스포드대학[7]의 연구에 따르면 개별 수직 풍력 터빈

---

7 Joachim Hansen, 2021, International Journal of Renewable Energy, doi : 10.1016 / j.renene. 2021.03.001)

* 이 경우 구조물을 더 조밀하게 배치해 효율을 극대화할 수 있음.
자료: Oxford Brookes University

의 효율은 다소 낮지만 시너지 효과는 풍력발전 단지에서 더 높은 성능을 만들어낼 수 있다고 보고되고 있다. 수평축 발전기는 서로 가까워지면 제동 효과로 인해 출력이 20~50%까지 감소할 수 있는 반면 수직축 발전기는 서로 간섭하지 않으며 오히려 성능을 높일 수도 있다는 연구 결과이다.

옥스포드대학 연구팀은 시뮬레이션을 통해 두 개의 풍력 터빈이 나란히 있으면 출력이 최대 15%까지 증가하고, 시리즈의 세 번째 풍력 터빈의 경우도 여전히 3% 증가한다고 보고했다. 수직축 발전기의 경우 배치에 따라 전체 시스템 성능 저하를 막고 발전 효율을 최적화하는 것이 수평축 발전에 비해 용이하다는 점도 앞으로 눈여겨보아야 할 점이다.

풍력발전의
세계적 동향

풍력발전 시스템의 성장세가 무척 가파르다. 풍력발전 시스템은 기후 온난화를 일으키는 주범인 이산화탄소 배출도 없고, 방사능을 누출에 관한 어떤 오염도 일으키지 않는다. 이러한 장점 때문에, 풍력발전 시스템은 태양광에너지 발전 시스템과 함께 가장 유력한 대체 에너지원으로 인정을 받고 있으며 이미 IEA에 따르면 2020년 기준 전 세계적으로 1,520TWh 이상의 전력에너지가 풍력발전 시스템으로 생산되고 있다. 한국도 세계기후변화협약과 같은 국제 환경의 변화와 유가 상승을 비롯해 국내 사용 에너지의 96%를 수입에 의존하고 있는 현실적인 문제에 대응하기 위해 풍력발전 시스템에 대한 관심이 높다. 이뿐만 아니라 풍력발전 시스템은 구조나 설치 등이 간단해 운영 및 관리가 용이하고 무인화 및 자동화 운전이 가능

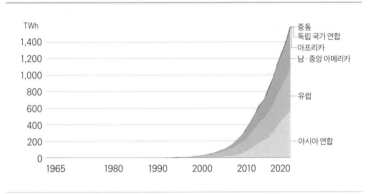

자료: Statistical Review of World Energy

미국의 연간 풍력발전 및 누적 용량 동향

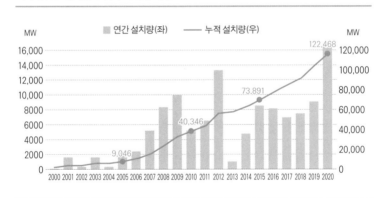

자료: American Clean Power(2021)

하기 때문에 최근 도입이 비약적으로 증가하고 있다.

2020년 미국의 풍력발전 신규 설치량은 전년 대비 85% 증가한 16.9GWh로 사상 최대 규모를 기록했다. 2020년 기준 누적 풍력발

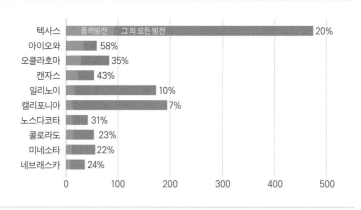

자료: EIA(2021)

전 설치량은 122GWh에 달하며 미국 41개 주에서 6만 기 이상의 풍력 터빈이 가동 중이다. 특히 미국 텍사스주와 아이오와주, 와이오밍 주 등 중부 지역에서 풍력발전에 대한 투자가 집중되고 있다. 2020년 신규 설치량은 텍사스주가 4,235MWh로 최대 규모를 기록했고, 아이오와주(1,498MWh), 와이오밍주(1,123MWh), 일리노이주(1,059MWh) 순이었고, 누적 용량으로는 텍사스주가 33GWh로 최대 규모를 기록하고 있다. 풍력발전이 각 주의 발전 비중의 중요한 원동력으로 자리매김한 가운데, 아이오와주는 총 전력의 58%를 풍력으로 생산하며 가장 높은 비중을 차지하고 있다. 미국의 풍력발전에 대한 비중 증가는 풍력에너지로 전력화를 이루겠다는 꿈이 현실 가능한 목표란 것을 증명해 나가고 있다는 점에서 의미하는 바가 크다.

풍력의 미래는
바다에 있다

풍력발전의 기술에서 현실적으로 전력화가 가능한 풍력의 최소 요구치가 5m/s임을 고려했을 때 세계은행(World Bank)에서 발행한 전 세계의 해상 풍력 지도는 우리에게 주는 시사점이 많다. 특히 에너지 업계에서는 한국의 해상 풍력이 경제성을 가질 수 있는 에너지원으로 유망할 것으로 판단하고 있으며, 2030년까지 총 12GW의 해상 풍력단지 건설을 계획하고 있다. 세계적인 메이저 에너지 회사인 노르웨이의 국영기업 에퀴노어(Equinor)는 석유공사, 동서발전과 함께 세계 최대 규모인 200MW급 해상 풍력 프로젝트를 진행 중이다. 또한 프랑스 토탈(Total Energies)은 바다 에너지(Bada Energy) 프로젝트에, 쉘은 문무바람(MunmuBaram) 프로젝트에 각각 한국 기업들과 함께 참여하고 있다. 이 프로젝트들은 해상 풍력발전의 기술

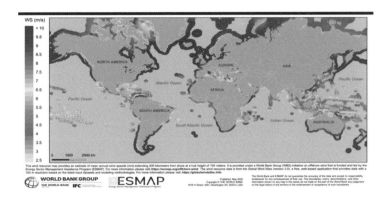

자료: 세계은행

적 경제적 가능성을 실증하고, 발전된 전력을 소비처인 남동 임해지역에 배분함으로써 풍력발전이 한국의 발전 포트폴리오에 연착륙하는 것을 목표로 한다.

해상 풍력 프로젝트에서 높은 잠재력을 가지고 있는 것이 바로 부유식 해상 풍력발전이다. 2030년까지의 계획된 풍력발전 계획 중에 약 6GW는 부유식 해상 풍력발전 방식으로 예정돼 있다. 지상의 풍력발전과 고정식 해상 풍력발전은 터빈이 한 지점에 고정돼 바람을 받는 반면 부유식은 해수면에 떠서 바람을 받는 방식이다. 기존의 고정식보다는 조성 비용이 더 높은 단점이 있는 반면 풍력 자원이 우수한 곳에 배치하기 쉽고 주변 환경에 대한 영향이나 주민 수용성이 우수하다는 장점이 있다. 부유식 해상 풍력발전은 방식에 따라 원통식(Spar Buoy), 반잠수식(Semi-submergible), 인장계류식

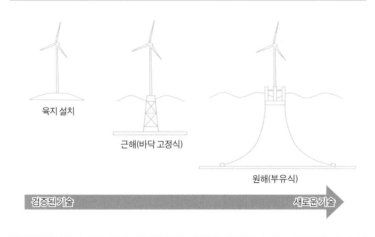

육지 설치

근해(바닥 고정식)

원해(부유식)

검증된기술

새로운기술

자료: NREL, Front Energies

(Tension leg platform)으로 나뉜다.

영국은 이미 세계 최초의 부유식 풍력단지를 가동하고 있으며 미국 역시 하와이 지역을 필두로 부유식 풍력단지 조성에 힘쓰고 있다. 해상 풍력발전에서 유럽에 뒤처진 미국의 조 바이든 대통령은 2030년까지 30기가와트의 해상 풍력발전을 구축하겠다고 공약했다. 미국 에너지부(DOE: Department of Energy)는 부유식 해상풍력발전 연구와 기술 개발에 1억 달러 이상을 투자하겠다고 선언하는 등 이 부문의 선두 자리를 노리고 있다. 지역적으로 가까운 대만과 일본 역시 대규모 투자로 부유식 풍력발전을 기존의 에너지원에 대한 대체 자원으로 키우려는 노력을 확대해 나가고 있다.

부유식 풍력발전은 기술적으로 높은 설치 난이도를 극복하는 것

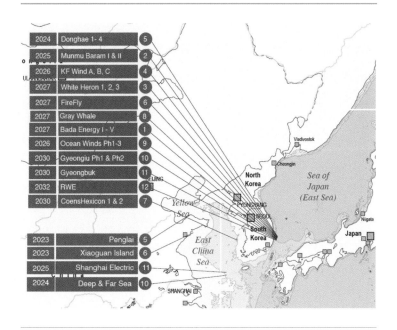

2024	Donghae 1- 4	5
2025	Munmu Baram I & II	2
2026	KF Wind A, B, C	4
2027	White Heron 1, 2, 3	3
2027	FireFly	6
2027	Gray Whale	8
2027	Bada Energy I - V	1
2026	Ocean Winds Ph1-3	9
2030	Gyeongju Ph1 & Ph2	10
2030	Gyeongbuk	11
2032	RWE	12
2030	CoensHexicon 1 & 2	7

2023	Penglai	5
2023	Xiaoguan Island	6
2025	Shanghai Electric	11
2024	Deep & Far Sea	10

자료: FWS 2022

이 최우선 과제이다. 또한 이 풍력발전 설비를 어떻게 설계하고 실시간으로 변하는 해상 환경에서 안정적으로 운영할 것인지가 핵심 기술이다. 또한 먼 바다에서 생산한 전기를 소비지인 육상으로 전송하는 방법도 부유식 해상 풍력의 경제성 측면에서 가장 큰 장애물이 될 전망이다. 다행히 에너지 소비 시장이 임해 지역에 밀집해 분포하는 한국은 유지 비용이나 해저 케이블 설치 비용적인 측면에서 상대적으로 우수한 것으로 평가되고 있다. 업계에서는 2030년까지 고정식 해상 풍력과 비슷한 수준으로 발전 비용이 낮아질 것으로 판단하고 있다.

울산에서 약 65km 떨어진 심해 지역에서 총 1,400MW 규모의 부유식 해상 풍력발전 단지를 개발하고 있는 '문무바람 프로젝트'는 주목해볼 만하다. 석유 업계 메이저인 쉘이 코엔스헥시콘과 8:2로 지분 투자한 풍력발전 프로젝트란 점과 해양 및 조선 산업에서 선두에 있는 한국의 우수한 역량이 어떻게 핵심 전환기술들을 이끌어낼 것인가 하는 점, 2050년 탄소 중립 목표를 이루기 위해 풍력발전이 얼마나 많은 부분을 담당해줄 수 있는가를 실증하는 프로젝트란 측면을 주목할 만하다.

쉘의 조 나이(Joe Nai) 해상 풍력 아시아 총괄 책임자는 한국의 〈에너지신문〉과의 인터뷰에서 "쉘은 해상 풍력을 대한민국을 비롯한 전 세계의 탄소 중립 시스템 구축에 필수 요소로 보고 있다"고 강조했다. 또한 "문무바람 프로젝트에 따르면 프로젝트가 계획대로 실현되면 약 100만 세대의 전력을 공급할 수 있다"고 덧붙였다.

해상 풍력이야말로
에너지 대전환 시대의 해법이다

이호성
프론트에너지(Front Energies) 부사장

해양 부유식 시스템에 필요한 고품질 엔지니어링 솔루션을 제공하고 있는 기업 '프론트에너지'의 이호성 부사장으로부터 해상 풍력 산업의 현황과 앞으로의 과제에 대해 인터뷰했다. 이호성 부사장은 현대중공업 선박해양연구소 추진연구실장, 한라중공업 선박연구소장 및 설계이사를 역임한 뒤, 미국선급협회(ABS) 본사 부사장을 지냈다. 다음은 이호성 부사장과의 일문일답이다.

Q. 넷제로 시대에 풍력에너지와 해상 풍력의 역할은 무엇일까요?

넷제로 시대에 들어 해상 풍력의 역할이 점점 커지고 있습니다. 특히 부유식 해상 풍력발전은 100m 이상의 수심에서 설치함으로써 대형 발전 터빈을 설치하는 것이 가능해져, 효율이 높고 상업적으로 가능한 풍력발전단지를 구축할 수 있습니다. 해상 풍력발전단지의 개발은 전력의 직접 송전, 배터리 저장 및 수소 연료로의 변환 등을 통해 친환경적이며 경쟁력 있는 에너지 전환 시대의 해법으로 여겨집니다. 북아메리카, 유럽 및 아시아 모두 해상 풍력 개발 계획을 매년 급격히 늘리고 있습니다.

Q. 앞으로 미국과 한국의 해상 풍력은 어떻게 변할까요?

미국의 해상 풍력은 2030년까지 30GW를 달성하고자 계획하고 있습니다. 또한 단지 개발로 인한 대규모 고용 효과, 터빈 설치선, 항만 시설 개선에 연간 120억 달러 규모로 투자하려고 합니다. 뉴저지, 뉴욕, 매사추세츠주의 동부 해안과 캘리포니아주 서해안에 대형 프로젝트를 계획·진행하고 있습니다.

한국은 2030년까지 12GW의 규모의 해상 풍력을 구축할 계획입니다. 특히 울산 앞바다 70km 해역에 쉘, 토탈, 에퀴노르 등 주요 오일 메이저들의 개발 계획이 진행되고 있으며 현대중공업, 대우해양조선, 삼성중공업 등 국내 주요 선박해양 관련사들이 적극적으로 참여하고 있습니다. 10~15MW 규모의 대형 터빈 설계를 이 지역 풍력발전단지에 투입할 전망입니다.

Q. 해상 풍력의 기술적인 도전 과제들은 어떤 것들이 있을까요?

부유식 해상 풍력은 해양 구조물 제작에 많은 경험을 가지고 있는 국내 주요 업체들이 참여하고 있으나, 기술적인 분야는 해외 업체들이 주도하고 있습니다. 효율적인 전력 생산·전력 운송 등의 엔

지니어링 분야, 부유체 계류 장치를 위한 생산 업체 수급 문제, 제작 설치를 위한 사회 기반시설(infrastructure), 조립 통합, 해상 운송 및 설치 등의 기술을 해외 업체에 의존하고 있습니다. 또한 풍력발전단지의 운영과 보수 유지 기술에 대한 경험이 전무하다는 것이 극복해야 할 중요한 사항입니다. 특히 80~100개의 부유체의 상호 접속(interconnection), 부유식 혹은 해저 변전(substation) 설치 및 해저 케이블로 전력 이송, 깊은 바다에서의 계류 장치 설치 및 보수 유지 등이 중요한 기술적 사항이라 볼 수 있습니다. 각종 장비의 국내 조달은 시급히 준비해야 합니다.

부유식 해상 풍력단지가 경쟁력을 갖추기 위해서는 대형 터빈 및 단지의 대형화, 연속적이고 빠른 제작과 설치, 국내 조달이 가능한 부품 업체 개발, 운영 및 보수 유지 기술을 위한 표준화가 이루어져야 합니다. 미국 에너지부(Department of Energy)에 따르면 미국의 자국 제작 업체 개발, 항만 시설 보완, 설치 보수를 위한 특수선 개발, 효율 높은 발전용 터빈 개발, 날개 제작 기술 확보, 그리고 관련 기술 인력의 육성 등을 당면한 목표로 진행하고 있습니다.

NET ZERO

ENERGY WAR

6장

에너지 항상성,
배터리가 답이다

**"배터리 가격을 지금보다
절반 이상 낮추겠습니다."**

—

2020년 9월 전 세계의 이목은 테슬라의 배터리 데이에 쏠렸다. 에너지 대전환 시기에 배터리는 반드시 필요한 제품인데, 그중 글로벌 전기차 판매 1위이자 종합 에너지 회사로 전환하는 테슬라가 어떤 계획을 발표하는지 주목했기 때문이다. 일론 머스크 테슬라 CEO는 18개월 뒤 배터리 가격을 kWh당 56% 낮춘다는 구체적인 로드맵을 내놨다. 물론 공급망 이슈로 원자재 가격이 올라 해당 목표는 달성하지 못했지만, 그만큼 테슬라조차도 배터리에 사활을 걸고 있다는 점을 시사한다. 경쟁력 있는 배터리 기술을 확보하는 것이 바로 테슬라가 종합 에너지 회사로 거듭나는 첫 걸음일 수 있기 때문이다.

왜 재생에너지엔 배터리인가

전기의 여러 특성 중 주목해야 할 점은 저장이 어렵다는 점이다. 물론 우리가 일상생활에 배터리를 사용하며 전기를 저장한다지만 아주 적은 양이다. 따라서 지금까지는 전력의 수요와 공급을 맞추기 위해서 소비의 부하 규모에 따라 발전량을 조절해왔다. 하지만 태양광, 풍력 등 재생에너지의 발전은 수요에 맞춰 능동적으로 발전 전력을 조정할 수 없다. 또한 재생에너지의 발전량이 빛의 강도와 바람의 세기 등에 따라 결정되기 때문에 출력의 변화도 심하다. 하지만 다행히 배터리 기술이 발전하면서 전력의 발전 단계(발전소)부터, 송배전(송배전소), 소비(수요처)까지 배터리가 에너지 저장에 대한 수단으로 다양하게 사용되고 있다. 탄소 감축을 위해 각국에서 재생에너지의 사용을 정책적으로 장려하는 만큼 배터리의 사용도 자연스럽게 늘어날 것으로 전망된다.

ESS는 생산된 전력을 저장했다가 전력이 필요한 시기에 공급해 에너지 효율을 높이는 시스템이다. 에너지 사이의 시간 및 공간 차이를 극복해줌에 따라 에너지 효율을 향상시키고, 전기 품질 개선과 전력계통 안정화에도 기여할 수 있다. 미국은 전력계통 노후화, 일본은 지진과 같은 자연 재해에 대비한 비상 전원을 확보하려고 ESS를 사용하기 시작했다. 독일의 경우 재생에너지 생산이 늘어나면서 ESS 사용이 확대되고 있다. 업계에서는 배터리 기술을 활용한 ESS인 BESS(Battery Energy Storage System)가 주로 쓰인다.

ESS엔 리튬이온 배터리가 널리 사용되고 있다. 리튬이온 배터리는 충·방전이 수월하며 전력을 저장 또한 전달하는 속도가 수초에서 밀리 세컨드 단위라서 갑작스러운 정전과 같은 응급 상황이 발생해도 문제없다. 또한 다른 ESS 기술과 비교해 에너지 효율이 높으며, 기술의 발전으로 가격이 점차 하락해 경제적이란 장점도 있다. 게다가 오랜 시간 동안 전기차에서 사용돼 수명이 줄어든 폐배터리를 ESS에 사용하면 향후 추가적인 제조 원가 하락도 기대된다.

미국 에너지부(DOE)에서 분석한 자료에 따르면, 현재 16가지 용도로 ESS가 사용될 수 있다. 이 중 업계에서 사용되는 ESS 용도를 살펴보면 세 가지로 요약된다.

전력 부하 관리

ESS 기능 중 가장 대표적인 것은 전력 부하 관리(Peak Management)이다. 대표적인 예시로는 하루 중 전력 요금이 저렴한 시간(경부하)에 ESS에 전력을 저장하고, 전력 요금이 비싼 시간(최대 부하)에 저장된 전력을 방전하는 피크 시프팅(Peak Shifting, 부하 이동)과 한국의 여름철인 7~8월과 같이 1년 중 가장 높은 피크 시간대의 부하를 ESS 사용을 통해 기본 요금을 낮추는 피크컷(Peak Cut, 피크 저감)을 들 수 있다. 따라서 ESS를 활용하면 전력 요금이 크게 절감되며 에너지 이용 효율을 극대화할 수 있다. 전력 시장이 형성돼 있는 미국은 전력 사업자들이 발전량이 과다할 때 ESS를 이용해 전력을 저장했다

DOE가 분류한 ESS 사용 용도

대량 에너지 서비스	1. 전력 부하 이동 2. 전력 공급 용량 지원
부가 서비스	3. 예비력 서비스 4. 전압 안정 5. 자체기동 보조 서비스 6. 부하 추종/신재생 출력 변동 완화 7. 주파수 조정
전송 인프라 서비스	8. 송전 설비 지연 9. 송전 혼합 10. 송전 안정도 향상
유통 인프라 서비스	11. 배전 설비 지연 12. 전압 안정
고객 에너지 관리 서비스	13. 전력 품질 향상 14. 전력 신뢰성 향상 15. 계시별 요금 반응 16. 전력 요금 관리

자료: Sandia report, DOE/EPRI 2013 Electricity Storage Handbook in Collaboration with NRECA, 2013.

가 발전량이 부족할 때 전력을 공급하면서 전력을 판매하는 시간을 조절하며 발전 단가의 상승을 억제할 수 있다.

재생에너지 발전원 출력 안정화

재생에너지 발전원 중에 현재 가장 많이 사용되는 것은 태양광과 풍력이다. 그중 풍력은 설치 이용률이 높고 면적을 많이 필요로 하지 않기 때문에 높은 성장을 기록하고 있는 반면, 바람이 일괄적으로 불지 않아 전력의 생산이 불규칙적인 단점이 있다. 마찬가지로 태양광도 일조량이 날씨에 따라 일정하지 않은 점이 한계다. 하지만 ESS가 함께 설치되면 재생에너지 발전의 전력 생산 불균형 조절이 가능하다.

또한 ESS는 날씨에 따라 과잉 발전 또는 과소 발전하는 덕커브

카멜커브(Camel Curve)

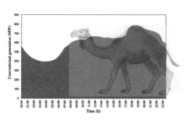

자료: ResearchGate

덕커브(Duck Curve)

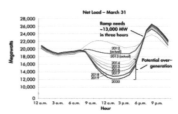

자료: POWERMag

(Duck Curve)⁸ 현상을 완화할 수 있다. 재생에너지 사용 증가에 따라 낮 시간 동안 순부하량 급감이 심화되는 덕커브는 피할 수 없다. 일반적인 전력 부하는 전력 사용량이 급격히 늘어나는 오전 9시 및 오후 8시 전후에 나타나 낙타의 혹과 유사한 모양인 카멜커브(Camel Curve)를 보여왔다. 하지만 미국 캘리포니아 및 하와이처럼 태양광 등 재생에너지 발전 비중이 크게 증가한 지역은 점차 해가 떠 있는 시간대 부하가 크게 감소하는 양상을 보이고 있는 덕커브 패턴을 나타내고 있는 중이다.

이 같은 덕커브 패턴은 낮 시간에 과잉 발전을 하게 되고, 해가 진 후엔 부하가 급증하게 돼 전력 회사에 부담을 가중시킨다. 이로 인해 출력 변동성이 심화되면 전력 회사 입장에선 순부하량 예측이 어려워지면서 단시간 내에 가동할 수 있는 가스 발전을 예비 전력으로 준비해야 하기 때문에 전체적인 전력망 운영 비용 상승이 예상된다. 이런 경우에 ESS는 더욱 큰 역할을 할 수 있다.

⋮ 전력계통 보조 서비스 ⋮

전력계통 보조 서비스(Ancillary Service)는 전력의 생산과 소비가

---

8 2013년 캘리포니아 계통운영기구가 발견한 개념으로 태양광 발전량이 증가하며 태양광 발전에 활발한 일출에서 일몰 사이에 과도한 발전이 발생해 전력망의 순부하(Net Load)가 급감하며 나타나는 부하 곡선을 오리 모양으로 상징화한 것이다.

불일치할 때 발생되는 품질 문제를 보정해주는 서비스이다. 가장 이상적인 전력 수급은 사용량과 발전량이 일치하는 것이지만, 사실상 불가능하기 때문에 소비되는 전력량을 바탕으로 발전 단계에서 맞추는 식으로 운영된다. 하지만 문제는 소비 전력이 발전량을 넘어설 때다. 이럴 경우 주파수와 전압의 문제를 야기하며 전력 공급이 일시적으로 중단되거나 블랙아웃(Black out, 단전) 현상까지 나타날 수 있다. 이런 전력 품질의 이슈를 해결하는 것이 전력계통 보조 서비스이다.

보조 서비스는 주파수 관리(Frequency Regulation), 전압 관리(Voltage Management), 예비력 서비스(Reserved Service), 자체기동 보조 서비스(Black Start)를 말한다.

공급되는 전력의 고품질을 유지하려면 주파수 관리는 필수적이다. 발전소에서 공급되는 전력의 품질 안정을 위해 전력 주파수를 일정하게 유지하지만 발전 전력과 수요 전력의 차이가 커지면 부하 변동이 발생한다. 수요 전력이 크면 주파수가 규정 주파수 이하로 떨어지고, 발전 전력이 크면 주파수가 규정 주파수 이상으로 상승하기 때문이다. 주파수가 규정 주파수를 벗어나게 되면 전력 품질이 저하되고, 심하게는 정전이 발생할 수도 있다. 주파수 조정을 위한 전통적인 방법으로는 화력발전소로 예비 발전소를 활용하는 방법이다. 한국의 경우는 전체 발전량의 약 5%에 해당하는 500MW 수준의 예비 발전소를 이러한 방법을 통해 운용한다. 이는 건설 비용 및 유지 보수 차원에서 많은 비용이 발생한다. 하지만 전력의 수요 변화에 따른 완충 장치를 예비 발전소 대신 ESS를 활용하면 보다 낮은 비용으로 200ms(0.2초) 이내에 해결할 수 있다. 부하량보다 발전량이 부족할 경우 ESS에 충전된 전기를 방전시켜 주파수를 낮추고, 발전 주파수가 규정 주파수를 초과하면 남는 전기를 ESS에 충전하는 방식으로 균형을 맞춘다.

ESS는 예비력 서비스도 지원이 가능하다. 전기는 매 순간 수요 측에서 사용하는 부하 전력만큼 발전소에서 전력을 생산해 송전망을 통해 보내줘야 하는데, 부하의 급증이나 발전기 고장에 대비해 발전기 출력이 증가하거나 감소하는 만큼 예비력을 가지고 있을 필요가 있다. 그래야 일정 범위 주파수 유지가 가능하기 때문이다. 미국 텍사스주 남서부에 멕시코와 국경을 맞닿고 있는 프레시디오는 1948년에 설치한 전력망 한 개 라인이 100km 떨어진 도시 마프라와 연결돼 있는데, 과부하로 인해 자주 전력이 중단되는 일이 발생했다. 이곳에서는 100km짜리 전력망을 하나 더 설치할 것인가 아니면 ESS로 과부하에 대응할 것인가를 고민했지만 2010년에 ESS로 결정해 전력 공급을 안정화했던 사례가 있다.

또한 ESS는 발전소용 UPS(Uninterruptible Power Supply, 무정전 전원 공급 장치) 기능을 할 수 있다. 문제가 발생할 경우 안전 관련 설비들은 정상적으로 가동돼야 하는 원자력발전소나 전력이 지속적으로 공급돼야 하는 데이터 센터와 같은 곳에선 비상용 발전기가 필수인데 ESS가 이 역할을 한다.

ESS(에너지 저장장치)
2030 전망

에너지 전문 시장조사기관 블룸버그 뉴에너지파이낸스(BNEF)가 2022년 3월에 내놓은 전망에 따르면 글로벌 ESS 산업이 2022년부터 2030년까지 매년 30% 성장할 것으로 예상된다. 그중 미국과 중국 시장이 2030년까지 전 세계에서 향후 설치될 ESS 설치량의 절반 이상인 54%를 차지할 전망이다. 2030년 전 세계 ESS 시장 규모가 연간 178GWh(58GW)에 이르며 2021년 10GW(22GWh)의 5배가 넘을 것으로 기대된다.

2021년 기준 글로벌 누적 설치 용량은 56GWh(27GW)였다. 2021년에 글로벌 ESS 시장은 설치 기준 최고 기록을 달성했으나, 코로나19 팬데믹으로 인한 공급망 문제는 ESS 설치와 파이프라인에 악영향을 미쳤지만, 이러한 제약에도 불구하고 BNEF는 2030년까지 연평균 성장률을 30%로 예측했다. 최근 리튬, 흑연, 코발트 등 원재료 가격 상승이 배터리 팩 제조와 납품에 직격탄을 미쳐 미국, 영국 등 주요 프로젝트가 지연되고 있다. 이로 인해 시장이 단기적으로 위축될 수 있지만 보조 에너지 장치 수요 증가와 재생에너지로의 전환이 늘어남에 따라 ESS의 필요성 또한 늘어나 미국의 ESS 성장성은 지속된다는 것이 BNEF의 설명이다.

국가별로는 미국이 지난해 기준 11GWh, 누적 17GWh를 설치해 세계 최대 시장으로 꼽힌다. 미국은 2030년까지 설비 용량(power capacity, GW) 기준 글로벌 전체 설치의 26%를 차지할 전망이다. 미국은 캘리포니아주와 텍사스주, 그리고 남서부 지역을 중심으로 대부분 태양광과 연동된 대용량 프로젝트의 파이프라인이 주도함에 따라 전 세계 ESS 설치를 주도할 것으로 전망된다.

미국 뒤를 바짝 뒤쫓고 있는 중국은 2025년까지 약 62GWh 용량의 ESS 구축을 목표로 적극적인 지원 정책을 펼치고 있어 2025년부터 미국을 넘어서 1위를 차지할 것으로 예상된다. 독일은 가정용 태양광 설비와 배터리 채택을 촉진하는 '200GW 태양광 PV 정책'에 힘입어 2024년까지 3대 시장의 입지를 회복할 전망이다.

지역별로는 중국을 포함하는 아시아태평양(APAC) 지역이 2030년까지 GW 기준 ESS 설치를 주도하며, 글로벌 전체 설치의 43%를 차지할 것으로 예상된다. APAC에 위치한 호주는 주거 부문 성장으로 2030년까지 16.4GWh 용량을 설치, 국가별 기준 4위에 오를 것으로 기대된다. 다만 유틸리티 부문의 수익이 불확실할 경우 자금 조달에

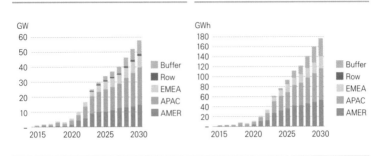

전력 출력을 기반으로 한 지역별 글로벌
연간 스토리지 설치

에너지 용량을 기반으로 한 지역별 글로벌
연간 스토리지 설치

출처: BP Energy Outlook 2020

어려움을 겪을 수 있다는 지적이다. 인도는 5위로 급성장해 APAC
의 ESS 수요 견인에 기여할 것으로 예상된다. 에너지 사용량이 높은
데다 최근 정부 주도하에 농촌 지역부터 도시까지 지속 가능한 전력
망을 구축·강화하기 위해 재생에너지 산업 성장을 적극 추진하고
있기 때문이다.

일본은 정부가 발전량(GWh) 기준 재생에너지 비중을 2020년의
19.8%에서 2030년까지 36~38%로 확대할 목표를 제시하고 있어
각 지방 정부가 정부 주도의 전력망에 연결된 대형 발전시설급 설비
확충을 주도할 전망이다. 반면 2019년과 2020년 글로벌 1위를 차지
했던 한국은 2021년 주요 보조금 제도의 단계적 폐지로 ESS의 신규
프로젝트 파이프라인이 고갈됨에 따라 2030년에 글로벌 국가 기준
10위 밖으로 밀려날 것으로 BNEF는 예상했다.

에너지 전문 시장조사 업체 SNE리서치는 2022년 5월, 2030년 전

전 세계 전기차용(ESS 포함) 배터리 업체 국적별 생산능력 M/S 전망

	2021	2025	2030
한국 업체(LGES, 삼성SDI, SK온 등)	21%	18%	20%
일본 업체(파나소닉, PPES 등)	7%	4%	5%
중국 업체(CATL, Svolt, CALB 등)	69%	70%	63%
유럽 업체(Nothvolt, freyr 등)	1%	6%	10%
미국 업체(테슬라 등)	1%	2%	2%

자료: 〈Global LIB Battery 라인 신설 및 증설 전망 리포트〉, SNE리서치(2022)

전 세계 전기차용(ESS 포함) 이차전지 업체별 생산능력 전망(GWh)

순위	업체명(국적)	2021	2025	2030
1	CATL(중국)	161	646	1,285
2	LGES(한국)	140	420	778
3	Svolt(중국)	5	378	632
4	CALB(중국)	29	398	619
5	Guoxuan(중국)	35	174	523
6	SK온(한국)	40	177	465
7	BYD(중국)	80	285	425
8	EVE(중국)	57	170	422
9	삼성SDI(한국)	29	116	374
10	AESC(중국)	23	120	309
11	Panasonic(일본)	52	126	228
12	Farasis(중국)	50	94	205
13	REPT(중국)	16	100	200
14	Sunwoda(중국)	8	144	198
15	PPES(일본)	7	30	190
16	Lishen(중국)	34	106	124
	기타	229	571	1,271
	총합	994	4,055	8,247

자료: 〈Global LIB Battery 라인 신설 및 증설 전망 리포트〉, SNE리서치(2022)

세계 전기차용 이차전지 업체의 생산능력(전기차, ESS 포함)이 연평균 27%씩 성장해 8,247GWh까지 늘어나고, 한국 3사(LG에너지솔루션, SK온, 삼성SDI)의 비중은 20%에 달할 것이라고 전망했다. 2021년 글로벌 배터리 업체의 총 생산능력 994GWh의 8.3배 수준이다. 2021년 생산능력을 업체별로 보면 중국 CATL(161GWh)이 1위, LG에너지솔루션(140GWh)이 2위를 차지했다.

SNE리서치는 2030년 CATL의 생산능력이 1,285GWh로 1위를 지킬 것으로 내다봤다. 또 LG에너지솔루션은 778GWh(2위), SK온은 465GWh(6위), 삼성SDI는 374GWh(9위)의 생산능력을 각각 보유할 것으로 예측했다. 2030년 이차전지 업체의 국적별 이차전지 생산능력 비중은 CATL, BYD 등 중국 업체가 63%, LG에너지솔루션과 SK온, 삼성SDI 등 한국 업체가 20%를 차지할 전망이다. 또 노스볼트, ACC 등 유럽의 이차전지 업체들은 2025년부터 본격적인 생산에 들어가 2030년엔 10%의 점유율을 기록할 것으로 예상했다.

세계 시장을 이끄는
배터리 기업들의 전략

ESS는 배터리와 전력변환시스템(PCS: Power Conversion System), 에너지관리시스템(EMS: Energy Management System), 배터리관리시스템(BMS: Battery Management System)으로 구성된다. PCS는 배터리에서 나오는 직류 전기를 실제 전력계통 및 전력 기기에 연결하기 위해 교류로 바꾸어주는 역할을 하며, 전력을 저장할 때와 사용할 때의 전압, 주파수 등 특성이 다를 경우 이를 보완해준다. EMS는 ESS를 운영하기 위한 소프트웨어로 배터리 및 PCS의 상태를 모니터링 및 제어하는 역할을 한다. 시장조사업체 가이드하우스의 추정에 따르면 2020년 기준 전체 ESS 투자비 중 배터리 팩이 차지하는 비중은 약 58%이며, 시스템·통합소프트웨어 등이 21%, PCS가 7%를 차지한다. ESS에서 배터리가 차지하는 비중이 큰 것처럼 마찬가지로

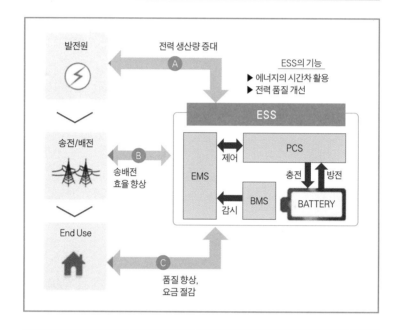

자료: SK C&C

ESS 업계는 배터리 업체들이 주도한다.

지금까지 글로벌 ESS 시장은 삼성SDI와 LG에너지솔루션(LGES)을 필두로 한국 배터리 업체들이 주도했다. SNE리서치에 따르면 2020년 기준 세계 ESS 시장에서 삼성SDI가 사용량 6.2GWh(점유율 31%)로 1위를 차지했고 LGES 4.8GWh, CATL 2.8GWh, 파나소닉 2.1GWh 등이 그 뒤를 이었다. 지금까지 ESS 시장은 전기차 배터리 업계의 상위 업체들이 높은 점유율을 차지해왔다. 유틸리티 업계가 보수적인지라 검증된 배터리 업체를 선호하며 납품된 ESS의 가동 기간이 10년 이상으로 그간 안정적으로 관리를 받을 필요가 있었기 때문이다. 따라서 ESS 시장에서도 한국 배터리 업체들이 공급하는 NCM(니켈·코발트·망간) 등 삼원계 배터리를 ESS 배터리로 주로 사용해왔다.

하지만 최근 CATL이나 BYD와 같은 중국 업체들은 LFP(리튬인산철) 배터리를 ESS에 사용하려는 수요가 급격히 늘고 있다. LFP 배터리는 니켈·코발트 등 고가의 희소금속을 포함하지 않아 NCM보다 가격이 약 20~30% 저렴하며 폭발 위험성이 낮다는 장점이 있다. 다만 LFP의 에너지 밀도가 kg당 180~220Wh로, 삼원계(240~300Wh/kg) 대비 낮고 무겁다는 단점이 있다. 그럼에도 불구하고 ESS의 경우 전기차에 비해 공간과 무게에 대한 제약이 적기 때문에 테슬라를 포함해 점차 더 많은 업체들이 LFP 배터리를 사용하고 있다. 특히 CATL과 BYD는 모듈 단계를 거치지 않고 배터리 셀을 바로 팩으로 만드는 셀투팩(Cell to Pack) 기술을 통해 LFP 배터리의 에너지 밀도를 크게 개선시키며 LFP 배터리 시장을 주도 중이다. 향후 ESS 시장에서 이 두 업체의 존재감은 점점 커질 것으로 기대된다. 일론 머스크 테슬라 CEO도 자신의 트위터를 통해 "삼원계가 최대 90%까지 충전되는 것에 비해 LFP는 100%까지 충전이 된다는 점에서 개인적으로 LFP를 더 선호한다"며 LFP 배터리 사용을 늘리겠다는 입장을 내비쳤다. ESS에서 LFP의 사용 비중은 앞으로도 압도적으로 늘어날 전망이다.

ESS 배터리 업체별로는 글로벌 2위 배터리 업체인 LGES가 단연 눈에 띈다. LGES은 삼원계 배터리만으로 ESS를 공급하는 계획을 선회해 2023년 10월부터 표준 크기의 LFP 배터리 셀을, 2024년 상반기부터 대형 LFP 배터리 셀을 양산한다는 계획을 발표했다. 또한 LGES는 ESS 비즈니스 강화를 위해 2022년 2월 ESS 시스템통합(SI, System Integration) 전문 기업인 미국 NEC에너지솔루션(NEC Energy Solutions)의 지분 100%를 이 기업의 모회사인 일본 NEC코퍼레이션(NEC Corporation)으로부터 인수했다. 최근 글로벌 ESS 시장 성장에 따라 다수의 고객사들이 계약 및 책임·보증 일원화의 편리성, 품질 신뢰성 등을 이유로 배터리 업체에 SI 역할까지 포함한 솔루션을 요구하는 추세를 발맞춰 가기 위해서다. NEC에너지솔루션은 일본 NEC사가 2014년 미국 A123시스템사의 ESS SI 사업을 인수해 설립했다.

LGES의 ESS 배터리 셀 납품 실적도 두각을 보이고 있다. LGES는 2021년 6월 미국 발전사 비스트라가 캘리포니아주 몬트레이 카운티에 있는 모스랜딩 지역의 프로젝트에 1.2GWh 규모의 전력망 ESS에 배터리를 공급했다. 이 프로젝트는 단일 ESS 사이트 기준 세계 최대 규모로, 전력 사용량이 높은 피크 시간대에 약 22만 5,000가구가 사용할 수 있는 전력을 저장할 수 있다. 또한 LGES는 2021년 11월 삼성SDI와 함께 미국 재생에너지 회사 테라젠이 캘리포니아주에서 추진하는 대규모 태양광 프로젝트 에드워즈 산본 솔라 스토리지(Edwards Sanborn Solar Storage) 프로젝트에 ESS 배터리를 공급하기로 결정했다. 양 사가 공급하는 ESS 배터리는 2.4GWh 규모로 공급이 완료되면 다시 한 번 세계 최대 ESS 규모를 경신할 것으로 예상된다. 이 프로젝트가 완공되면 캘리포니아주에 15만 8,000가구 이상에 전력을 공급하고 연간 3만 7,000톤 이상의 탄소 저감 효과를 낼 것으로 예상된다.

삼성SDI의 ESS 기술은 이미 글로벌 수준이다. 유럽엔 전력용과 가정용 ESS, 미국엔 전력용과 사업용 ESS, 일본엔 가정용 ESS를 수주하며 시장과 고객 특성에 맞춰 ESS를 공급 중이다. 삼성SDI는 2021년엔 가정용과 무정전전원장치(UPS)용 등 고부가 ESS 판매를 늘렸다. 또한 삼성SDI는 2022년 하이니켈 양극재를 ESS에 적용해 시장 경쟁력을 높이겠다는 목표를 내비쳤다. LFP 배터리보다 원가 경쟁력이 밀리지만 보다 에너지 밀도가 높은 배터리를 바탕으로 시장을 공략하겠다는 계획이다.

2014년 ESS 사업을 시작했다 낮은 수익성을 이유로 사실상 손을 뗐던 SK이노베이션은 배터리 자회사인 SK온 분사 후 2021년 폐배터리를 활용한 ESS를 생산하겠다는 계획을 발표했다. 이 ESS는 SK에코플랜트(구 SK건설)의 아파트 건설 현장에 설치해 그룹 간 시너지를 넓히고 ESS 비즈니스에 보폭을 넓히겠다는 전략이다. 또한 SK이노베이션은 본격적으로 ESS 사업을 강화하기 위해 2021년 7월 미국 IHI 코퍼레이션의 자회사이자 ESS 설계·시운전·유지 보수 서비스 전문 기업 테라썬과 업무 협약을 맺었다. 테라썬은 북미에서 450MWh 이상의 ESS를 설치한 경험이 있는 기업이며, SK이노베이션은 2022년 이후부터 테라썬의 ESS 사업에 참여한다는 계획이다.

글로벌 배터리 1위 업체 CATL 또한 ESS 사업에 가속페달을 밟고 있다. ESS 업계에서 LFP 배터리 셀 수요가 늘어남에 따라 여러 업체들이 CATL과 손을 맞잡길 원한다. CATL은 2021년 9월 글로벌 태양광 모듈 1·2위를 다투는 진코솔라(JinkoSolar)와 함께 태양광 ESS 분야 합작 투자 회사를 설립했다. 양사는 태양광 ESS 통합 솔루션의 공동 연구 개발과 비즈니스 모델 발굴을 추진하고 있다. 이어 CATL은 2021년 11월 태양광 모듈 제조·발전 솔루션 제공 업체인 캐나디언솔라(Canadian Solar)와 전략적 파트너십 계약을 체결했다. 캐나디언솔라는 2020년 기준 글로벌 태양광 패널 시장점유율 6.4%로 5위를 차지했다.

NETZERO
ENERGY WAR

NETZERO

ENERGY WAR

7장

경제적 에너지 대전환과 원자력

"그 어떤 청정에너지도 원자력과 비교할 수 없다."

───

마이크로소프트 창업자인 빌 게이츠는 2021년 2월 그의 저서 《빌 게이츠, 기후재앙을 피하는 법》에서 대규모 전력을 생산하면서도 탄소를 발생시키지 않는 에너지원은 원자력뿐이라며 힘주어 강조했다. 미국 메사추세츠공대(MIT) 연구진이 발표한 1,000여 개의 탄소 중립 시나리오 중 가장 경제적인 방법은 언제나 원자력발전이 중심이 된 안이었다는 점은 경제적 에너지 대전환이란 현실에 비추어볼 때 시사하는 바가 크다. 저탄소, 저비용, 고효율인 원자력 에너지의 중요성은 더욱 커지고 있다. 차세대 원자로가 에너지 산업의 새로운 게임 체인저가 될 것인지 전 세계의 이목이 집중되고 있다.

기후 변화 대응과
에너지 대전환 연착륙

⋮ 에너지 대전환의 길에 '원자력에너지'는 필요할까? ⋮

2022년 2월 유럽연합(EU)의 집행위원회는 원자력발전과 천연가스를 지속가능한 에너지 체계로 인정하는 녹색 분류체계(Green Taxonomy)를 제정했다. 원자력발전이 친환경에너지인가 아닌가는 매우 오래된 논쟁거리이다. 그러나 유럽연합 집행위의 최종 결정은 탄소 중립 목표를 달성하기 위해서, 또 재생에너지로 가는 전환 과정에서 원자력발전의 역할은 필수불가결하다는 것이다. 이 결정은 원자력발전이 친환경에너지로 이에 대한 투자를 기후 변화에 대응하는 녹색 투자로 분류한다는 점에서 시사하는 바가 매우 크다.

넷제로에 관해 에너지 전문가들의 생각도 일치한다. 연료 공급에

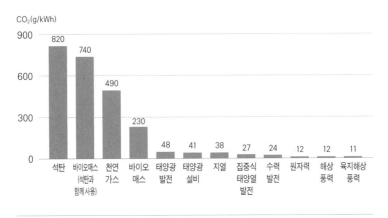

자료: IPCC

서 발전소 운영, 폐쇄, 해체까지 포함하는 발전 생애주기 탄소 배출량으로 따지면 원전의 탄소 배출량은 태양광이나 수력발전보다도 적다. 우리가 일반적으로 생각하는 것과 다르게 넷제로를 이루려는 목표만 놓고 보면 매우 합리적인 에너지 자원이란 것이다. 풍력이나 태양광으로의 과도기에 간극을 메워줄 대안으로서, 또한 지리적인 한계로 재생에너지에 대한 접근성이 떨어지는 국가에 대안으로서 원자력에너지가 가지는 효율성은 쉽게 포기할 수 없는 선택지이다.

에너지를 많이 사용하는 주요 선진국들은 대부분 원자력발전 비중을 꾸준히 유지해 나가고 있다. 재생에너지 비중이 상대적으로 높은 미국에서도 계속적인 원자력발전소 운영 지원 계획을 발표했다. 미국 에너지부는 2022년 2월 60억 달러 규모의 운영금 지원 계획을

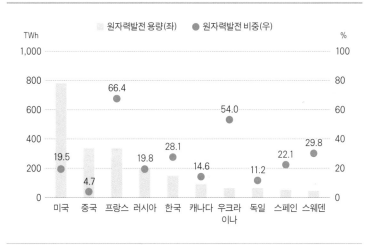

자료: IAEA

밝히면서 기후 변화에 대응하기 위한 정책적 목표를 달성하기 위해 원자력발전이 필수불가결한 요소임을 인정했다. 또한 미국 에너지부는 바이든 정부의 기후 목표 달성에 필수적인 원자력발전을 조기에 중단하거나 폐쇄하지 않을 것임을 분명히 했다. 사실 미국은 발전 용량으로 세계에서 가장 많은 원자력발전을 하는 나라이다. 다양한 전기 생산 자원을 가지고 있기 때문에 발전 비중은 약 20% 정도지만 원자력발전에 매우 많은 비중을 두고 에너지를 생산하고 있다.

프랑스는 원자력발전 비중이 높기 때문에 상대적으로 에너지 안보가 매우 안정적이다. 2022년 러시아의 우크라이나 침공으로 유럽 각국이 에너지 비상에 걸렸을 때도 프랑스가 상대적으로 안정된 정치적 메시지를 낼 수 있었던 근거는 바로 이 원자력 비중에 있다. 프

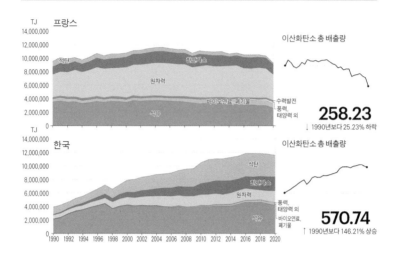

자료: IEA

랑스를 총 에너지 사용량이 비슷한 한국과 비교하면 한국이 에너지 소비의 증가와 함께 배출량이 가파르게 상승한 트렌드를 보이는 반면, 프랑스의 지난 30년간 이산화탄소 배출량은 감소하는 것을 볼수 있다. 원전의 비중의 확대와 에너지 구조의 다변화가 그 핵심 요인으로 꼽히고 있다.

경제적 에너지 대전환이 화두가 되고 있는 시점에서 재생에너지 자원이 부족한 나라의 넷제로 플랜에 원자력발전이 비용 효율적이란 것은 에너지 업계의 공통된 시각이다. 미국 카네기과학연구소의 연구진이 국제학술지인 〈네이처 에너지〉에 2022년 2월 14일 게재한 '탄소 저감 정도에 따른 kW당 최적 비용과 전력 생산 조합(에너지 믹스)' 연구는 특히 주목해볼 만하다. 국토가 넓고 태양광이나 풍력발전을 하기에 입지가 유리한 미국과 호주와 같은 국가들은 원자력의 힘을 빌리지 않고도 넷제로의 전환이 가능하나, 한국과 같이 재생에너지 발전에 상대적으로 불리한 조건을 갖춘 국가는 원자력에너지의 역할이 필수적이란 것이다. 특히 2030년 온실가스 감축과 2050년 넷제로 시나리오를 대외적으로 공표한 한국이 어떻게 경제적이고 현실적인 미래 에너지 믹스를 구성하는 데 어떤 시나리오를 가지고 실행에 나갈지 깊게 고민해보아야 한다.

2022년 현재 시점에서 로드맵은 29%인 원자력 비중을 2050년까지 6.1%로 줄이고 현재 6.6%인 재생에너지 비중을 70.8% 늘린다는 계획이다. 이것이 실현 가능한 로드맵인지 그렇다면 어떻게 구체적인 실행 계획들을 준비하고 있는지 확인해야 할 시점이다.

독일의 탈원전과 우크라이나 전쟁

독일은 후쿠시마 원전 사고가 일어났던 2011년에 모든 원전을 2022년까지 폐기하겠다고 발표했다. 원전의 위험성 때문이기도 했지만 재생에너지가 원전의 빈자리를 채워줄 것이란 강한 자신감이 새로운 정책을 뒷받침했다. 독일이 원전 폐지를 선언한 지 10년 뒤인 2021년 로이터는 유럽에서 가장 비싼 전기세와 마지막 원전이 가동을 중단하는 2022년부터 예상되는 전기 공급 부족, 전력망 투자에 900억 달러 상당의 비용이 예상된다며 독일이 탈원전 후 봉착한 문제점을 열거했다.

탈원전은 독일의 러시아산 가스에 대한 의존도를 높였다. 독일은 에너지 수입에 대한 의존도가 68%에 달하는데 가스의 경우 94%를 다른 나라에서 수입해야 한다. 독일은 러시아에서 가스를 직접 수송하는 노드스트림2 천연가스 해저 파이프라인을 2015년부터 건설해 2021년 완공했는데, 2022년 러시아가 우크라이나를 침공하면서 110억 달러를 들여 건설한 가스관을 일시적으로 운영을 중지해야 했다. 또한 독일은 러시아의 우크라이나 침략을 비난하면서도 러시아의 눈치를 보며 우크라이나에 대한 제대로 된 지원을 하지 못하거나 러시아로부터 가스를 사들이는 아이러니함을 보이며 한 국가의 에너지 정책이 국제 정세에 미치는 한 예시를 보여줬다.

탄소 중립 친화적인
원자력의 역설

태양광, 풍력과 같은 재생에너지가 온실가스 배출을 줄이고 탄소 발자국을 기존의 화석연료에 비해 적게 생산한다는 것은 자명하다. 하지만 재생에너지가 온실가스를 실제로 줄이는 데 얼마나 기여했는가를 따져보면 그 영향이 미미했다는 보고도 이어지고 있다.

한국의 경우 제9차 전력 수급 기본계획에 따르면 2021년 전체 발전원 중 재생에너지 설비 비중(최대 발전량)은 15.1%였지만, 실제 발전량은 그에 훨씬 못 미치는 6.9%(3만 7,804GWh)에 그쳤다. 재생에너지에서 큰 비중을 차지하는 태양광과 풍력이 날씨란 불확실성을 가지고 있기 때문에 통상 재생에너지기 설비 용량보다 실제 발전 효율이 떨어지는 한계를 명확히 보여준 것이다. 국가와 국민에게 전기를 공급해야 하는 한국전력공사는 "전력 수급 계획에 탄소 제로란 목표를 이루기 위해서는 재생에너지뿐만 아니라 탄소 배출이 적고 전기 발생 효율이 좋은 기저 전력인 원자력발전도 함께 가야 한다"고 지적했다.

포츠담 기후 영향 연구소(PIK: Potsdam Institute for Climate Impacts Research)의 군나 뢰더러(Gunnar Luderer) 박사는 기후 변화에 대응하기 위한 현재의 에너지 정책 시나리오들은 풍력과 태양광에 집중하고 있는데, 재생에너지의 탄소 발생 생애주기 저감량을 통틀어 고려했을 때, 원자력발전도 주요한 대안이 될 수 있다고 보고했다. 연구에서는 원재료의 생산에서 설비시설의 건설, 폐기까지 고려한 에너지원의 생애주기를 기준으로 탄소 발자국을 계산했는데 원자력이 1kWh의 전력을 만드는 동안 4g의 이산화탄소 등가량(4gCO2e)을 발생시켰고, 각각 태양광이 6g, 풍력이 4g의 이산화탄소 등가물의 배출을 만들어내는 것으로 결론 내렸다. 이는 탄소 포집·저장(CCS)을 적용한 석탄(109g), CCS를 적용한 가스(78g), 수력(97g), 바이오에너지(98g)에 비해 현격히 낮은 수치로 2050년의 목표인 1kWh당 15g을 위해서는 원자력의 역할이 얼마나 중요한지를 보여주는 예가 될 것이다.

원자력 재료 분야의 세계적인 권위자인 게리 워스 미국 미시간대 원자력공학과 교수는 기후 변화 문제는 원전 없이 해결할 수 없다는 것을 강조하면서 "탄소 없이 에너지 발전을 한다면 3분의 2가 원전일 수밖에 없기 때문에 의회·언론에서 정파를 떠나 원자력을 전폭 지지하고 있다. 원전을 가동할 경우 매년 7,500만 대 이상의 차에서 나오는 탄소 배출량과 동등한 약 4억 톤의 탄소 배출을 억제할 수 있다"고 강조했다.

차세대 원자력 기술
기업들

⋮ **대표적인 차세대 원자력 스타트업 '테라파워'** ⋮

마이크로소프트 창업자 빌 게이츠는 기후 변화를 막기 위해 원자력발전을 이용해야 한다고 적극 주장해왔다. 이와 함께 차세대 원자력 관련 회사에 직접 투자하고 기술자문역을 맡아왔는데 그중 하나가 바로 테라파워(TerraPower)이다.

테라파워는 기존의 원자로와는 다르게 나트륨을 이용한 용융염(熔融鹽) 방식의 원자로를 설계해 안전하고 효율 높은 원자력을 만들어내는 것을 목표로 한다. 가장 중요한 차이점은 냉각제를 물에서 나트륨으로 바꾸는 것인데, 녹는점과 끓는점 차이가 100℃에 불과한 물에 비해 나트륨은 녹는점이 98℃, 끓는점이 883℃로 785℃

의 넓은 범위를 가지므로 원자로의 온도 제어가 더 쉽다는 장점이 있다. 기존의 원자로가 냉각제의 온도 제어를 위해 복잡한 냉각 시스템과 크고 튼튼한 폐쇄 구조가 필요했던 반면, 온도 제어가 용이한 나트륨 원자로의 경우 물과 달리 기화돼 급속하게 팽창되는 위험이 적어 시스템의 규모가 상대적으로 작게 설계될 수 있다. 종전의 원자로에서 가장 큰 사고 위험으로 지적됐던 고온에서 물이 수소와 산소로 분해돼 폭발하는 현상도 나트륨 원자로에서는 발생하지 않는 것으로 알려져 있다. 다만 나트륨으로 이루어진 고온의 용융염을 어떻게 취급하고 제어할 것인지 기술적인 한계가 있어서 상용화되지

테라파워의 나트륨 기반 신기술 원자로 디자인

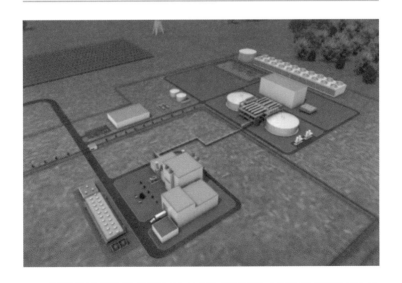

자료: 테라파워

못했는데, 테라파워에서는 최신 내열 소재 기술을 이용해서 고온 나트륨을 이용해 원자로를 제어하는 시스템을 개발하고 있다.

차세대 원자력에너지 발전은 앞서 말한 기술들로 설계가 단순화되고 건설 규모가 작아지며, 발전 비용 효율이 극대화될 것으로 전망된다. 기존 원자로와는 달리 수요에 따라 더 가변적인 에너지 생산이 가능한 장점도 있다. 무엇보다 우리 인류가 직면한 탈탄소 목표에 큰 규모로 대응할 수 있는 해결책이란 측면에서 그 잠재력은 무궁무진하다.

미국은 다른 재생에너지원과 마찬가지로 원자력발전에 대한 지원을 계속해서 확대해 나가고 있다. 미국 에너지부(DOE)는 2020년 테라파워를 GE-히타치원자력에너지(Hitachi Nuclear Energy)와 함께 나트륨 원자로 시스템을 상용화하는 프로젝트로 선정해 지원했고, 2021년 와이오밍주에서는 실제로 퇴역하는 석탄발전소를 교체하면서 나트륨 원자로를 적용하는 상용 프로젝트를 개시했다. 에너지 대전환에서 원자력이 맡고 있는 중요도가 계속해서 주목받고 있는 현실이다.

이러한 시장의 요구에 발맞추어 다양한 원자력 관련 스타트업 기업들이 주목받고 있다. 미국에서는 카이로스파워(KairosPower), 뉴스케일(NuScale) 등의 스타트업이 신개념 중소형 원전을 개발 중이다. 미국 정부 차원에서도 2030년까지 소형 모듈 원자로(SMR·Small Modular Reactor), 다중 시험 원자로(VTR·Versatile Test Reactor), 초소형 원자로(Microreactor) 등 신개념 중소형 원자로에 대한 단계별 개

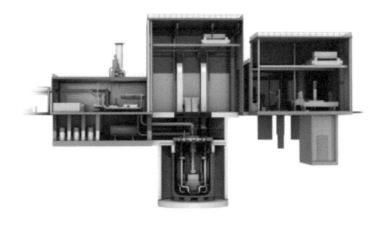

자료: 테라파워

발이 진행 중이다. 프랑스에서는 사용 후 핵연료를 이용해 제트기 엔진을 개발하고 있는 나레아(Naarea), 초소형 원자로를 적용해 화학공장과 제철소 등에 필요한 고온 열에너지를 공급하는 지미에너지(Jimmy Energy) 등이 대표적인 원자력 스타트업으로 꼽힌다.

⋮ 고순도 저농축 우라늄(HALEU)을 만드는 센트러스 에너지 ⋮

차세대 원자로엔 일반적인 발전용 우라늄인 저준위 우라늄(LEU: Low Enriched Uranium) 대신 고순도 저준위 우라늄(HALEU: High-Assay Low Enriched Uranium)를 사용하는데 기존의 우라늄 대비 연료 효율이 높고 연료 재활용이 가능하다는 장점이 있다. 미국에서는 센트러스 에너지(Centrus Energy)가 대표적으로 이 고순도 저준위 우라늄을 생산하고 있는데, 테라파워를 포함한 차세대 원자로 개발 기업들과 계속적으로 연대해 나가고 있다.

자연 발생 원소인 우라늄엔 U-235 및 U-238 동위 원소가 포함돼 있지만, U-235 동위 원소만 핵분열이 가능하기 때문에 '농축'은 천연 우라늄을 원자력발전소 연료로 변환하는 중요한 단계이다. 농축은 U-235의 농도(천연 우라늄에 포함된 약 0.7%에서)를 높이고 U-238의 농도를 줄이는 과정이다. 상업용 원자력발전소의 연료 집합체엔 일반적으로 U-235 농도가 4~5%인 우라늄이 필요하다. 이 연료를 생산하기 위해 천연 육불화우라늄(UF6, 헥사플루오라이드 우라늄)의 U-235 농도를 적절한 수준으로 농축하고 원자력발전소에 연료를 판매한다.

한편, 다양한 첨단 원자로 및 기타 응용 분야에 필요한 고순도 저농축 우라늄(HALEU)의 U-235 농도는 최대 19.75%이다. 1950년대부터 상업용 우라늄 농축은 가스 확산 또는 가스 원심 분리기의 두 가지 기술 중 하나를 사용했다. U-235와 U-238 사이의 질량 차이에 의존해 반다공성 멤브레인(확산) 또는 고속 회전(원심분리)을 통해 분리를 달성한다. 그러나 가스 확산 기술은 보다 경제적인 가스 원심 분리 기술로 대체되면서 더 이상 상업적으로 사용되지 않는 편이다. HALEU를 생산하는 센트러스 에너지는 고순도 우라늄을 농축하기 위해 원심분리기 캐스케이드에 4.95% 저농축 우라늄을 공급

재료로 사용한다. 또한 미국 에너지부(DOE)와 함께 사용 후 핵연료에서 고농축 우라늄(HEU)을 회수한 다음 HALEU로 하향 혼합하는 방법을 모색하고 있다.

NET ZERO

⚡

ENERGY WAR

8장

수소에너지의
현실과 미래

한국은 지난 2020년 세계 최초로 수소법을 제정했다.

—

정부는 2021년에 2030년까지 온실가스 배출량을
2018년 대비 40% 감축하고 2050년엔 넷제로를 달성하
겠다는 목표를 세우며 수소를 넷제로 로드맵에 포함했다.
공정의 부산물로 생성되는 것이기에 수소 자체가 아닌 수
소가 어떠한 공정을 거쳐 생성됐는지가 중요하며 또한 수
소 활용에 대한 정책과 이를 뒷받침할 인프라 확충이 수소
경제 성공의 열쇠가 될 것이다.

그린수소로
가는 길

　2021년 탄소중립위원회는 2050년 수소를 이용해 넷제로를 달성하겠다며 두 가지 안을 내놓았다. A안은 화력발전을 전면 중단하고, 전기차와 수소차의 사용을 늘려 탄소 배출량을 감축하며 국내 생산 수소 전략을 수전해 수소(그린수소)로 공급하는 것을 골자로 하는 것이다. B안은 화력발전 중 LNG의 잔존 가능성을 가정하고 내연기관차의 대체 연료 사용을 고려했고 국내에서 생산되는 수소 중 일부는 부생수소 혹은 추출수소(그레이수소)를 공급하는 것을 가정으로 삼았다. 수소는 넷제로 목표를 달성하는 데 기여가 클 뿐만 아니라 철강, 자동차 등 한국의 현존 산업과 함께 상생할 수 있다는 장점 때문에 정부의 넷제로 달성 계획에 큰 부분을 차지한다.

　수소를 넷제로 달성 계획에 포함하는 것은 한국만이 아니다. 한국의 넷제로 계획 발표 4개월 전인 2021년 6월 미국 에너지부(DOE)는 '에너지 어스샷 이니셔티브'를 추진한다고 발표했다. 어스샷 이니셔티브는 기후 위기에 대한 미국 정부의 연구개발 프로그램으로 첫 에너지 어스샷 이니셔티브로 수소샷이 선정됐다. 수소샷을 통해 미국은 현재 1kg당 5달러 선에서 거래되는 그린수소의 비용을 1kg당 1달러 선으로 감축하는 것을 목표로 하고 있다. 미국의 수소샷 발표 2개월 후인 2021년 8월엔 영국이 수소 전략을 발표했다. 영국은 2030년까지 5GW의 저탄소 수소를 생산할 수 있는 기술을 확보하며 단기적으로는 1GW의 저탄소 수소 생산을 목표로 한다고 밝혔다.

이런 정책적 지원과 더불어 세계 수소 생산과 수요는 큰 폭으로 증가할 것으로 전망된다. 국제에너지기구(IEA)는 세계 수소 생산과 수요가 2020년 8,700만 톤에서 2030년 5.4억 톤으로, 전기와 물을 사용하여 수소를 생산하는 수전해 장치가 2020년 300MW에서 2050년 3,585GW로 증가할 것이라고 예상했다.

왜 태양광, 풍력이 아닌 '수소'인가?

한국을 비롯해 미국, 유럽 국가들이 수소에 주목하는 이유는 무엇인가? 첫째, 수소를 사용한 발전의 안정성 때문이다. 태양광과 풍력으로 대표되는 재생에너지 발전은 날씨 등 주변 환경의 영향을 많이 받는다. 따라서 전기 생산량이 일정하지 않기 때문에 전력 공급 계획에 영향을 미치며 이러한 변동성 때문에 전력 수급에 차질을 발생할 수 있다. 이에 대한 대안으로 제시되는 것이 수소와 연료전지의 조합이다. 연료전지는 수소뿐만 아니라 바이오 가스·천연가스·프로판·메탄올, 경유 등 다양한 연료원을 이용해 전기를 발전한다. 에너지 저장장치와 연료전지는 전기 화학 반응을 통해 전기를 생산한다는 공통점이 있다. 하지만 에너지 저장장치는 시간이 지나면 방전이 되고 충전을 요하는 반면 연료전지는 연료만 있으면 지속적으로 전기를 발전할 수 있다는 차이점이 있다.

둘째, 다양한 사용처이다. 한국 정부의 넷제로 달성 계획과 더불어 화석연료의 대안으로 수소가 논의되고 있다. 이미 한국은 석유화학 공정이나 철강 산업 등에서 부산물로 수소를 생산하고 있으며 현대차 같은 경우 이미 수소차를 시장에 출시했다. 수소를 이용한 대중 교통수단 그리고 중장비 역시 이미 사용되고 있으며 주 수출 업종인 조선업 분야에서는 선박의 연료를 수소 및 저탄소 연로로 전환하려는 연구도 지속적으로 진행 중이다.

수소는 한자어로 '물의 원료'란 뜻으로 물의 원소기호가 H_2O란 것을 생각해볼 때 수소의 한자어 뜻과 일맥상통한다. 수소는 연소하면서 공해 물질을 배출하지 않고 높은 효율을 내기 때문에 화석연료를 대체할 대체재로 고려되기도 한다. 수소를 사용해 발전된 전기는 잉여분이 발생하면 수전해 장치를 통해 다시 수소로 개질해 저장이 가능하기 때문에 지속가능하다는 장점이 있다. 수소를 생산하는 방법은 여러 가지가 있지만, 최근 수소를 생산 방식에 따라 크게 그레이, 블루, 그린수소로 구분한다. 그레이수소와 블루수소는 화석연료에서 생산되고, 그린수소는 친환경 발전원에 의해 생산된 전력으로 만들어지는 수소이다.

2050 탄소 중립 시나리오 최종안

(단위: 백만 톤 CO_2eq)

구분	부문	이전 (2018년)	최종본 A안	최종본 B안	비고
	배출량	686.3	0	0	
배출	전환	269.6	0	20.7	• (A안) 화력발전 전면 중단 • (B안) 화력발전 중 LNG 일부 잔존 가정
	산업	260.5	51.1	51.1	
	건물	52.1	6.2	6.2	
	수송	98.1	2.8	9.2	• (A안) 도로 부문 전기·수소차 등으로 전면 전환 • (B안) 도로 부문 내연기관차의 대체연료 (e-fuel 등) 사용 가정
	농축수산	24.7	15.4	15.4	
	폐기물	17.1	4.4	4.4	
	수소	–	0	9	• (A안) 국내 생산 수소 전량 수전해 수소 (그린수소)로 공급 • (B안) 국내 생산 수소 일부 부생·추출 수소로 공급
	탈루	5.6	0.5	1.3	
흡수 및 제거	흡수원	-41.3	-25.3	-25.3	
	이산화탄소 포장 및 활용·저장 (CCUS)	–	-55.1	-84.6	
	직접 공기 포집 (DAC)	–	–	-7.4	• 포집 탄소는 차량용 대체연료 활용 가정

자료: 탄소중립위원회, 2021-10

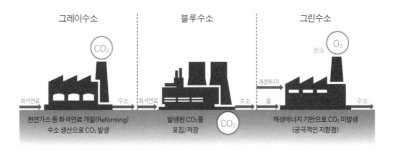

자료: Hydrogen Insights 2021, 맥킨지

그레이수소

그레이수소는 천연가스 혹은 석탄을 공급 원료로 사용하는 생산 과정에서 생성된 수소에너지를 의미한다. 석유화학 공정에서 발생하는 수소를 수집한 것이 부생수소, 천연가스를 수증기로 처리해 생산한 수소가 개질수소이다. 화석연료를 사용해 수소를 생성하는 과정 중 상당한 양의 탄소가 배출되기 때문에 그레이수소란 이름이 붙여졌다.

블루수소

블루수소는 그레이수소 다음으로 일반적인 수소 생산 방식으로, 기본 과정은 그레이수소 생산 방식과 일치한다. 블루수소와 그레이수소의 차이점은 그레이수소에서 생산된 부산물들이 탄소 포집 기술을 통해 수소의 생성 과정에서 발생하는 온실가스 배출량을 90%

까지 포집해 블루수소의 탄소 배출량이 그레이수소에 비해 적다는 것이다. 이렇게 포집된 탄소는 지하 저장고에 저장되는데 이에 관련된 기술로는 탄소 포집, 사용 및 저장 기술(Carbon Capture Utilization and Storage)이 있다. 블루수소의 경우 탄소 포집 및 저장 비용이 발생한다.

그린수소

태양광 혹은 풍력 등 재생에너지 전력을 수전해를 통해 수소를 생산하는 방식이다. 수전해를 실행하기 위해서는 에너지가 필요한데, 이 에너지를 재생 가능 에너지원에서 생성하기 때문에 이러한 형태의 수소를 그린수소라고 하며 수소 생성 과정에서 탄소를 전혀 배출하지 않기 때문에 넷제로를 이루기 위해 가장 자주 언급되는 수소이기도 하다.

사실 이 세 가지 색 이외에 더 다양한 색으로 표현되는 수소들이 있다. 이 수소들은 어떻게 각기 다른 색을 가진 별칭을 가지게 된 것일까? 수소 자체는 무색이다. 따라서 수소를 지칭하는 색은 수소의 물리적인 색이 아닌 수소 생산 과정에서 이산화탄소 배출량에 따른 청정도에 따른 것이다. 수소색 스펙트럼에서 한 극단을 차지하고 있는 블랙, 그레이, 브라운수소는 수소 중 생산 과정에서 탄소 배출 비율이 높으며 그린, 그리고 화이트로 갈수록 청정한 방법으로 제조된다.

블랙과 브라운수소는 석탄으로부터 생산된다. 블랙과 브라운은 각각 다른 석탄을 나타나는데 석탄의 가스화 과정에서 수소를 생산한다.

옐로우수소는 전력망에서 전력을 개질해 생산되는 수소를 의미한다. 화석연료를 사용해 발전된 전기부터 재생 발전원을 이용해 사용된 전기까지 수소 개질 과정에서 사용되는 전지의 발전원에 따라 청정도가 다르다.

레드수소는 원자력발전 과정 중에 생성된 수소를 말한다. 원자력발전을 이용한 전기를 사용하거나 혹은 원자력발전 중 고열에서 발생하는 수증기를 이용해 생산된다.

화이트수소는 산업 공정 중에 부산물로 발생하는 부생수소를 말한다. 석유화학 공정 중 수소가 발생하는데 여기서 생산된 수소가 화이트수소의 한 예이다.

포집한 탄소를 생활 곳곳에서 쓴다고?

CCUS(Carbon Capture Utilization and Storage)는 산업 공정 중에 생성되는 탄소를 포집하여 저장하거나 사용 및 판매하는 기술을 말한다. CCUS는 포집, 압축 및 수송 그리고 저장 혹은 사용의 세 단계로 나뉜다. 포집 단계에서는 정유 공장이나 화력발전소, 제철소나 시멘트 시설에서 공정 중 생성된 탄소를 다른 부산물에서 분리한다. 분리된 이산화탄소는 압력을 받아 액화되는 과정을 거치거나 탄소를 산화물과 발열하여 탄산염을 생성한다. 이렇게 전환된 탄소는 탄소 파이프관이나 다른 운송 수단을 통해 수송되어 지하에 저장되거나 연료나 화학 제품, 식음료 등 탄소가 필요한 곳에 활용되기도 한다.

CCUS 기술은 여러 파일럿 프로그램을 통해 효율성을 증명해오고 있으나 아직 탄소 포집에 들어가는 비용이 높기 때문에 경제성을 입증받지 못했다. 그 예로 2017년에서 2020년 사이에 실시된 페트라 노바(Petra Nova) 프로젝트가 있는데 이 프로젝트는 10억 달러가 넘게 투자된 파일럿이었다. 페트라 노바 프로젝트에서는 미국 전력 회사 NRG에너지의 석탄발전소에서 탄소 포집을 했는데 프로젝트 자체는 목표한 양의 약 95% 수준의 탄소를 포집했지만 비용 문제 때문에 상용화 가능성에 대해서는 모든 이들이 의문을 제기했다. 또한 호주에서는 정유 회사 쉐브론이 운영하는 CCUS 시설에서 호주 정부가 지정한 배출 탄소의 80%를 포집해야 한다는 조건을 충족시키지 못함으로써 CCUS 기술에 탄소 감축을 기대하기엔 아직 시기가 이르다는 의견이 지배적이다.

수소경제 도입을 위한
노력

수소경제는 수소를 주요 에너지원으로 사용하는 경제산업 구조를 말한다. 즉, 화석연료 중심의 현재 에너지 시스템에서 벗어나 수소를 에너지원으로 활용하는 자동차·선박·열차·기계의 사용과 전기발전 및 열 생산 등을 늘리고, 이를 위해 수소를 안정적으로 생산−저장−운송하는 데 필요한 모든 분야의 산업과 시장을 새롭게 만들어내는 경제시스템이다.

앞서 소개한 한국, 미국, 영국을 포함한 많은 국가들이 2050년 넷제로를 목표로 수소경제를 도입하기 위해 수소 생산, 저장 및 운송 그리고 사용 전반적인 부분에 걸쳐 정책적인 지원을 아끼지 않고 있다. 2022년 1월에 블룸버그에서 발표한 자료에 의하면 한국을 포함한 26개국이 이미 수소 산업에 대한 전략을 수립했으며, 미국과 중

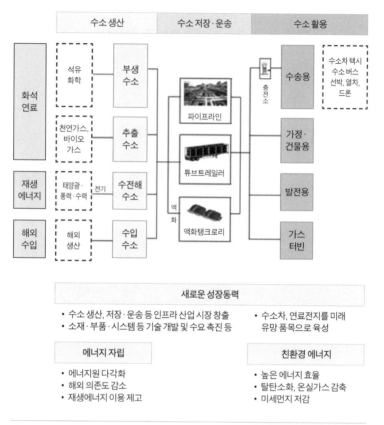

수소 생산	수소 저장·운송	수소 활용

화석연료

석유화학 → 부생수소

천연가스, 바이오가스 → 추출수소

재생에너지

태양광·풍력·수력 —전기→ 수전해수소

해외수입

해외생산 → 수입수소

파이프라인

튜브트레일러

액화 액화탱크로리

충전소

수송용 — 수소차 택시 수소 버스 선박, 열차, 드론

가정·건물용

발전용

가스터빈

새로운 성장동력

- 수소 생산, 저장·운송 등 인프라 산업 시장 창출
- 소재·부품·시스템 등 기술 개발 및 수요 촉진 등
- 수소차, 연료전지를 미래 유망 품목으로 육성

에너지 자립

- 에너지원 다각화
- 해외 의존도 감소
- 재생에너지 이용 제고

친환경 에너지

- 높은 에너지 효율
- 탈탄소화, 온실가스 감축
- 미세먼지 저감

자료: 대한민국 정책 위키

국을 비롯한 22개국이 수소 산업 양성 전략과 로드맵에 대한 준비가 한창이다. 더 많은 나라들이 수소에 대한 전략을 내놓고 산업을 양성함에 따라 수소 시장은 지속적으로 성장할 것으로 전망된다.

26 활발

22 예비 단계

3 시범사업 및 실증사업 단계

8 초기 정책 논의 단계

5 활동 없음

101 파악되지 않음

자료: BNEF

⠸ 수소 생산 ⠸

국제 재생에너지기구(IRENA)에 따르면 2019년 기준 생산되는 수소 중 95%는 화석연료를 사용한다. 재생에너지를 사용하는 그린수소는 전체 수소 생산 비율 중 5%를 조금 못 미치는 수준이다. 8억 3,000만 톤의 탄소가 천연가스와 화석연료를 사용해 생산하는 그레이수소와 블루수소의 생산을 통해 발생되고 있다. 긍정적인 소식은 앞으로 그린수소와 블루수소의 생산량이 늘어날 것이란 것이다.

그린수소의 보급은 저탄소 에너지원인 풍력, 태양광, 수자력 발전과 긴밀히 연관돼 있다. 현재 업계 전망으로는 그레이수소에서 그린수소로의 전환이 2030년 이후에서나 가능할 것으로 보고 있다. 연료전지 그리고 수소차 보급의 활성화를 통해 화석연료를 수소로 대체하는 첫 발걸음은 이미 시작됐다. 수소에 대한 수요는 점차 증가하고 있는데 그린수소의 가격과 생산량이 그 수요를 맞추지 못한다면 그레이수소에서 그린수소로의 전환은 더욱 더뎌질 수밖에 없다.

2018년 기준으로 그린수소의 가격은 회색과 블루수소에 비해 많게는 2배 정도 더 비쌌다. 그린수소의 비용은 재생에너지의 발전 가격 이외에도 재생에너지에서 생산된 전기를 수전해하는 수전해기기의 영향을 많이 받는다. 미국의 어스샷 이니셔티브는 10년 안에 수

수소 종류별 가격

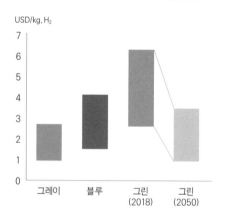

자료: The Hydrogen Trajectory, KPMG

소 1kg당 1달러에 생산을 목표로 하고 있다. 2021년 기준 미국의 수소 생산 비용이 1kg당 5~5.3달러였다는 점을 감안하면, 앞으로 10년 안에 5분의 1 수준으로 비용을 낮추는 것을 골자로 한다. 전기로 생산되는 청정수소의 경우 1kg당 39~48kWh의 전기가 소비된다. 에어컨을 1시간 사용 시 전력 사용량이 대략 2kWh라고 가정했을 때 에어컨을 20시간 동안 소비한 전력과 같다. 따라서 전기 가격이 대략 2.5센트/kWh 이하가 돼야 이니셔티브에서 목표하는 가격에 근접할 수 있다.

수소 생산 단가를 내리기 위한 첫 단계로 미국 정부는 저탄소 수소에 더 큰 인센티브를 제공하는 새로운 청정수소 생산 크레딧 제정을 앞두고 있다. 크레딧이 제정되면 청정수소를 1kg당 3달러에 생산할 수 있을 것으로 전망되며 어스샷 이니셔티브 연구를 통해 수전해기기의 비용을 감소할 수 있다면 수소 상용화에 가장 큰 걸림돌인 비용 부분이 개선될 것이다. 수소 생산 부분에 있어서는 독일의 린데(Linde)와 미국의 에어 프로덕츠 앤드 케미컬스(Air Products & Chemicals)가 전통적인 방식으로 수소를 생산하는 기업들이다. 최근 플러그파워(Plug Power), 블룸에너지, 퓨어셀 에너지 등 재생에너지원에서 발전되는 전기를 이용해 수소를 생산하는 수전해기를 생산하는 기업들이 수소 생산 범주에 새로이 추가됐다.

수소 저장 및 운송

수소는 수소의 상태에 따라 수소는 기체 혹은 액체로 운송되며 기체 운송에서는 공급 횟수에 따라 배관을 이용한 운송 방식과 튜브 트레일러를 이용한 운송 방식으로 구분된다. 액체 운송의 경우엔 탱크로리를 사용하는데 수소를 최종 제조 및 저장 시설에 따라 수소가 액화되거나 액상돼 운송된다. 국제에너지기구(IEA)가 2019년 발행한 수소의 미래 리포트에 따르면 장거리 수소 수송 시에 1,500km 이하는 배관을, 1,500km를 넘으면 탱크로리를 사용하는 것이 가격 효율적이라고 밝혔다.

수소 저장 및 운송에서 해결해야 할 가장 큰 과제 중 하나는 수소의 낮은 밀도이다. 수소는 천연가스에 비해 3.2배가량 밀도가 낮으며 휘발유에 비해 약 2,700배 낮기 때문에 압축되거나 액화된 상대로 저장된다. 또한 수소는 폭발 가능성이 있어 수송 저장 및 운송 수단 고려 시 내구성을 감안해야 한다. 또한 수소는 영하 253℃에서 액화되기 때문에 액화 수소를 저장 및 운송 시 이에 들어가는 에너지가 상당하며 수소 액화 시 발생되는 탄소의 배출량이 많다는 단점이 있다. 따라서 수소 생성 과정을 제외하고도 수소 운송과 저장에 들어가는 비용도 만만치 않다. 2021년 10월에 한국가스공사는 2050년 탄소 중립을 달성하기 위해서 필요한 2,390만 톤의 수소를 호주 등에서 한국으로 수입할 때 수소 구입 가격은 별도로 하더라도 액화·수송·저장에만 약 66조 원이 드는 것으로 추산했다.

수소운송 상태		운송 방식	적합한 운송 조건
기체 운송		배관	• 소규모, 단거리에 대해 연속 공급할 경우 • 대규모, 장거리에 대해 연속 공급할 경우
		튜브 트레일러	• 중·소규모, 중·장거리에 간헐적 공급할 경우
액체 운송	액화	탱크로리	• 액화 제조 및 저장 시설과 연계될 경우 • 중·대규모, 중·장거리에 공급할 경우 • 액화 시 소요되는 전력에 의한 온실가스 배출량 증가에 대한 고려가 필요
	액상	탱크로리	• 액상 물질(암모니아, 액체유기금속 등) 제조 시설과 연계될 경우 • 중·대규모, 중·장거리에 공급할 경우

자료: 웹진 〈기술과 혁신〉, 2019. 09.

전 세계에 5,000km의 수소 배관이 이미 설치돼 있고 이 중 50%가 넘는 2,600km가 미국에 위치해 있다. 전 세계에 설치된 천연가스 배관이 300만 km인 것을 감안하면 5,000km의 수소 배관은 상대적으로 적은 수치다. 프랑스, 독일을 비롯한 여러 국가들은 이미 자국에 설치된 천연가스 파이프라인을 활용해 천연가스와 수소를 혼합해 수소를 수송하는 등 수소 보급망 확장에 다양한 시도를 하고 있다.

수소 저장은 크게 물리적 방식과 화학적 방식으로 나뉜다. 물리적 방식은 압축 방식과 액화 방식으로 나뉘는데 압축 방식은 압축기를 사용해 수소를 압축해 저장하는 것이고 액화 방식은 수소를 액상으로 만드는 방식이다. 액화 방식은 압축 방식에 비해 기체수의 부피를 800분의 1로 줄일 수 있고 저장 효율도 압축 방식에 비해 높다. 두 방식 모두 수소 압축과 액화 시 소요되는 에너지 비율이 높다는 단점이 있다. 화학적 방식에서는 주로 액체유기수소 운반체(LOHC: Liquid Organic Hydrogen Carrier)로 대표되는 유기수소화물 방식과 암모니아와 같은 무기화합물을 이용하는 무기수소화물이 있다. 유기수소화물 방식은 수소의 화학 반응을 통해 액체 상태 화합물을 수소화한 후 다시 촉매와 반응시켜 수소를 추출하는 과정으로 부피 대비 많은 양의 수소를 저장하고 수송이 가능하다. 무기수소화물 방식은 무기화합물을 이용해 수소를 저장 및 추출하는 방식이지만 암모니아의 독성 때문에 사용이 제한적이란 것이 단점이다.

수소의 다양한 저장 형태 및 운송 방법

구분	고압 수소	액화 수소	LOHC (메틸싸이크로핵산)	암모니아
밀도(kg/m³)	39	70.8	769	682(1bar)
비등점(℃)	25	-253	101	-33
수소 함량(wt%)	100	100	6.16	17.8
부피 에너지 밀도 (kg-H_2/m³)	38	70.9	47.1	120.3
수소 추출 온도(℃)	-	-	200~400	350~900
부피 에너지 밀도	일반 수소의 463배	일반 수소의 865배	일반 수소의 574배	일반 수소의 1,467배
필요 인프라		시설 투자 필요	휘발유 인프라 사용	프로판 인프라 사용
장점	• 저렴한 구축 비용 • 저장 소실 미미	• 저장 용기의 안전성 • 기화만으로 사용	• 기존 인프라 사용 • 장기 보관 가능	• 기존 인프라 사용 • 높은 에너지 밀도
단점	• 낮은 에너지 밀도 • 비싼 저장 용기	• 대규모 시설 비용 • 액화 시 많은 에너지	• 수소 추출 시 에너지 필요 • 상업화까지 연구 필요	• 냄새/독성 취급 주의 • 상업화 연구 필요

자료: "수소에너지 산업의 현재와 미래", 한국석유공사

수소 저장은 주로 저장 탱크를 이용하며 소금광산, 천연가스, 석유 저장고를 대규모 수소 저장고로 사용하기도 한다. 수소 저장과 밀접하게 관련 있는 수소충전소의 경우, 한국의 경우엔 현재 대부분의 충전소들이 튜브 트레일러를 통해 외부에서 생산된 수소를 공급받고 충전소 내 저장 탱크에 수소를 저장하고 있으며 일부 충전소에서는 매립가스를 이용해 현장에서 수소를 추출한다. 수소 개질에 소요되는 비용이 절감된다면 충전소에 수소 개질기를 설치해 현장에서 수소를 추출하는 방법이 좀 더 보편화될 것으로 보인다.

🔌 재밌는 에너지 이야기

수소는 위험하지 않나요?

2019년 강릉에서 수소 탱크 폭발사고가 나서 8명의 사상자가 발생했다. 이 사건은 수소경제 로드맵이 발표된 상태에서 수소의 안전성에 대한 부정적인 인식을 가져왔다. 이런 여론을 의식하고 한국가스공사와 산업부는 수소 안전강화에 대한 대책 및 수소 안전 관련 TF를 설치해 수소 안전체계에 만반을 기하기로 했다. 그러면 수소는 정말 위험한 것일까?

답변은 상황에 따라서 다르다. 어느 연료도 100% 안전하지 않으며 수소 또한 안전하게 취급되지 않으면 폭발이나 화재로 이어질 수 있다. 그러나 기존 연료에 비하면 위험도는 상대적으로 낮다. 미국 화학 공학회 자료를 바탕으로 한국 산업안전보건공단이 작성한 연료별 상대적 위험도 표를 보면 수소는 휘발유, LPG 그리고 도시가스와 비교했을 때 상대적 위험도가 많게는 40% 이상 적다.

연료별 상대적 위험도

구분	휘발유	LPG	도시가스	수소
자연 발화 온도	4	3	2	1
연료 독성	4	3	2	1
불꽃 온도	4	2	1	3
연소 온도	1	2	3	4
상대적 위험도	1.44	1.22	1.03	1

자료: 미국화학공학회, 한국산업안전보건공단

미국 고속도로안전공사가 실시한 차량에 대한 수소 안전 연구 결과에 의하면 공기보다 14배 가볍고 휘발유에 비해 57배 가벼운 수소의 특성 때문에 수소는 누출 시 공기 중으로 증발해 휘발유 유출로 인해 폭발로 이루어지는 휘발유 차량에 비해 수소차가 더 안전한 것으로 밝혀지기도 했다.

따라서 수소의 연소성이나 폭발성에 주목하며 수소의 사용을 맹목적으로 지양하기보다는 타 연료들과 비교를 통해 수소의 장단점을 인지하고 이에 대한 제도를 마련하고 안전성을 검증하는 단계를 마련하는 것이 중요하다.

화재 시 수소차(좌)와 휘발유 차량(우) 비교

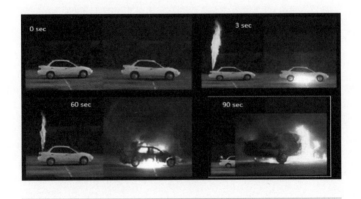

IEA가 발간한 〈수소의 미래 보고서〉에 따르면 첫째, 석유 정제 (33%), 둘째, 암모니아 생산(27%), 셋째, 메탄올 생산(11%), 마지막으로는 제철 산업(3%) 순으로 수소가 활용된다고 한다. 따라서 석유 정제부터 제철 산업, 그리고 시멘트 산업에서의 수소의 사용은 우리 생활과 밀접하게 연결돼 있으므로, 수소 생태계를 그린수소로 바꾸겠다는 목표는 결국 우리에게도 큰 영향을 미치는 것이다.

연료전지는 화석연료를 사용하는 내연기관을 수소로 전환하는 데 있어 핵심 기술이다. 연료전지는 수소와 산소를 결합해 전기를 생산하는 기술로 연로로 수소를 사용할 경우 탄소를 배출하지 않는다. 또한 사용처에 따른 다양한 사이즈와 기술이 존재해 휴대용부터 발전용까지 다양한 용도로 사용할 수 있다. 현재 수송 부분과 발전 부분에서 수소를 사용한 연료전지의 도입은 빠르게 진행되고 있다.

블룸버그가 2022년 3월 발간한 2022년 상반기 수소 마켓 전망에 따르면 한국에서의 수소차 판매량이 전 세계의 45%를 차지하는 것으로 나타났으며 연간 수소차 판매량 역시 다른 나라에 비해 급속하게 증가하고 있다. 한국에너지기술연구원의 자료에 의하면 2019년 기준으로 2만 4,000여 대에 불과하던 글로벌 수소차의 수가 불과 11년 후인 2030년엔 800만 대가 될 것이라고 전망했다.

수송 부분에서의 수소화는 연료전자 차량에 국한된 것뿐만 아니라 산업용 중장비, 항공, 선박 분야에서도 진행되고 있다. 한국에서

연료전지 종류별 특징

세대	1세대	2세대		3세대	
종류	알칼리형 (AFC)	인산형 (PAFC)	용융탄산염형 (MCFC)	고분자전해질형 (PEMFC)	고체산화물형 (SOFC)
연료	수소	LNG, LPG, 메탄올, 석탄가스	LNG, LPG, 메탄올, 석탄가스	수소	LNG, LPG, 메탄올, 석탄가스
전해질	KOH	인산염	용융탄산염	이온교환막	세라믹
운전 온도	0~230℃	150~250℃	550~700℃	50~100℃	550~1000℃
주 용도	우주선 등 특수 목적	중형건물 분산 전원 (200kW)	중대형 건물 복합 발전, 열병합발전 (100kW~MW)	가정·상업용 수소전기차 (1~10kW)	소중대용량 복합 발전, 열병합발전 (1kW~MW)
전기 화학적 반응 효율	60~70%	45~55%	45~55%	40~60%	40~60%
특징	이산화탄소에 민감, 제거 장치 필수	CO 내구성 큼, 열병합 대응 가능	발전 효율 높음, 내부 개질 가능, 열병합 대응 가능	저온 작동, 고출력 밀도	발전 효율 높음, 내부 개질 가능, 복합 발전 대응 가능

자료: "연료전지", 한국과학기술기획평가원 기술동향 브리프

는 현대건설기계가 2023년 수소 굴삭기 상용화를 목표로 제품 개발을 진행 중이고, 도요타는 이미 수소 지게차를 상용화했다. 항공기 제작사인 에어버스는 2020년 무공해 비행기 컨셉인 ZEROe를 발표하고 2035년엔 이 비행기를 이용한 여객 서비스를 제공할 수 있도록 하겠다고 밝혔으며, 제로에비아(ZeroAvia)란 수소 경비행기 스타트업은 이미 2019년에 시험 비행을 성공했다. 이 스타트업은 빌 게이츠가 주도하는 BEV(Breakthrough Energy Ventures)와 아마존의 기후 서약 펀드로부터 투자를 받은 것으로 알려졌다. 마지막으로 선박 분야에서는 고정형 연료전지 회사인 블룸에너지가 삼성중공업과

(단위: 대)

구분	2019년	2022년	2025년	2030년
글로벌	24,047	494,579	1,386,448	8,050,000
국내	5,820	67,000	186,448	850,000
유럽	1,992	295,797	800,000	4,200,000
미국	8,098	43,076	150,000	12,000,000
중국	4,327	12,559	50,000	1,000,000
일본	3,810	76,146	200,000	800,000

자료: 수소경제와 한국의 수소 기술, KIER(2020.9.15.)

손잡고 2020년부터 수소 선박을 개발 중이다.

발전 부분에서는 이미 수소로의 전환이 이루어지고 있다. 산업부 전기위원회 자료에 의하면 허가받은 연료전지를 이용한 재생에너지 사업자 수는 196개소이고 이 중 가동사업자는 27개라고 한다. 수소를 이용한 전기발전은 화학에너지에서 열에너지와 기계에너지를 거쳐 전기에너지로 전환되는 반면 수소발전은 화학에너지에서 직접 전기에너지로 발전되기 때문에 에너지 전환 과정에서의 손실이 적고 연료전지 모듈의 크기가 작아 분산형 전력원으로도 사용될 수 있다. 하지만 아직 수소 가격이 높아 연료전지에서 발전되는 전지의 단가가 다른 발전원의 단가보다 높아 이에 대한 개선이 필요하다.

수소경제 시대를
맞이하는 기업들

    수소경제 시대를 맞아 기업들은 발 빠르게 이 분야의 주도권을 차지하기 위해 노력하고 있다. 2021년 초 SK의 투자를 받았던 미국의 플러그파워는 연료전지와 수소 가치사슬에 있는 회사들을 공격적으로 인수 합병하며 수소경제 시대에 대한 준비를 하고 있다.

    플러그파워는 수소 생산, 운송과 저장, 활용에 걸쳐 다양한 회사들을 인수 합병하며 사업 영역의 확장을 도모하는 중이다. 플러그파워가 가장 먼저 주목한 분야는 수소 활용 부분이다. 플러그파워는 2007년에 지게차에 사용하는 연료전지 회사를 인수했으며 2014년엔 연료전지 고정형 발전원을, 2018년과 2019년엔 연료전지 촉매와 경량 연료전지 회사를 인수했다. 2020년과 2021년엔 수소 생산과 관련한 수소 개질기 기업들을 인수한 데 이어 수소 운송과

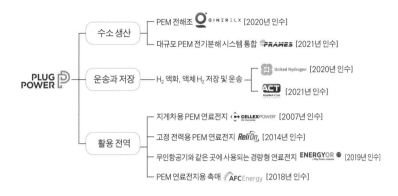

자료: BNEF

저장 부분에서는 수소 액체화 그리고 액체수소 저장 및 운송 회사를 인수하기도 했다. 수소의 생산, 운송과 저장 그리고 활용 부분에 대한 확장을 통해 수소 생태계 전반에 주도권을 가지고자 하는 것은 플러그파워뿐만이 아니다. 블룸에너지의 경우 수소 개질기 생산을 통해 수소 생산에 참여하고 있으며 SK, 삼성 등과의 합작을 통해 수소 활용 부분에서 점유율을 높이고 있는 중이다.

현재 수소 산업은 넷제로와 탄소 감소 정책의 지원을 받으며 장미빛 미래를 바라보고 있다. 실제로 수소경제 도입의 성공 여부는 2050년 넷제로 목표의 중간 목표로 설정된 2030년이 되면 더 뚜렷해질 것이다. 또한 수소경제의 도입을 성공하려면 수소의 생산-운송과 저장-활용으로 이어지는 네 가지 핵심 가치사슬에 대한 집중적인 연구와 투자가 필요하다. 이뿐만 아니라 수소 도입의 장애물인

안전성과 높은 인프라 비용, 경제성을 개선해 수소 도입을 앞당겨야 한다.

수소의 생산 과정에서는 기술 개선을 통해 수소 생산에 소요되는 비용을 절감해야 한다. 특히 생산 과정에서 탄소 배출이 전혀 없는 그린수소의 경우 재생에너지로 발전되는 전기의 가격이 수소 생산 비용으로 직결되기 때문에 재생에너지 발전 단가를 절감할 수 있는 정책과 수소 단가 절감에 대한 정책은 밀접한 관계를 가지고 있다. 또한 그린수소에서 수소로 개질하는 과정에서 사용되는 기술에 대한 지원을 통해 개질기와 수소 압축 혹은 기체화에 대한 비용을 개선해야 한다.

수소 운송과 저장 과정에서는 수소의 안전한 운송과 저장을 위한 안전체계가 수립돼야 할 것이며 수소 운송과 저장에 대한 인프라 개선 및 구축이 시급하다. 2021년 한국은 세계 최초로 수소경제 육성 및 수소 안전관리에 관한 법률(수소법)을 시행했지만 이후 수소법 개정안에 난항을 겪는 등 수소 운송과 저장에 직결되는 제도 기반이 아직 이뤄지지 않고 있다. 수소에 대한 여러 정책을 기업들이 실행할 수 있는 환경이 조성돼야 수소경제 현실화에 한걸음 더 가까이 다가갈 수 있을 것이다.

마지막으로 수소 활용 부분에서는 다양한 플레이어들이 수소 활용 부분에 참여할 수 있는 기반이 필요하다. RWE, 엔지(Engie), 이베르드롤라(Iberdrola) 등 글로벌 유수의 에너지 기업들은 최근 수년간 내부 벤처캐피털 조직(Corporate Venture Capital)을 설립해 벤처기업에 적극 투자해 차세대 에너지 기술에 투자하고 있다. 한국에서 수소경제에 참여하고 있는 대기업과 중소기업 사이에서 기업 간의 협력, 인프라, 기술 인력 확보 등은 아직 해결 과제로 남아 있다. 한국이 수소경제 주도권을 잡기 위해서는 세계 수소 기술 동향 파악, 협력파트너 발굴, 검증 및 사업화 성과 창출 등을 위한 지원과 정책을 통한 정부 차원의 지원이 필요하다.

그린수소를 그레이수소보다 더 저렴하게 만든
러시아-우크라이나 전쟁

블룸버그는 2022년 2월 러시아가 우크라이나를 침공하면서 각국의 녹색 에너지로의 전환은 더 탄력을 보일 것이란 자료를 발표했다. 전쟁이 시작되면서 미국을 비롯한 서방은 러시아에 대한 경제 제재를 시작했다. 그중 하나는 러시아에서 생산하는 원유와 가스에 대한 전면적인 수입 중단이었고, 이로 인해 유가는 배럴당 120달러가 넘은 가격으로 거래됐다.

러시아산 천연가스와 암모니아 역시 가격이 수직상승했다. 천연가스는 지난해 같은 달에 비해 거의 3배 가까이 가격이 올랐다. 더불어 천연가스를 사용해 생성되는 그레이수소의 가격도 올라 유럽이나 아시아에서는 회색 암모니아가 녹색 암모니아보다 더 비싼 경우도 관찰됐다.

이러한 사례를 바탕으로 블루수소, 즉 화석연료를 사용하는 그레이수소에서 탄소 포집 및 저장 과정을 거쳐 제조된 수소를 수소경제의 에너지원으로 고려했던 나라들의 정책 방향에 영향을 줄 것이란 관측이다. 여기에 유럽에서는 과

도한 러시아산 천연가스 의존도를 줄이기 위해 러시아로부터 에너지 수입을 감소하기 위한 제안이 공론화됐다. 2022년 3월 8일 유럽 연합은 2030년 전까지 유럽의 러시아산 화석연료에서 독립하겠다는 리파워EU(REPowerEU)를 발표했다. 리파워EU는 LNG와 배관 수입을 통해 비러시아 국가로부터의 가스 수입 증가, 바이오메탄과 재생 수소의 증산, 화석에너지의 사용의 감소를 골자로 하고 있다. 이미 파리 협정에 대한 유럽 연합의 응답이었던 '핏 포 55(Fit for 55)' 제안이 실행으로 옮겨지는 상황에서 리파워EU가 실행으로 옮겨질 경우 유럽의 에너지 전환은 더 가속화될 것으로 보인다.

NET ZERO

⚡

ENERGY WAR

9장

에너지 효율의 극대화, 스마트 그리드

전력망의 역할은 오랜 세월 동안
전기의 송전에 그쳤다.

——

하지만 지구 온난화에 따른 기후 변화의 심각성과 탈탄소
화에 대한 관심의 증가로 전력망의 역할이 새롭게 재조명
되고 있다. 자동차와 같이 기존엔 화석연료로만 이용할 수
있던 수단들이 전력화(electrification)를 통해 변화되면서
전력망 생태계에 있는 전력 공급자와 전력망 운영원은 늘
어나는 전기 수요를 어떻게 감당하고 안정적으로 전기를
공급할지 고민하게 됐다. 결국 전력망이 잘 운영되려면 전
력 공급자들은 전력 수요를 보다 정확하게 예측하고 공급
하고, 전력 소비자들은 적절한 소비를 하며 전력망의 밸런
스를 맞춰야 한다.

전력망은
에너지 배분의 중심

2021년 2월, 발렌타인데이를 며칠 앞두고 미국에 겨울 폭풍이 찾아왔다. 알라스카를 제외하고 미국에서 가장 큰 주인 텍사스주 주민들은 유례없는 혹한을 경험했다. 필자(정혜원)가 거주했던 오스틴의 경우 2월 평균 기온은 7~18℃ 사이인데 2021년 2월 겨울 폭풍 땐 온도가 -20℃ 아래로 내려갔다. 처음에 눈을 보고 환호하던 이들의 함성은 두려움으로 바뀌었다. 겨울 날씨를 좀처럼 겪어볼 수 없는 탓에 텍사스의 건물들은 추운 날씨를 견뎌내도록 설계되지 않았고, 이 때문에 수도관이 동파돼 물이 나오지 않았다. 설상가상으로 전기도 들어오지 않았다. 발전소 역시 한파에 대한 대비를 하지 않고 있다가 갑자기 낮아진 온도 때문에 발전 시설 가동을 제대로 할 수 없었다. 또한 갑자기 낮아진 기온 때문에 난방을 위한 전기 수요가 기하급수적으로 올라가면서 공급이 수요를 따르지 못하는 상황이 벌어졌다. 수요 공급의 불균형으로 평소 메가와트당 50달러 선에서 거래되던 전기는 9,000달러까지 치솟았다. 제설 장비조차 제대로 구비하지 않은 탓에 공항은 마비돼 사람들의 발이 묶였고 얼어붙은 도로 위로 차가 다닐 수도 없었다. 상황이 이렇다 보니 슈퍼마켓은 재고가 떨어져 선반이 텅텅 비는 진풍경이 연출되기도 했다. 필자의 이웃들은 자가용에서 핸드폰을 충전하고 몸을 녹이기도 하며 전기의 필요성을 몸으로 직접 체험했다. 이러한 정전 상황을 일주일 동안 겪고 나서야 모두가 일상으로 되돌아올 수 있었다. 갑작스러운 겨울 폭풍으로 텍사스주에서만 50명이 넘는 사람들이 동사했고 최대 2,950억 달러로 추정되는 피해액이 발생됐다.

겨울 폭풍으로 피해 원인을 조사하던 중 뜻밖의 사실이 밝혀졌다. 텍사스주에서도 타 주와 접경하고 있는 지역은 텍사스주 내부에 비해 정전의 피해를 덜 입었던 것이다. 텍사스주의 전력망은 전력망 신뢰도 위원회(ERCOT: Electric Reliability Council of Texas)가 관리하고 있는데 전력망 신뢰도 위원회가 관리하고 있는 지역은 이웃 주와 계통 연계가 되지 않고 자체 발전에 의존하고 있어 갑작스런 수요 증가에 따른 전력난에 취약한 반면, 위원회가 관리하는 지역 밖 지자체는 자체 발전뿐만 아니라 인근 주의 전력망과 계통 연계가 돼 전력이 부족할 때 타 주에서 전기를 공급받아 정전 피해를 줄였다. 이와 같은 발견 때문에 전력망과 전력계통 연계의 중요성이 주목을 받았다. 또한 가정 내 설치된 태양광이나 에너지 저장장치와 같은 분

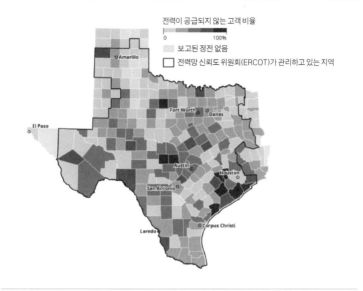

자료: 〈텍사스 트리뷴〉

산형 발전원을 통해 겨울 폭풍 중 전력을 지속적으로 공급받을 수 있었던 가정들의 사례가 소개돼 분산형 발전에 대한 관심도 겨울 폭풍 이후 크게 증가했다.

"여보, 어머님 댁에 파워월 놓아드려야겠어요"

2021년 2월 텍사스 겨울 폭풍이 지나간 후 온라인에서는 정전에 대한 이야기로 가득했다. 그중에서 유독 눈에 띄는 글이 있었는데 바로 솔라루프와 배터리를 집에 설치한 집의 이야기였다. @Michelle4Texla란 유저는 "We lost power on my street 6 times in 2 days. But because of my Tesla Powerwalls I never lost power. And AMAZING that even with my Tesla Solar Shingle Roof covered in ice it still was able to produce energy(우리 동네는 2일 동안 6번 전기가 나갔는데 테슬라 파워월 덕분에 우리 집은 정전을 겪지 않았어요. 우리 집 태양광 지붕도 눈에 덮였는데도 불구하고 전기를 발전할 수 있었죠)"란 트윗을 올렸다.

2021년 2월 18일 PV Tech의 보도에 따르면 가정용 태양광과 에너지 저장장치가 겨울 폭풍 동안 중요한 역할을 했다고 한다. 태양광 설치 회사인 선런(Sunrun)은 300MW에 달하는 가정용 태양광 설비를 설치했고 이 중에서는 에너지 저장장치를 태양광 설비와 함께 설치한 고객들도 있었는데 이 고객들은 혹한에도 지속적으로 전기를 공급받을 수 있었다. 선런의 고객인 로버트 솔닷은 태양광과 저장장치를 가지고 있었는데 그의 백업 저장장치는 겨울 폭풍이 닥치던 주에 46시간 동안 전기를 공급했다. 그는 이 전기로 난로와 냉장고 그리고 집을 밝힐 수 있었다. 그는 〈포브스〉와의 인터뷰에서 "솔직히 말해서 배터리(에너지 저장장치) 없이 불편해서 어떻게 지냈을지 상상할 수도 없어요"라고 말하며 겨울 폭풍으로 인한 정전에서 에너지 저장장치의 역할을 강조했다. 텍사스 겨울 폭풍 이후 개인들의 태양광과 에너지 저장장치에 대한 관심을 보여주듯 선런은 자사 웹사이트 트래픽이 350% 증가했다고 전했다.

미국의 경우 600만 마일에 달하는 송전망을 통해 3,000개가 넘는 배전 회사들이 1억 4,000만 곳이 넘는 상용, 가정, 공업 고객들에게 전기를 공급하고 있다. 우리가 이해하고 있는 전력망은 토마스

에디슨이 1882년 직류발전기를 통해 전구에 전력을 공급하면서 시작했다. 초기엔 공장들을 위주로 전류가 한 방향으로만 흐르는 직류를 사용하는 전기 발전시설이 보급됐다. 하지만 직류로는 멀리 떨어진 곳까지 전기를 보내기엔 무리가 있었고 에디슨은 발전소를 여러 곳에 설치하는 방법으로 이를 해결했다. 과학자 테슬라는 직류 송전이 가지고 있는 문제를 교류가 해결할 수 있다고 생각했다. 교류는 직류와 다르게 전압을 높이고 낮출 수 있으며 장거리 송전 시 교류는 높은 전압 덕분에 전기의 손실이 적었기 때문이다. 이 때문에 에디슨과 테슬라 사이에 '전류의 전쟁(War of the Currents)'이 시작됐다.

전류의 전쟁은 1893년에 개최된 시카고 박람회에서 절정에 달하는데 박람회에서 사용할 전기를 선정하는 과정에서 테슬라의 교류를 사용하는 웨스팅하우스가 에디슨의 직류를 사용하는 GE를 누르고 선발됨으로써 교류가 전력망의 표준으로 지정되는 계기가 됐다. 오늘날 태양전지, 전기 자동차 등 직류 전원에 의해 가동되는 요소들이 전력망의 일부분이 되면서 직류가 다시 재조명을 받고 있다. 따라서 최근 전력망 공급자들은 고압 직류 송전망을 통해 직류 전기를 장거리로 송전해보려는 시도를 하고 있지만 아직 교류가 산업 표준으로 사용되고 있다.

전력망은 크게 전기 발전, 고전압 송전망, 저압 배전망, 전기 소비자로 나뉜다. 전기는 화석연료, 원자력, 재생에너지 등 다양한 에너지원을 통해서 발전된다. 이렇게 생산된 전기는 전기의 소비지 근처로 송전된다. 전기 소비원에 따라 전기를 판매하는 방식이 두 가지로 나뉜다.

첫 번째는 아직도 많은 가정용, 상업용, 산업용 소비자들이 전기를 구입하는 방식인데 해당 지역 전기 시장 구조에 따라 전기 거래소를 이용하거나 혹은 전기 회사로부터 직접 전기를 공급받는 것이다. 전기거래소를 허용하는 시장을 규제된 시장(Regulated Market)이라고 하며 전기의 발전과 소매 그리고 배전이 각각 다른 개체에 의해 이루어진다. 발전된 전기는 전력거래소를 통해 소매회사로부터 사들여지고 이렇게 구입된 전기는 소매회사와 서비스 계약을 맺은 가정이나 상업 혹은 산업 시설로 배전되게 된다. 마치 주식 시장에서 주식을 가진 회사들이 증권거래소에서 브로커리지를 통해 주식 구매자들에게 주식을 판매하는 것과 같다. 규제된 시장의 경우 하루 전 현물시장(Day-ahead market)과 현물시장(Day market)이 있는데 하루 전 현물시장을 통해 미리 다음 날 예상되는 전기 수요를 충족시키기 위한 전기를 구입하고 혹여 하루 전 현물시장에서 충분한 전기를 구입하지 못했을 경우 현물시장에서 추가적인 전기 구입이 가능하다. 다만, 현물시장의 전기 가격이 대체적으로 하루 전 현물시장보다 높다는 특징이 있다. 반대로 전기거래소 없이 전기 회사가 발전에서부터 송전 그리고 배전까지 모두 맡아 전기 소비자들에게 직접 전기를 판매하는 것을 비규제된 시장(Unregulated Market)이라 한다. 규제된 시장에서는 소비자들은 다양한 전기 요금 상품을 제시하는 여러 소매회사에서 전기를 구매할 수 있다. 소매가 허용하지 않는 비규제된 시장에서는 소비자들의 선택의 폭이 제한적이란 단점이 있으나 전력망에 대한 통합적인 관리가 가능해 안정성 있게 전기를 공급받을 수 있다는 장점이 있다. 비규제된 시장의 경우 법적으로 독점으로 인한 전기요금 인상에 대한 우려를 잠식하기 위해 각주나 국가별로 감사하는 기관이 있으며 이들이 전기요금에 대한 규제와 감사를 통해 전기요금의 변화가 엄격하게 모니터링하고 있다.

두 번째는 전기구매계약(PPA: Power Purchasing Agreement)을 통해 재생에너지 발전 사업자와 전기 소비자가 직접 전력 구매 계약을 체결하도록 하는 방식이다. 전기 구매 계약은 전기 발전자와 대형 전기 소비자(때로는 전기 소매회사) 간에 맺는 계약으로 전기 구매 계약

10년간 PPA량의 증가

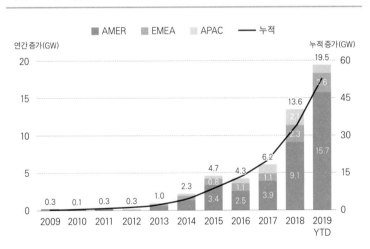

자료: BNEF

을 통해 계약자 사이에 가격 협상이 가능하다. 또한 10년에서 20년 정도의 계약 기간 설정을 통해 전기 소비자는 장기간 안정된 가격으로 전기를 공급받을 수 있으며 발전자 역시 고정적인 구매자가 있다는 장점이 있다. 특히 RE100(기업 사용 전력의 100%를 재생에너지로 조달)이나 ESG(환경·사회·지배구조)에 관심이 높아진 요즘, 재생에너지 발전원을 선택해 전기 구매 계약을 맺는 기업들이 늘어나고 있다. 한국을 포함한 일부 국가에서는 직접적인 계약을 체결할 수 있는 제도가 마련돼 있지 않지만 미국이나 유럽에서는 활발히 이용되고 있다.

발전소에서 전기는 직류로 생산되는데 송전을 위해 교류로 변환되고 발전지 근처 송전용 변전소로 보낸다. 송전선이나 배전선엔 전기 저항이 있으므로, 전기에너지의 일부는 송전 도중에 열로 변한다. 따라서 전기 손실을 적게 하기 위해 전압을 높이고 전기를 송전한다. 전기는 송전용 변전소에서 154kV, 345kV, 혹은 765kV로 전압을 승압된 후 송전선을 통해 전기 사용자들 근처에 있는 배전용 변전소에 도달해 다시 낮은 전압의 전기로 감압된다. 이후 배전선을 통해 전기를 각 가정이나 상업 시설 등 필요로 하는 곳으로 보낸다. 따라서 전기가 소비지로 전달되려면 발전 시설뿐만 아니라 전체 전력망 시설을 갖춰야 한다.

다양한 분산형 발전 기술의 발전과 함께 전력망의 생태계도 점차 변화하고 있다. 오늘날의 전력망은 발전, 송전, 배전, 최종 소비자로 이루어지는 수직적 구조이지만 미래의 전력망은 각종 소형 발전 개체와 에너지 저장장치, 스마트 그리드 기술이 융합한 수평적 구조로 바뀔 것이다. 우리는 이러한 전환을 겪는 과정에 있으며 전력망은 기존의 역할이 안정적인 전기 공급 이외에도 새로운 그리드 기술과의 접목, 그리고 다양한 발전원의 전력망 연결로 인한 불확실성 예측 등 다양한 해결 과제를 안고 있다.

21세기 전력망이
당면한 과제들

⋮ 재생에너지 ⋮

2021년 10월 미국 바이든 대통령은 미국 해안가에 대규모 해상풍력단지를 건설하겠다고 밝혔다. 같은 해 6월에 발표한 빈야드 프로젝트와 캘리포니아 연안 풍력단지 건설에 이어 다시 한 번 해상풍력 발전에 대한 의지를 보인 것이다. 최근 미국의 필두로 화석연료 발전을 감소시키고 그 대신 필요한 전기를 재생에너지로 공급하고자 전략을 구상하는 국가들이 많아졌다.

그러나 간과해서는 안 되는 점이 있다. 무분별하게 재생에너지 발전 시설만을 건설하고 이를 지원하는 인프라를 구축하지 않으면 재생에너지 발전 시설을 제대로 활용할 수 없다는 점이다. 전력망 인프라를 확충하는 과정에서 재생에너지 발전원의 특성과 이를 고려한 문제 해결을 고려해야 한다.

전력계통의 안정성

다른 발전 기술과 달리 태양광이나 풍력은 출력이 일정치 않다. 출력이 일정치 않은 발전원들을 변동적 재생에너지라고 하는데 에너지 저장장치 등과 같이 발전된 전기를 저장했다가 후에 필요시 사용할 수 있도록 하는 등 출력의 변동성을 완화함으로써 안정성을 보완할 수 있지만 아직까지는 에너지 저장장치의 비용이 기술 대비 높아 널리 보급되지 못하고 있다.

발전원과 전력 소비지까지의 거리

미국 프린스턴대에서 2020년 12월에 발표한 넷제로 아메리카 스터디에 따르면 2050년까지 넷제로를 이루기 위해서는 당장 2030년까지 600GW 규모의 새로운 풍력과 태양광발전소가 더 지어져야 한다고 한다. 이 목표를 달성하기 위해서는 2021년부터 매년 70GW 규모의 재생에너지 발전소가 신설돼야 하는데 미국에서 재생에너지 발전소가 기록적으로 증가한 2020년에 건설된 35GW 규모인 것을 감안하면 매년 대략 두 배 규모의 발전 시설들이 매년 건설돼야 한다는 것을 의미한다. 풍력발전을 하려면 적어도 시속 12km 혹은 시속 7.5mil(마일) 정도의 바람이 불어야 하고 최대 시속 36km에서 54km, 즉 10~15mil 정도 돼야 최대 출력을 얻을 수 있다. 미국 재생에너지 연구소(NREL)에서 2017년 발행한 풍력 자원 지도를 보면 전기를 생산할 수 있을 정도의 풍력 자원은 바다 연안에 집중돼 있다. 바다 연안에 풍력발전 시설을 건설하게 되면 내륙에 건설하는 것에 비해 건설 비용이 더 들 뿐만 아니라 바다 연안에서 발전된 전기를 내륙에 있는 전기 소비자들에게 송전하기 위한 송전망도 구축해야 한다.

세계자원연구소(WRI: World Resource Institute)에 따르면 늘어나는 재생에너지 송전을 지원하기 위해 송전 능력은 2030년까지 현재에 비해 60% 정도 증가해야 하고 이를 위해서는 송전망에 3,600억 달러의 투자가 필요하다.

전력망에 대한 투자는 새롭게 건설되는 에너지 발전소들을 지원하는 데 국한된 것이 아니라 현존하는 전력망의 개선도 목표하고 있다. 다른 지역과의 전력계통 연계가 이에 해당한다. 아시아는 아직 논의 수준이지만 미국이나 유럽의 경우 각 주별 혹은 각국마다 구축된 전력망이 연결돼 있어 한 지역에서 전기 공급이 수요에 비해 부족한 경우 다른 지역에서 전기를 송전해 공급할 수 있다. 전력 공급의 중요성이 최근 부각되는 만큼 전력망 계통 연계와 전력망을 효율적으로 관리하도록 해주는 스마트 그리드 등에 대한 인프라에 대한 관심과 투자가 필요하다.

분산형 발전

분산형 발전은 전기 소비원 근처에서 소규모로 전기를 생산하는 발전원을 뜻한다. 분산형 발전은 기존의 발전원들이 송전선에 연결돼 있는 것과 달리 배전선에 직접 연결돼 있으며 분산형 발전에 사용되는 발전원으로는 태양광·연료전지·에너지 저장장치·가스터빈·디젤 엔진 등 다양한 연료를 이용한다. 최근엔 각 가정이나 사업체의 태양광 패널 설치 증가로 태양광이 분산형 발전원으로서 각광받고 있다.

분산형 발전의 가장 큰 장점은 기존 발전시설과 달리 전기 소비지 인근에 위치하기 때문에 고비용의 인프라 구축에 들어가는 시간과 비용을 절감할 수 있고 또한 장거리 송전에서 발생하는 전력 손실을 예방할 수 있는 점이다. 또한 분산형 발전원의 보급으로 전기 발전과 사용에 대한 사용자들의 관심을 높일 수 있다는 장점이 있다. 전기 발전원 트렌드가 화석연료 위주의 발전에서 재생에너지 발전으로 전환하는 가장 큰 이유는 탄소 감축 때문이다. 그러나 발전만이 탄소 감축의 유일한 방법은 아니다. 전기 소비자들의 전력 소비 감소 역시 연료에 의존하는 발전을 줄이고 탄소 감축에 큰 기여를 한다. 분산형 발전과 관련 기술을 실생활에 도입해 전기 사용자들의 전기 발전량과 전기 사용량에 대한 관심을 유도하고 이를 바탕으로 사용자들은 전기를 효율적으로 사용함으로써 탄소를 감축하는 것이다.

이 같은 장점을 가진 분산형 발전원들을 성공적으로 운용하기 위해서는 분산형 발전원들이 전력망에 미치는 영향을 고려해야 한다. 분산형 발전원들이 적은 양의 전기를 발전해 전력망으로 내보낼 경우엔 전력망에 미치는 영향이 미미하나 분산형 발전원의 보급이 늘어나 전력망으로 내보내지는 전기의 양이 증가할 경우 부하가 발생하고 더 나아가 회로차단기와 같은 전력망 회로기판에 문제를 일으켜 전력망의 안정성에 영향을 미친다. 이를 예방하기 위해 전력망 운용과 관리에 대한 추가적인 기준과 기술이 도입돼야 한다.

전기 수요의 변화

분산형 에너지 자원은 전력의 발전과 소비에 변화를 가져올 수 있다. 2017년 12월, 샌디에고 가스전기 회사(San Diego Gas&Electric)는 시간대 사용 요금제를 개선했다.

여름 기준으로 기존엔 오전 10시 반부터 시작이었던 전력 피크 타임을 오후 3시로 재조정했다. 덕커브의 영향 때문이다(196쪽 참조). 덕커브에 따르면 오전부터 태양광 발전량이 점차적으로 증가해 오후에 절정을 이루는데, 태양광 패널이 설치된 전기 소비지는 이때

		0–23시
여름	전(5–10월)	off Peak / Part Peak / Peak / Part Peak / off Peak
	후(6–10월)	Super off Peak / off Peak / Peak / off Peak
겨울	전(11–4월)	off Peak / Part Peak / Peak / Part Peak / off Peak
	후(11–5월)	Super off Peak / off Peak / Peak / off Peak
5월/4월	전(5–4월)	off Peak / Part Peak / Peak / Part Peak / off Peak
	후(5–4월)	Super off Peak / off Peak / Super off Peak / off Peak / Peak / off Peak

자료: SDGE

전력을 자가 소비할 수 있다. 덕분에 전력망의 순부하가 적으나 해가 저물어가며 태양광발전을 할 수 없게 되어 전력 회사는 단시간 내에 늘어나는 전기 수요를 감당해야 한다.

전기 공급과 수요의 변동성을 조절하기 위해 전력 회사들은 에너지 저장장치를 이용해 덕커브를 완만하게 하거나 전기 소비자들의 전기 소비 패턴 변경을 유도해 전기 수요의 변화가 전력망에 미치는 영향을 최소화하려고 노력 중이다.

전력망 안정성과
효율성 증가를 위한 기술들

전력망은 오랫동안 전기의 송전과 배전 관련 기술에 그 초점이 맞춰져 있었지만 최근 전기의 송전과 배전 활동 이외에도 이를 안정적으로 수행하고 배전된 전기를 효율적으로 사용할 수 있는 기술이 발전되고 실용화되고 있다. 먼저 전기 송전과 배전 측면에서 송전과 배전선에 흐르는 전류를 모니터링하고 전선, 전봇대 등 전력망 구성 요소가 이상 없이 작동하는지 살펴볼 수 있는 기술들이 도입되고 있다. 사용자 측면에서는 쌍방향 통신이 가능한 계량기와 가전기기를 이용해 사용자들의 전기 소비 패턴에 필요한 정보를 수집해 제공하는 기술이 있는데 새로운 커뮤니케이션 기술, 센서 그리고 제어 시스템 등을 이용해 전력망을 모니터하고, 보호하며 운영을 자동적으로 최적화하는 기술을 통틀어 '스마트 그리드'라고 한다.

스마트 그리드 기술의 발전과 도입에 따라 스마트 그리드를 기존 전력망에 도입하고자 하는 노력이 시작됐다. 미국은 2007년 에너지 독립 및 보안법(EISA: Energy Independence and Security Act of 2007)을 제정해 전력망의 효율성과 안정성, 보완성을 위해 전력망의 현대화를 목표로 하고 스마트 그리드 기술에 대한 지원과 보안기술에 대한 청사진을 마련했다. 이를 바탕으로 미국 국립표준기술연구소(NIST: National Institute of Standards and Technology)는 스마트 그리드 보안 표준을 포함해 스마트 그리드의 상호 운용성을 위한 표준을 제정하도록 하고 미국 에너지부(DOE)는 스마트 그리드 기금(SGIG: Smart Grid Investment Grants)을 조성해 스마트 그리드 기술 발전을 장려했다.

2013년 DOE가 발표한 스마트 그리드 도입의 경제적 효과에 따르면 DOE는 스마트 그리드 기금과 스마트 그리드 시범 프로그램(SGDP: Smart Grid Demonstration Program)에 30억 달러를 투자해 적어도 70억 달러에 가까운 경제효과를 낼 수 있었다. 국제에너지기구(IEA)가 2019년 발행한 리포트에 따르면 스마트 그리드 기술 도입을 통해 전력망 이해관계자들이 비용 절감 등 정량적인 혜택뿐만 아니라 비즈니스모델 개선 등의 정성적인 혜택도 보고 있다고 분석했다. 또한 IEA는 스마트 그리드 기술의 폭넓은 도입과 보급을 위해 정부의 지원이 필요하며 지역 전력망 운용기관과의 협력을 강조했다.

전력망 보안

크리스마스를 며칠 앞둔 2015년 12월, 우크라이나는 때 아닌 정전을 겪게 된다. 3개의 에너지 배전 회사가 운용하는 30개의 변전소 운전이 중단돼 23만 명이 넘는 사람들이 길게는 6시간까지 전기 공급을 받지 못하게 된 것이다. 원인은 전력망 해킹 때문이었다. 러시아 인터넷 프로토콜(IP) 주소를 가진 해커가 우크라이나 전력망을 공격한 것이다. 미국과 유럽 역시 해커들의 침입 시도에서 자유롭지 못했다.

게다가 스마트 그리드와 같은 신기술들은 전력망의 효율과 안정성 증대에 큰 기여를 했지만 통신망을 사용하기 때문에 전력망은 이러한 기술로부터 일어나는 문제에서 자유롭지 않다. 전력망과 스마트 그리드 기술은 발전·송전·배전·전기 사용에 대한 방대한 양의 정보를 다루고 있기 때문에 이러한 정보의 보안을 유지하는 것은 중요하다. 특히 스마트 그리드 기술이 발전함에 따라 개인의 전기 사용 패턴과 같은 정보 역시 파악이 가능하기 때문에 전력망 관련 정보는 단순히 전기 공급의 문제가 아닌 사생활 보호와도 그 맥락을 같이한다. 2000년대에 이미 중국 및 러시아 해커의 전력망 침입 사고를 경험한 미국은 이의 재발을 방지하기 위해 전력 인프라 보호법(Critical Electric Infrastructure Protection Act)을 발의했다. 이를 통해 전력 인프라에 대한 사이버 보안 관련 긴급 명령 권한을 연방에너지 규제위원회(FERC: Federal Energy Regulatory Commission)에 부여하고, 국토안보부(DHS: Department of Homeland Security)에 전력망 보안 사고 조사에 대한 책임을 가지도록 규정했다. 에너지 보안에 대한 지속적인 기준과 관련 규정을 개정하며 지속적으로 전력망 보안 확대에 힘쓰고 있는 것이다.

미국 전력 업계에선 현재 불고 있는 개혁의 바람이 두려움보다 설렘으로 받아들여지고 있다. 1800년대 말에 전력망이 처음 구축되기 시작한 이후로 100년이 넘는 시간 동안 미국 전력 업계는 그저 전력망을 통해 전기를 공급하는 수동적인 역할에 국한됐다면 재생에너지의 도입과 전력망 인프라 중요성의 부각, 그리고 스마트 그리드의 도입을 통해 전력 업계가 탄소 감축의 선봉에 서고 소비자들이 전기 사용의 '프로슈머(Prosumer)'로 재탄생할 수 있게 능동적인 역할로 전환하고 있기 때문이다. 물론 모든 성장의 과정엔 성장통이 있듯 전력 업계의 전환 역시 예외는 아닐 것이다. 따라서 전력 발전,

송전과 배전, 그리고 소비자까지 전력 업계의 모든 이해 관계자가 현재 에너지 업계와 전력 업계가 직면하고 있는 위기와 기회를 잘 이해하고 사회가 선순환할 수 있는 방향으로 정책과 기술을 인도하는 것이 중요하다.

분산형 에너지 자원

재생에너지 발전과 에너지 효율 관련 기술 보급이 보편화되면서 분산형 에너지 자원(DER: Distributed Energy Resources)이란 용어를 에너지 관련 문헌에서 찾아볼 수 있다. 분산형 에너지 자원이란 배전 시스템 내에서 전기를 발전할 수 있는 자원 및 기능을 포함하는 개념으로 분산형 발전(DR: Distributed Generation), 스마트 인버터·분산형 에너지 저장장치·에너지 효율(EE: Energy Efficiency)·수요반응(DR: Demand Response)·전기 자동차가 해당된다. 분산형 에너지 자원은 기존 에너지 시스템과 달라 에너지 발전원과 소비원이 근접해 있다.

분산형 발전은 전기 소비원 근처에서 소규모로 전기를 생산하는 발전원을 의미한다.

스마트 인버터는 태양광발전에서 사용되는 인버터에서 한 단계 진화한 개념으로 분산형 발전으로 발전된 전기를 효율적으로 관리하는 역할을 한다. 기존의 인버터들의 역할은 발전 설비에서 생산된 전기를 전력망에서 사용하는 교류로 바꾸는 데 국한됐고 그 기능 또한 전력망에서 문제가 발생하면 분산형 발전원을 멈추는 데 그쳐 전력망 내의 문제를 증가시키기도 했다. 그러나 스마트 인버터는 전류의 진동 수를 제어하고 계통전압을 안정화시켜 분산형 발전에서 발전된 전기가 전력망으로 배전되는 데 생기는 문제를 감소했다.

에너지 저장장치는 분산형 시스템에서 전기를 저장할 뿐만 아니라 에너지를 방출하는 역할을 하기도 한다. 따라서 에너지 저장장치는 전기의 소비와 발전을 모두 수행하는 것이다. 배터리는 다른 분산형 발전원과 결합돼 설치되며 분산형 에너지 자원에서 다양한 기능을 수행한다. 무엇보다 에너지 저장장치는 전기 공급이 충분해 전기 가격이 낮을 때는 잉여 전기를 저장장치에 저장하고 전기 수요가 공급을 넘어서게 전기 가격이 높을 때 저장장치에 저장된 전기를 방출하도록 설정해 수요반응인 부하관리(Peak Shaving)를 가능하게 한다. 또한 스마트 인버터와 결합하며 전력망의 전압을 안정화하는 데 사용한다.

에너지 효율은 전기 소비를 줄이기 위해 소비자 측에서 사용되는 기술을 의미한다. 에너지 효율은 가정·상업용 시설·산업용 시설에서 쓰이는데, 그 예로는 빌딩에서 조명이나 단열재 혹은 난방이나 냉방 기기 등을 이용해 전기 소비를 관리하고 제어하는 것이다. 에너지 효율의 목적은 전기 수요의 감소에 있는데 이를 통해 전력망의 부하를 막고 추가적인 전기 발전소 건설의 필요성을 줄이는 데 초점을 두고 있다.

수요반응은 특정 조건에서 혹은 인센티브를 통해 전기 사용자들의 전기 사용을 줄이도록 유도하는 것을 의미한다. 수요반응은 전기 수요자 혹은 전기 회사가 직접 제어할 수 있다. 예를 들어 미국 전기 회사에서는 수요반응 프로그램에 참가하는 이들에게 수요반응 제어가 가능한 에어컨 등을 저렴한 가격에 제공함으로써 소비자들의 참여를 독려한다. 전기 회사 주도의 수요반응 프로그램은 프로그램에 따라 여름에 소비자의 에어컨이 특정 온도 이하로 가동되는 것을 방지하도록 조정하거나 특정 시간대에만 가동될 수 있도록

구글의 스마트 홈 기기 '네스트'

자료: 네스트

한다. 수요자가 전기 소비 패턴을 조정하는 수요반응 프로그램도 있다. 구글의 네스트(Nest)와 같은 스마트 홈 기기들이 사용자들의 사용 패턴을 분석해 자동적으로 실내 온도를 조절하며 원격 조정이 가능해 사용자가 외출 시에 앱을 통해 실내 온도를 조정할 수 있도록 한다.

전기차가 분산형 에너지 자원에 포함된다고 하면 의아할 것이다. 전기차는 이미 전기차 충전으로 인해 전력망 부하 형상(Load Shaping)에 영향을 미친다. 예를 들어 전기차를 전기 수요가 적은 밤 시간이나 재생에너지 발전으로 인해 전기 수요가 높은 시간보다 전기 공급이 풍족한 특정 시간에 충전하게 설정해 전력망 부하를 완화할 수 있다. 전기차의 보급과 스마트 충전 인프라의 발전으로 앞으로 전기차가 전력망에 미치는 영향은 더 커질 것으로 전망된다. 특히 미래엔 전기차의 역할이 전력망에서 전기를 소비하는 데 그치지 않고 전기차가 에너지 저장장치의 역할, V2G(Vehicle to Grid)를 겸할 것이다.

전력망에 연계된 분산형 에너지 시스템은 계통연계형 분산형 에너지 시스템이라 부르며 전력망에 연계되지 않거나 전력망과 단절될 수 있는 분산형 에너지 시스템을 마이크로 그리드라고 한다. 마이크로 그리드는 작게는 각 가정 단위의 규모에서 한 지역 전체 정도의 규모로 구성할 수 있으며 분산형 에너지 자원의 일부분이라 볼 수 있다. 마이크로 그리드는 병원, 군 시설, 데이터 센터 등 높은 전기 안정성을 요하는 곳에 주로 도입되고 있으며 아직 마이크로 그리드 시설을 구성하는 설치비가 높다는 단점이 있다. 마이크로 그리드와 계통연계형의 중간점에 있는 시스템을 하이브리드 시스템이라고 한다.

마이크로 그리드(독립형 발전시스템)는 계통연계 설비가 잘 갖춰지지 않은 지역이나 기존 시스템과 고립된 전력 발전을 이루고자 할 때 쓰이는 시스템이다. 태양광 모듈, 배터리 그리고 인버터로 구성돼 있으며 태양광발전을 할 수 없는 심야나 악천후에 배터리에 저장해둔 전기를 사용할 수 있다. 다만 아직 배터리의 기술의 한계로 3~4년 정도의 짧은 수명과 충전 및 방전에 의한 효율 저하 등의 단점이 있다.

하이브리드 분산형 시스템은 다양한 분산형 발전 방식이 결합된 마이크로 그리드와 전력망이 연결된 형태를 말한다. 재생에너지의 경우 특히 환경의 영향을 많이 받아 에너지 생산이 일정치 않아 전기의 안정적인 공급이 어렵다는 단점이 있다. 이를 보완하기 위해 하이브리드 태양광발전 시스템이 사용된다.

계통연결형 시스템은 발전된 직류 전력을 교류전력으로 접속시켜 전기 회사로 전기를 판매하는 것이다. 주로 전력 인프라가 잘 갖추어진 빌딩, 주택 혹은 대규모 발전 지역에서 사용되는 시스템이다.

분산형 에너지 자원의 도입 현황과 장단점

분산형 발전에 사용되는 발전원으로는 태양광과 풍력뿐만 아니라 연료전지·에너지 저장장치·가스터빈·디젤 엔진 등이 있다. 분산형 발전이 근래 들어 더욱 주목을 받게 된 이유는 기존엔 상업 시설이나 가정이 전기의 소비자의 역할에 국한돼 있었는데, 태양광발전 장치와 에너지 저장장치의 보급으로 분산형 발전이 활발해지면서 기존 전기 소비자들이 발전 개체로 전환하고 있기 때문이다. 분산형 발전에서 가장 보편적으로 사용되고 있는 기술은 태양광인데 2019년 미국 태양광협회(SEIA: Solar Energy Industries Association) 자료에 의하면 200만이 넘는 가정과 사업체들이 태양광 패널을 설치했다. 글로벌 에너지 컨설팅 기업 우드맥킨지는 2023년엔 400만이 넘는 미국 가정이 태양광발전 설비를 집에 설치할 것으로 전망했다. 따라서 태양광 패널을 보급하는 회사들은 이에 대한 다양한 상품을 내놓고 있다. 앞에서도 소개되었듯 테슬라는 각 가정에 태양광 패널을 보급하고 설치할 뿐만 아니라 솔라루프(Solar Roof)란 상품을 통해 기존에 태양광 패널을 지붕 위에 설치하는 것 대신 태양광 패널이 내재돼 있는 지붕을 상품으로 내놓아 기존 태양광 설치 방법에서 오는 미관적인 단점을 보완했다.

환경 친화적이고 안정적인 전기 공급을 추구하는 기업들은 앞다투어 분산형 발전 시스템을 설치하고 있다.

월트 디즈니 컴퍼니는 2016년 미키마우스 형상의 태양광발전 시설을 선보였다. 플로리다 올랜도에 위치한 테마파크 디즈니월드 인근에 5MW 규모의 태양광 시설을 설치했다. 2019년엔 기존 태양광발전 시설 인근에 기존 시설의 10배 규모인 50MW 규모의 태양광발

자료: 월트디즈니 컴퍼니

전 시설을 추가했다. 이는 올랜도에 위치한 4개의 테마파크 중 2개의 테마파크에서 사용되는 전기를 공급할 수 있는 양이다. 또한 다른 지역에 있는 테마파크에서도 분산형 발전원을 활용하고자 하는 노력을 보이고 있다. 현재 프랑스에 위치한 디즈니랜드 파리에서는 유럽 최대의 태양광 캐노피 설치가 진행 중인데 이 태양광 캐노피는 2020년에 착공해 2023년에 설치가 완료될 예정으로 디즈니랜드 파리에서 사용하는 전기의 17%를 발전할 수 있을 것으로 예상된다.

미국 유기농 슈퍼마켓 체인으로 유명한 홀푸드(Wholefoods)는 70개 지점의 지붕에 태양광 패널을 설치해 지점 운영에 필요한 전기를 분산형 발전 시설에서 발전된 전기로 조달하고 있다. 2016년 뉴욕 에너지개발연구기구(NYSERDA)가 발행한 홀푸드 브루클린점 케이스 스터디에 따르면 브루클린점은 자체 열병합 발전 시설과 태양광발전 시설 그리고 에너지 효율성이 높은 가전기구 활용을 통해 연간 200만 kWh에 달하는 전기를 절약할 수 있었으며 이는 연 30만 달러에 이르는 것으로 알려졌다.

구글, 페이스북, 아마존 그리고 애플과 같은 거대 테크 기업들도 분산형 에너지 시스템을 이용한 전기 자가 발전과 소비에 참여하고 있다. 특히 테크 기업들에게 심장과도 같은 데이터 센터를 이용한 자가 발전이 활발하게 진행 중이다. 데이터 센터는 24시간 가동하기 때문에 전력을 지속적으로 필요로 한다. 게다가 오랫동안 가동 중인 데이터 센터 시설들의 과열을 막기 위해 냉각장치까지 가동해야 해서 전기 사용량이 상당하다. 이를 뒷받침하듯 국제에너지기구(IEA)는 2020년 발행한 리포트를 통해 데이터 센터는 세계 전력 사용량의 1%를 차지하고 있으며 인터넷 유저의 증가와 클라우드 솔루션의 보급으로 인해 데이터 센터의 규모는 점차 더 늘어날 것으로 예측했다.

데이터 센터 다운타임(Downtime, 고장으로 인한 장비 가동 불가 시간)이 일어날 경우 이로 인한 손해가 크다. 때문에 전기 공급으로 인한 데이터 센터의 정전을 예방하고 안정된 가격에 자체 발전한 전력으로 데이터 센터를 운용하기 위한 목적으로 많은 테크 기업들이 분산형 에너지 시스템을 이용한다. 마이크로소프트의 경우 솔트레이크 시티에 위치한 데이터 센터에 수소로 가동되는 연료전지를 설치했으며 페이스북의 경우엔 데이터 센터에 태양광 패널을 설치해 전기를 발전하고 소비한다.

분산형 발전 시스템의 수는 가정과 기업들의 시스템의 도입으로 앞으로도 지속적으로 증가할 전망이다. 또한 향후 분산형 시스템이 현재 태양광 위주의 발전원에서 에너지 저장장치, 연료전지 등 다양한 형태로 확장할 것으로 전망된다. 분산형 발전을 통해 전기 소비자들은 전력망에서 공급받는 전기 이외에도 분산형 발전을 통한 대체 발전원이 있기 때문에 전기 공급을 안정적으로 받을 수 있으며 기존 전력망에서 전기 가격이 높아지는 피크 시간대에 가격이 안정적인 분산형 발전원에서 사용하는 전기를 이용할 수 있어 전기 가격 절감을 누릴 수 있다.

전기 회사 입장에서도 분산형 발전이 전력의 수요를 분산시키기 때문에 전력 수급을 맞추기 위해 비싼 발전소를 새로 짓지 않고 전력망에 대한 전력 의존도를 조정할 수 있다. 또한 전력 수요가 높을 때 전력망에 분산형 발전원에서 해당 지역에 대한 전기 발전을 맡기 때문에 전력망에 과부하가 걸리는 것을 막을 수 있다는 장점이 있다. 다만 분산형 발전을 결정하고 시스템을 구축하는 과정에서 지역에 따른 규율과 기술적 제한, 전력망과 계통 연계를 하는 경우 전력망 소유 회사와 분산형 발전에 대해 사전에 조율해야 한다는 단점이 있다. 하지만 분산형 발전 시스템 도입될수록 시설 건설에 대한 체계를 잡아갈 것으로 예상된다.

넷제로의 진정한 의미

최근 재생에너지와 넷제로에 대한 관심이 높아지면서 재생에너지가 언제쯤이면 화석연료를 완전히 대체할 것인가란 궁금증이 들 수 있다. 결론부터 이야기하자면, 그럴 일은 있을 수 없다. 넷제로는 탄소 배출을 줄이기 위해 전체 발전 포트폴리오에서 화석연료를 사용하는 발전원을 줄이고 친환경 발전원을 이용한 재생 발전을 늘리는 것으로 해석돼야 한다. 재생에너지가 화석연료를 완전히 대체하는 것이 아니다. 실제로 넷제로를 달성했다는 구글은 회사 운영에 사용하는 전기만큼 재생에너지로 전기를 발전하거나 사들여서 넷(Net)으로 제로(0)를 달성한 것이지 재생에너지로만 회사에 필요한 에너지를 충당한다는 것이 아니다. 각 회사는 여느 전기 회사와 마찬가지로 에너지 수요 포트폴리오가 있는데 이 포트폴리오는 에너지의 안정적인 공급과 ESG와 같은 사회적인 요소들을 바탕으로 화석연료·수력·태양광·풍력 등 다양한 발전원으로 구성돼 있다. 따라서 화석연료 발전만큼이나 안정적으로 장시간 전기를 공급할 수 있는 친환경 전력발전원이 발명되지 않는다면 에너지 수요 포트폴리오에서 화석연료는 지속적으로 일정 비중을 차지할 것이다.

분산형 에너지 자원의 부산물-가상발전소

가상발전소(VPP: Virtual Power Plant)는 가정용 태양광과 같이 분산돼 있는 소규모 에너지 발전, 축전지, 연료전지 등 발전 설비를 정보통신기술(ICT: Information&Communications Technology)과 클라우드 기반의 소프트웨어를 이용해 통합 관리하는 것을 의미한다. 가상발전소를 통해 분산 전력의 발전량 예측과 발전 설비 관리, 전력

거래를 한곳에서 가능하게 함으로써 전력계통을 구성하는 제반 설비 및 운영체계 등이 이상 없이 지속적으로 운용할 수 있다. 가상발전소는 한곳의 발전소에서 전기를 생산하는 전통적인 발전소의 개념과는 다르지만 최종 소비자들에게 전기를 공급한다는 점에서 발전소의 범주에 포함된다. 가상발전소는 발전·송전·배전·소비자로 이루어지는 전력망에서 소비자 측에 위치한다. 각 전기 소비지에 설치되어 있는 계량기를 바탕으로 발전·송전·배전은 FTM(Front-of-The-Meter), 그리고 소비지에서 전력에 관련된 활동들을 BTM(Behind-The-Meter)이라고 한다. 가상발전소는 소비지 전력을 생산하고 거래하기 때문에 BTM 시장의 핵심 비즈니스 모델 중 하나이다. 가상발전소는 발전 방식에 따라 공급형 가상발전소, 수요형 가상발전소, 이 두 가지를 적절히 혼용한 융합형으로 나뉜다.

공급형 가상발전소의 경우 각지에 분산돼 있는 분산형 에너지 자원에서 발전되는 전기를 관리 혹을 통제하며 이렇게 생산된 전기를 전기 시장에 공급하는 것을 의미한다.

공급형 가상발전소는 다양한 분산전원 설비를 정보통신기술을 이용해 하나의 발전소처럼 통합해 운영함으로써 기존의 대규모의 중앙 급전 발전소에서 제공하는 서비스와 동일한 기능을 수행할 수 있다. 그러나 이런 가상발전소의 구현을 위해서는 발전소 운용을 지원하는 기술 도입과 가상발전소 관련한 기술 표준을 제정하는 등의 과제를 해결해야 한다. 가상발전소는 다양한 종류의 분산 에너지 자원을 통합해 운영한다는 점에서 마이크로 그리드와 유사하다. 다

자원 모집 형태에 따른 가상발전소(VPP) 분류

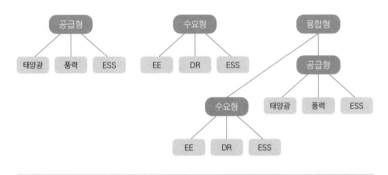

자료: Frost&Sulivan, "European Virtual Power Plant(VPP) Market, Forecast to 2030", 2020.3.

만 가상발전소는 그 목적이 소비자의 전기 소비와 전기 시장 참여에 있는 반면, 마이크로 그리드는 소비자의 전기 소비에 국한돼 있다는 차이점이 있다.

수요형 가상발전소는 평소 에너지 소비 패턴과 비교해 수요반응 등으로 절감된 에너지 소비를 전기 발전량으로 인정하고 인센티브를 제공하는 것을 이야기한다. 수요반응은 정보통신기술과 수요반응 기능이 활성화된 기기들을 통해 소비자들의 전기 소비량을 줄일 수 있다. 이뿐만 아니라 배터리와 같은 예비용 자원을 활용해 전력망의 부하를 감소하고 전력 사용을 감소하는 효과가 있어 추가적인 발전 설비의 건설을 하지 않아도 된다는 장점이 있다. 그러나 수요형 가상발전소를 위해서는 수요지에 수요반응을 지원하는 가전기기가 필요하고 수요반응을 기록할 수 있는 장치가 필요하기 때문에 수요반응에 대한 올바른 이해와 이를 바탕으로 수요형 가상발전소를 지원할 수 있는 제도가 필요하다. 융합형은 공급형 가상발전소와 수요형 가상발전소를 통합한 형태이다.

　수요반응 경매 메커니즘 사업자 중의 하나인 옴커넥트는 자사의 수요반응 플랫폼을 사용해 전력 피크 시간대와 같이 전력 수요가 높아질 때 사용자가 전기 사용량을 줄일 수 있도록 안내하거나 직접 수요반응 제어가 가능한 가전기기와 연동해 자동적으로 가전기기의 전기 사용을 최적화한다. 사용자는 옴커넥트를 통해 절약한 만큼의 전기세를 돌려받는다. 또한 옴커넥트의 플랫폼은 사용자의 전력 사용 기록을 분석해 전력 사용이 많은 요일과 시간을 사용자에게 알려주며, 효율적인 전기 사용을 제안하는 에너지 어드바이저의 역할도 한다.

　캘리포니아의 수요반응 경매 메커니즘 파일럿은 여전히 지속되고 있다. 캘리포니아 공공설비 위원회가 2019년 발간한 수요반응 경매 메커니즘 평가 자료에 의하면 수요반응 경매 메커니즘과 관련한 문제들이 너무 복잡해서 뚜렷한 과정으로 해결할 수 없기 때문에 파일럿 프로그램을 평가할 시간이 추가로 더 필요하다고 밝혔기 때문이다. 캘리포니아는 최근 수년 전부터 늘어나는 전력 수요를 충족하지 못해 정전을 경험하며 전력의 수요와 공급의 균형을 맞추기 위해 노력하고 있다. 수요형 가상형 발전 프로그램인 수요반응 경매 메커니즘은 이 문제에 대한 완화책의 하나가 될 전망이다.

캘리포니아의 수요형 가상발전소 운영 사례

2014년 말, 캘리포니아 공공설비위원회(CPUC: California Public Utilities Commission)는 분산 에너지 자원의 가치를 평가하는 역사적인 실험을 시도하기로 발표한다.

캘리포니아에서 가장 큰 3개 전기 회사인 남가주 에디슨 컴퍼니(SCE: Southern California Edison Company), 샌디에이고 가스 및 전기 회사 (SDGE: San Diego Gas&Electric Company), 퍼시픽 가스 및 전기 회사 (PG&E: Pacific Gas and Electric Company)는 수요반응 경매 메커니즘 (DRAM: Demand Response Auction Mechanism) 파일럿 프로그램을 디자인하고 도입하도록 한 것이다. 이는 수요반응에서 절감되는 전기를 전기 시장에서 거래되는 전기와 같이 거래하고자 하는 목적과 전기 회사들이 의무적으로 장기계약 및 발전용량을 구입해 적정 수준의 예비율을 확보하는 자원적정성(RA: Resource Adequacy)을 지원하기 위해서였다. 수요반응 경매 메커니즘 프로그램은 수요반응 판매 사업자가 입찰 시 전기 회사에 수요반응으로 창출하고자 하는 전기의 양과 가격 및 수요반응을 실행할 수 있는 특정 기간과 시간대에 대한 정보를 제출해야 한다. 이렇게 수요반응 메커니즘 프로그램을 낙찰받은 수요반응 사업자들은 사업자들이 관리하고 있는 수요반응 고객 포트폴리오를 이용해 입찰 시 제시한 전기 요구치를 만족한다. 수요반응에 참여한 소비자들은 수요반응에 참가한 만큼 보상을 받게 된다. 이 프로그램은 가정 고객과 같이 소규모 발전원뿐만 아니라 상업·산업 고객·에너지 저장장치·분산형 발전원·전기자동차 등 다양한 자원의 보유자들이 수요반응 판매 사업자를 통해 전기 공급 시장에 직접 참여를 가능하게 하고 수요형 가상발전소의 기술적, 상업적 가능성을 입증했다는 점에서 큰 의의를 가진다.

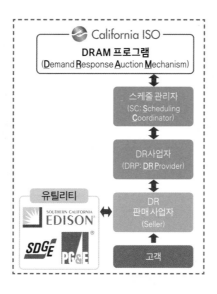

스마트 그리드,
똑똑한 전력망

과거에 한국에선 가스 검침원이 문을 두드리며 계량기에 있는 숫자를 알려달라고 다니면서 각 가정의 가스 사용량을 측정했다. 하지만 이런 장면은 곧 역사의 한 부분이 될 것이다. 스마트 미터의 도입으로 검침원이 하던 일을 스마트 그리드 기술이 대체할 것이기 때문이다.

스마트 그리드란 용어가 아직 생소할 수 있다. 스마트 그리드는 전기 통신 기술을 이용해 전력망 운영자들이 전력망 내의 센서와 제어 시스템, 전력망 내 기기 간 쌍방향 통신을 가능하게 하고 컴퓨팅을 이용해 전력망 모니터링과 제어, 데이터 수집과 분석을 할 수 있게 돕는 전자 기술을 의미한다. 인터넷과 스마트폰이 우리의 삶에 큰 변화를 가져온 것과 같이 스마트 그리드 기술은 전력망의 운영을 제어하고 소비자의 의사 결정에 필요한 정보를 제공해 전력의 공급과 소비 패턴에 변화를 가져오고 있다. 스마트 그리드 시스템을 이루는 요소로는 센서, 정보 관리 시스템, 커뮤니케이션, 컴퓨터, 제어 기술과 필드 기기 등 다중의 전력망의 기능을 조율하는 요소들로 구성돼 있다.

따라서 스마트 그리드 도입을 위해서 가장 먼저 스마트 필드 기기와 센서가 설치돼야 한다. 스마트 필드 기기와 센서는 전력망 모니터링을 가능하게 하며, 전력망 운영자들에게 실시간으로 데이터를 제공해 필요시 전력망 운영자들이 원격으로 기기를 조정하도록 한다. 전력망 운영자들은 수백만 개의 페이저 계량측정기(PMU: Phasor Measurement Units), 스마트 미터, 인공지능 전기기기 등을 송배전선에 설치한다.

다음으로는 통신 네트워크의 확충이 필요하다. 스마트 그리드는 정보기술과 통신기술을 모두 이용하기 때문에 통신기술이 스마트 그리드에서 차지하는 중요성이 크다. 스마트 그리드 통신 네트워크의 구성은 앞에서 살펴본 전력망의 물리적인 구조와 동일하다. 송전망은 WAN(Wide Area Network), 배전망은 NAN(Neighborhood Area Network), 전기 소비자 가정 내 망은 HAN(Home Area Network)이 담당하고 있다. 각 네트워크는 사용처에 따라 조금씩 다른 통신기술을 이용하나 셀룰러, 광대역, 무선인터넷, 지그비(ZigBee)와 같은 수단을 이용해 전력망 내에 설치된 기기와 전력망 운영자들을 연결한다.

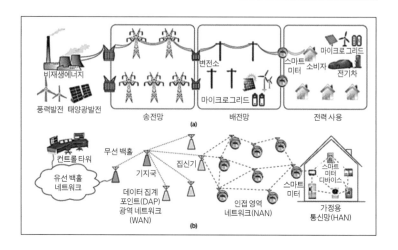

자료: Journal of Computer and Communication

스마트 그리드 기기들이 송신하는 데이터를 수신하고 처리할 수 있는 시스템도 필수다. 스마트 그리드 기기로 수집된 데이터들은 전력망 운영자의 시스템에서 저장되고 처리된다.

⋮ 스마트 그리드 기술 ⋮

스마트 그리드는 전력망 내에 설치된 기기들을 통해 전력망을 운용한다는 점에서 사물인터넷(IoT)과 전력망이 만나 이룬 결과이다. 스마트 그리드 기술로 인해 100년 넘게 단방향 전력 운용으로 지체

전력망 모니터링과 제어의 최적화
- 광대역 모니터링과 제어
- 페이저 계량측정기(PMU: Phasor Measurement Units)
- 배전자동화(DA: Distribution Automation)
- 예측 알고리즘

전력망 효율성의 확장
- 초전도체
- 초고압직류송전(HVDC: High-Voltage, Direct Current)
- 유연 송전 시스템(FACTS: Flexible AC Transmission System), 가변 커패시터(VVC: Vacuum Variable Capacitor), 정지형 무효 전력 보상 장치(SVC: Static Var Compensator)
- 보존전압 감소(CVR: Conservation Voltage Reduction)
- DLR(Dynamic Line Rating)
- 고장 전류 제한기(FLR: Fault Current Limiter)

소비자들의 참여 허용
- V2G(Vehicle to Grid)
- 넷미터링
- 스마트 미터
- 스마트 기기
- 슈퍼 그리드
- 수요반응

| 유틸리티 규모 발전 | 유틸리티 규모 에너지 저장 | 송전 & 배전 | 주거용 태양광 | 에너지 저장 | 마이크로 그리드 |

자료: Energy Transition Institute

돼 있던 전력 관련 기술들의 변화 속도가 가속화되고 있다. 특히 스마트 그리드는 전력망에 대한 모니터링, 제어, 송배전에 관련된 사업자들의 데이터 수집과 공유를 용이하게 함으로써 에너지 산업에 안정성, 가용성, 효율성을 더한다. 스마트 그리드는 다양한 이점을 이해하기 위해서는 스마트 그리드의 기술을 이해하는 것이 중요하다. 글로벌 컨설팅 업체 AT 커니의 에너지 트랜지션 인스티튜트(Energy Transition Institute)에 따르면 전력망의 생태계에 따라 주요 스마트 그리드 기술은 세 가지 범주로 나뉘어 설명할 수 있다.

첫 번째는 전력망 모니터링과 제어의 최적화이다. 기존의 단방향 운용되던 전력망에서는 전기가 전력망의 상태에 대한 고려 없이 송전되고 배전됐다. 따라서 전력 발전과 전력 소비의 불균형이 일어나면 전력망이 불안정하게 될 수밖에 없었으며 전력망 상태에 대한 데이터의 부재로 최적화된 경로로 전기를 송전하기가 어려웠다. 스마트 그리드 기술의 등장으로 전력망의 상태나 전기 수요에 대한 데이터를 실시간으로 수집하고 스마트 그리드 이후의 전력망 운영자들은 다양한 데이터와 이에 대한 분석을 바탕으로 더 안정적으로 전력을 공급할 수 있게 됐다. 전력망 모니터링과 제어에 관련된 기술 중에서는 대표적으로 페이저 계량측정기가 있는데 PMU를 이용해 운영자는 전압, 주파수, 진폭 등의 수치를 실시간으로 모니터링 가능하며 이렇게 수집된 데이터를 바탕으로 전력망의 상태를 진단할 수 있다. 배전자동화(DA: Distribution Automation)는 전력망의 자가 치료(Self-Healing) 시대를 열었다. 전력망의 자가 치료란 전력망의 상태에 따라 자동적으로 전력망에 미치는 영향을 최소화하며 전기 송배전의 경로를 바꾸는 것을 의미한다. 스마트 그리드 관련 송·배전 시스템과 전력망에 설치된 기기들을 통해 전력망 상태의 실시간 가시화가 가능하게 됐고 원격으로 전력망에 대한 제어를 할 수 있어서 전력망에 문제가 생기면 시스템은 자동적으로 기존 지정된 경로가 아닌 다른 대체 경로로 전기의 송배전이 가능하게 했다. 예전엔 전기 송배전 중 전력망에 문제가 생기면 정전의 원인이 되고 전력망 운영자가 수동으로 전기 송배전 경로를 지정하던 것을 생각하면 '스마트'한 '그리드(전력망)'의 진가를 알 수 있다. 페이저 계량 측정기와 배전자동화 이외에도 전력망에 설치된 스마트 그리드 모니터링 기기들을 통해 수집된 데이터를 바탕으로 전기 수요에 대한 예측과 송배전망 내 기기들의 고장을 예상해 기기들이 고장 나기 전에 적절한 조치를 취할 수 있다.

ENERGY FOCUS

전력망의 자동화와 안정성

미국 에너지국이 2018년 발간한 스마트 그리드 시스템 보고서에 따르면 전력망의 자동화가 전력망 안정성을 획기적으로 개선했다고 한다. FLISR(Fault Location, Isolation, Restore) 시스템은 장치가 고장 났을 때 해당 부분을 전

FLISR 기술의 효과

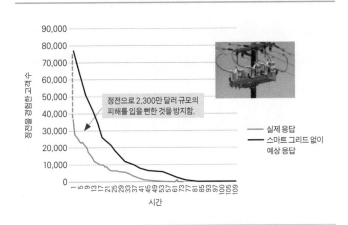

자료: 차타누가 전기전력위원회

력망에서 격리하고 기존 송배전되던 전기는 대체 경로로 공급하게 하며, 고장 난 부분에 대해서는 복원하도록 하는 것이다. 이를 도입한 전기 회사의 경우 2011년부터 2015년 사이에 FLISR 기술로 인해 기존에 비해 정전을 겪는 고객의 수가 약 55% 줄었고, 설사 정전을 겪었다고 해도 기존에 비해 53%의 시간 단축을 경험했다고 보고했다. 또한 FLISR을 도입한 18개의 전기 회사들은 현장 출동이 총 19만 7,000회가 줄었다. 340만 마일의 운전량을 절감한 셈이다.

차타누가 전기전력위원회(Electric Power Board of Chattanooga)는 스마트 그리드 기술 도입 후 기존에 비해 정전을 경험한 고객 수가 감소하고 시스템 복원에 걸리는 시간이 감축됐다고 보고했다. 특히 2012년엔 차타누가 전기전력위원회 서비스 지역에 여름 폭풍이 찾아와 정전이 일어났는데 배전 시스템에서 고장이 난 부분을 빠르게 감지하고 정전 피해를 입는 고객의 수를 최소화할 수 있었다. 차타누가 전기전력위원회에 따르면 이 단 한 번의 사례로 2,300만 달러에 달하는 피해를 피할 수 있었으며 전력 역시 예상보다 17시간 빠르게 복구할 수 있었다.

두 번째는 전력망의 효율성의 확장이다. 이는 스마트 그리드 기기의 모니터링과 원격 제어기능을 이용해 전기 송배전의 안정성과 효율성을 도모하는 것을 의미한다. CVR(Conservation Voltage Reduction)은 전력 배전 중 소비 전력의 양을 줄이고자 하는 것으로 계통의 전압을 감소시켜 에너지 소비를 감소시킨다. 이는 전력(kW)이 전압(v)의 제곱에 비례하는 것을 이용해 전압 허용 범위 내에서 전압을 낮춰서 소비 전력 감소를 돕는다.

DLR(Dynamic Line Rating)은 실시간으로 송전선의 상태 혹은 전선의 송전 능력을 예상할 수 있는 것을 말한다. DLR은 전선의 온도와 날씨 정보를 실시간으로 모니터링함으로써 전력망이 최적의 부하 상태를 유지할 수 있게 한다. 세계 재생에너지기구(IRENA)가 2020년 발행한 DLR 레포트에 의하면 벨기에에 위치한 송전 시스템 운영사 엘리아(Elia)는 DLR을 도입하며 송전망에 흐르는 전류가 30% 증가했으며 프랑스의 송전시스템 운영사인 RTE 역시 비슷한 결과를 얻었다고 발표했다. 스마트 그리드 기술의 도입은 초고압직류송전(HVDC)을 가능하게 했다. HVDC는 기존의 교류를 사용하는 그리드와 대조적으로 직류를 대량으로 송전하는 시스템으로 전기가 고전압으로 송전되기 때문에 전력망에서 손실되는 전기가 적다. 전기를 멀리 보낼 수 없어 기존엔 발전소에서 장거리 떨어진 전기 소비지로 전기를 보내기엔 적합하지 않아 채택되지 않은 시스템이지만 최근 분산 에너지 발전원의 증가로 다시 고려되고 있는 기술이다. 스마트 그리드 기술로 인해 전력망 모니터링이 가능하게 돼 HVDC의 도입에 더욱 박차를 가할 수 있을 것으로 예상된다.

셋째, 스마트 그리드 기술은 전기 소비지에서 전력망 운영자, 전기 회사, 전기 소비자들 간의 정보 교환을 가능하게 했다. 전력망 운영자와 전기 회사는 전력망과 연계된 스마트 미터를 통해 소비자들의 전기 소비량을 실시간으로 모니터링해 소비자들에 대한 과금은 물론이고 전기 수요에 대한 더 정밀한 예측이 가능하다. 이미 미국과 유럽에서는 스마트 미터를 도입한 많은 전기 회사들이 소비자들에게 실시간으로 전기 사용량 정보를 제공하고 있으며, 이와 더불어 해당 월 전기 사용료에 대한 정보도 함께 제공하고 있다. 2020년

시카고에 위치한 전기 회사 컴애드(ComEd)는 스마트 미터의 도입으로 한 지역에서 일어난 정전이 다른 지역으로 전파되는 것을 예방했으며 정전 복원에 연관된 비용을 절약해 전기세를 인하했다. 스마트 그리드는 전력망 운영자와 전기 회사가 효과적으로 전기 소비지에서 전력망과 관련 기기를 운용할 수 있도록 돕는다. 스마트 미터를 이용해 원격으로 계량기 검침을 실시할 수 있고 계량기 전원을 켜고 끌 수 있어서 이에 대한 부대 비용과 인건비를 아낄 수 있다. 또한 스마트 미터의 상태를 실시간으로 모니터링할 수 있기 때문에 계량기 조작 시도나 정전에 대한 빠른 대처를 원격으로 가능하게 한다. 스마트 미터는 전기 회사들이 미터 검침이나 보수 점검을 이유로 필드에 나가는 횟수를 줄여주기 때문에 탄소 감소에도 기여를 한다. 각 가정에서 스마트 그리드 기술은 전기 소비자들이 전기 회사로부터 전기 소비에 대한 정보를 받아 볼 수 있게 하며 이 정보를 바탕으로 전기 가격에 실시간으로 반응할 수 있도록 함으로써 전기 소비자들이 적극적으로 소비와 공급에 관여하는 프로슈머로 전환하는 계기를 마련했다.

전기 컨슈머에서
프로슈머로

스마트 그리드는 전기 배전에 새로운 패러다임을 가져오고 있다. 스마트 그리드 기기와 스마트 그리드 기술로 소비자들에게 제공되는 정보는 전기 소비에 '수동적'이었던 기존 소비자들을 '적극적'인 참여자, 즉 프로슈머로 바꾸었다. 또한 스마트 그리드 기술과 더불어 분산형 에너지 자원은 전기 소비자를 전기 생산자로 변신시켰다.

그렇다면 스마트 그리드가 어떻게 기존의 전기 소비 패턴을 바꿀 수 있었을까? 첫 번째 이유로는 스마트 그리드의 도입의 일환으로 보급된 스마트 미터와 홈 에너지관리 시스템(HEMS: Home Energy Management System)이다. 스마트 미터는 전기 사용량을 계량하고 계량 정보를 전기 회사에 전송할 뿐만 아니라 원격으로 계량기 조작 및 상태 점검을 가능하게 한다. 스마트 미터의 도입은 소비자들에게 제공되는 요금제의 폭도 넓혔다. 시간대 사용(TOU: Time of Use) 요금제는 전기 수요가 적은 오프피크 시간(주로 늦은 밤이나 새벽)엔 전기 요금이 평소보다 저렴해지고 전기 수요가 많아지는 피크 시간(주로 해가 져서 태양광발전량이 줄어드는 오후/저녁 시간)엔 평소보다 높은 가격에 전기를 공급하는 요금제이다. 상업용에서는 이전부터 제공되는 요금제였으나 가정에서는 고정 요금제 혹은 사용량에 따른 누진적 요금제만이 제공됐고, 설사 요금제가 제공된다 해도 TOU 전용 미터를 사용해야 하는 불편함이 있었다. 그러나 스마트 미터의 도입으로 전기 사용 정보를 전기 회사와 소비자가 실시간으로 조회 가능하게 되자 스마트 미터를 도입한 전기 회사들은 TOU 요금제를 소비자들에게 제공하기 시작했다. 이외에도 스마트 미터의 전원을 원격으로 조정 가능한 것을 이용해 전기 선불 요금제, 피크 시간대에 전기 사용 감소를 유도하는 최대피크 요금제(CPP: Critical Peak Pricing) 등 기존엔 미터기를 교체해야 하는 번거로운 절차가 사라져 일반 가정에도 이러한 서비스를 제공할 수 있게 됐다.

홈 에너지 관리 시스템은 가정 내 구축된 HAN 네트워크를 이용하고 스마트 미터의 계량 정보와 전기 회사에서 보내는 신호를 이용해 가정 기기를 자동으로 제어하고 전기 소비자들이 전기 소비 정보를 실시간으로 조회할 수 있도록 돕는다. 이 시스템은 세대 내 IHD(In Home Device) 기기를 통해 전기 사용량, 현재 전기 가격, 당월 전기 요금 등을 소비자에게 전달함으로써 소비자들이 전기 소비 패턴을 스스로 자각하고 나아가 전기 소비 감소하거나 피크 시간대

전기 사용을 피할 수 있도록 한다. 또한 전기 회사에서 수요반응을 할 경우 전기 회사의 메시지를 가정에 전달하기도 한다. 이와 같이 소비자 행동에 의거한 전기 소비 감소는 여러 파일럿 프로그램에 의해 입증됐다.

미국 중부에 위치한 전기 회사인 퍼스트에너지(First Energy)가 미국 에너지부(DOE)에 제출한 전기 소비자 행동 프로그램 파일럿 보고서에 의하면 퍼스트에너지는 프로그램 참여자들에게 1) 전기 회사가 필요시 원격으로 조정하는 온도 조절계, 2) 소비자 본인이 조정 가능한 온도 조절계, 3) 세대 내 IHD 기기를 제공하고 3년 동안 프로그램 참여자들의 전기 소비 실태를 추적했다. 그 결과 세대 내 IHD 기기로 실험에 참여한 사람들의 전기 소비가 가장 낮았으며 전기 소비 변동성 역시 다른 그룹에 비해 크지 않은 것으로 나타났다. 또한 모든 참여자들이 피크 시간대에 전기 사용을 자제하는 경향을 보였다.

두 번째 이유로는 가정 내 스마트 기기 때문이다. 가정 내 스마트 기기는 미리 설정하거나 원격으로 조정할 수 있어 전기 수요가 많은 피크 시간대에 전기 사용을 지양하도록 돕는다. 예를 들어 최근 출시된 LG 냉장고 중 스마트 그리드 기능을 탑재한 제품은 가정 내 무선인터넷을 통해 전력 회사에서 전력망 부하가 일어날 때 신호를 받아 냉장고의 전력 사용을 최소화하는 기능이 있다. 설정을 통해 하루 중 전깃값이 비싼 시간엔 충전을 하지 않도록 할 수 있는 전기차 충전기도 있다. 미국의 전기 회사들은 스마트 기기를 이용해 수요반응에 참여할 경우 인센티브를 주는 캠페인을 벌이고 있다. 뉴욕

시의 전기 회사인 콘에디슨(Con Edison)은 한여름에 날씨가 너무 더워 전력 소비가 증가해 전력의 수요가 공급보다 많아 정전이 우려되는 경우 여름철 전력 소모의 근본 원인인 스마트 에어컨을 이용해 전력망의 부하를 감소시킨다. 콘에디슨은 수요반응 캠페인에 가입한 소비자가 미리 등록한 에어컨의 가동을 원격으로 조정해 전원을 끄거나 실내 설정 온도를 높여 전력 소비율을 줄인다. 이 캠페인에 참여한 소비자들에게 최대 연 140달러의 인센티브를 제공한다.

마지막으로는 분산형 발전원 때문이다. 가정용 태양광 패널 설치가 증가하면서 기존 전기 소비자들은 전기의 발전과 소비를 동시에 하는 진정한 프로슈머로 거듭나게 됐다. 가정용 태양광 패널의 설치는 소비자들이 전기 발전과 더불어 전기 소비에 대해 더 관심을 가질 수 있도록 했다. 태양광 패널에서 전기를 발전한 후 1차적으로 가정에서 생산된 전기를 소비하고 남은 전기는 전력망을 통해 판매할 수 있기 때문이다. 태양광발전과도 연관된 넷미터링이 여기에 적용되는 개념이다. 넷미터링은 분산형 발전원을 통해 전기를 생산하는 개체들이 전력망에 연결돼 잉여 전력을 전력망으로 흘려보내는 것을 말한다. 전기가 발전이 되면 발전된 전기는 1차적으로 발전된 가정에서 사용되게 되고 만약 그 가정에서 소비된 전기가 발전된 전기보다 적을 경우 남는 전기는 전력망으로 보내지고 사전에 전기를 발전하는 가정과 계약을 맺은 전기 회사는 전력망으로 보내진 전기의 가격을 지불한다.

자택에 분산형 발전원을 설치할 수 없는 경우 커뮤니티 솔라

(Community Solar) 프로그램을 통해 분산형 발전원을 통한 발전에 참여할 수 있다. 커뮤니티 솔라 프로그램은, 태양광 사업 개발자가 사업을 기획, 개발하고 전기 소비자들은 이 사업에 직간접적으로 투자해 판매수익을 공유받거나 발전 용량을 구매하는 형식으로 구성돼 있다. 미국 태양광협회(SEIA) 자료에 의하면 2021년 기준으로 41개 주에서 3.4GW 상당의 커뮤니티 솔라가 운영 중이라고 밝혔다. 미국 에너지부(DOE)는 2021년 말에 발표한 자료를 통해 2025년까지 커뮤니티 솔라를 이용해 500만 가정에 전기를 공급할 것이란 목표를 발표했다.

전기가 세상에 소개된 후 100년이 조금 넘는 시간 동안 전력망은 전기 발전원에서 전기 소비지로 전기를 송전하고 배전하는 데 그 역할이 국한됐다. 그러나 재생에너지 발전원의 증가와 정보통신 기술과의 결합으로 이제 전력망은 새로운 변화의 시기를 맞이하고 있다. 최근 탄소 감소와 넷제로 달성에 대한 방안을 모색하며 많은 나라들이 재생에너지 발전과 전력망의 현대화 그리고 스마트 그리드에 투자를 하겠다고 밝혔다. 스마트 그리드 기술로 전력망 운영자와 전기 회사들이 전기 소비자들에게 제공하는 서비스의 폭이 넓어지고 있는데 이러한 추세가 계속된다면 미래엔 진보한 스마트 그리드 기술을 이용해 전기 공급의 구조는 현재의 발전에서 송전, 배전으로 이루어지는 수직 통합된 전기 공급 구조에서 벗어나 개인과 개인 간의 전기 거래가 가능해지는 수평 통합된 전기 공급 구조로 전환할 것으로 기대된다.

NET ZERO

⚡

ENERGY WAR

10장

에너지 신기술 혁신을
이끄는 기업들

에너지 대전환에 대한 관심이 높아지면서
에너지 대전환 관련 투자도 지속적으로 증가하고 있다.

———

블룸버그에 따르면 2021년에만 재생에너지, 전기차, 수소,
탄소 포집(CCS) 등의 기술을 현장에 도입하는 데 전 세계에
7억 5,000만 달러가 투자됐다고 한다. 17년 전인 2004년
에 3,200만 달러가 투자된 것에 비해 23배가 증가한 금액
이고 전년인 2020년에 비하면 총 금액이 27% 늘었다.

에너지 신기술
투자 동향

　가장 많은 투자를 받은 분야는 재생에너지 산업으로 전체 투자 금액 중 48%인 3억 6,000만 달러가 투자됐으며, 그다음으로는 전체 투자 금액의 36%를 차지한 전기 운송 산업으로 2억 7,000만 달러가 투자됐다. 전기 운송 산업에 투자된 금액은 전년에 비해 77%의 성장을 기록해 이 추세가 계속된다면 곧 에너지 전환 투자에서 재생에너지가 차지하는 투자 규모를 넘어설 것으로 예상된다. 그다음으로는 열 펌프 기술에 많은 투자금이 모였다. 열 펌프는 탄소를 발생하는 석유와 가스를 이용하는 보일러를 대체하는 난방 시스템으로 2021년 5,300만 달러 규모의 투자가 이뤄졌다. 원자력에너지 역시 3,100만 달러가 투자돼 탄소 감축의 수단으로 지속적으로 받는 관심을 반증했다. 전문가들은 2050년 넷제로를 이루기 위해서는 탄소 감축을 위한 기술 도입에 대한 투자 규모가 향후 3~4년 내인 2025년까지는 시나리오에 따라 약 2배에서 3배, 2025년부터 2030년까지 약 5배에서 7배 증가해야 할 것으로 전망한다.

2021년 에너지 대전환 관련 투자는 9억 2,000만 달러로 추산된다. 탄소 감축 인프라를 위한 투자인 7억 5,500만 달러 이외에 1억 6,500만 달러 규모의 투자가 인프라를 제조하거나 지원하는 기후기술 관련 회사들에게 이뤄졌다. 기후기술은 에너지, 수송, 빌딩과 인프라, 산업과 농업 분야 등 기후 변화를 최소화하기 위해 탄소 배출 감소 또는 지속가능한 발전을 가능하게 하는 기술인데 탈탄소화와

에너지원별 국제 투자 동향

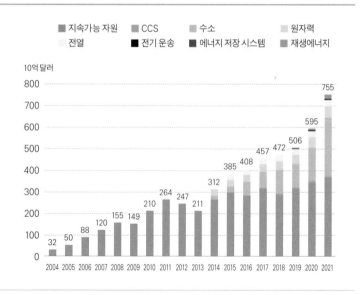

자료: 블룸버그

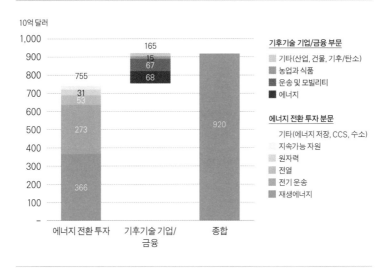

10억 달러

자료: 블룸버그

더불어 기후기술 분야에 대한 관심과 투자가 점차 증가하고 있다. 글로벌 컨설팅 회사 PWC가 2021년 발간한 기후기술 보고서에 따르면 2020년 하반기부터 2021년 상반기까지 글로벌 기후기술 투자액은 전년 동기 대비 210% 성장했으며 2021년 상반기 기후기술 투자액은 전체 벤처 캐피탈(VC: Venture Capital) 투자액의 14%를 차지하는 것으로 확인됐다. 해당 보고서에 따르면 2013년부터 2021년 상반기까지 기후기술 기업에 대한 딜의 흐름은 코로나19의 영향을 받은 2020년을 제외하고 우상향 동향을 보이고 있다.

기후기술 기업에 대한 투자가 늘어난 것은 세 가지 이유가 있다. 첫 번째로는 이 분야에 대한 투자자의 증가이다. 미국의 대형 로

펌인 필스버리(Pilsbury)가 2022년 발간한 기후기술 보고서(Climate Tech, Investment Trends, Market Analysis & Authoritative Commentary)에 따르면 전통적으로 기후기술에 투자해왔던 VC나 사모펀드(PE: Private Equity) 이외에도 헤지펀드나 국부펀드 등 비전통적인 투자자들이 기후기술 투자에 참여하는 등 기후기술의 투자자 베이스가 다양화 돼가고 있다. 두 번째로는 기후기술 기업의 증가이다. 유럽을 기반으로 얼리스테이지(초기 단계) 스타트업에 투자하는 VC인 스피드인베스트(Speedinvest)에 따르면 2021년에만 지속가능성 중심의 스타트업으로부터 받은 기업 소개 프레젠테이션만 전년도에 비해 34% 늘어났다. 또한 글로벌 컨설팅 업체 PWC의 보고서에 의하면 100만 달러 이상 투자를 받는 얼리스테이지 스타트업의 수는 매해 증가세를 보이고 있다. 세 번째로는 기후기술 기업에 평균적으로 투자하는 규모가 증가했기 때문이다. 실제로 기후기술에 대한 평균 투자 규모는 2020년 상반기에 거래당 1,500만 달러에서 2021년 3,100만 달러로 두 배 가까이 성장했다. 투자자들의 기후기술 기업에 대한 투자 규모의 증가는 기업들과 기술이 성공할 수 있을 것이란 자신감의 상승 때문이라고 해석할 수 있다.

기후기술 투자에 대한 지역적 트렌드를 살펴보면 세계적으로 혁신에 앞장서는 도시들에서 기후기술에 대한 적극적인 투자가 이루어지는 것을 볼 수 있다. 2020년 하반기, 2021년 상반기 기준으로 65%의 기후기술 관련 투자가 미국에서 이뤄졌고, 21%는 유럽, 10%는 중국에서 진행됐다. 도시 순으로 살펴보면 샌프란시스코, 런

기후기술 투자 동향

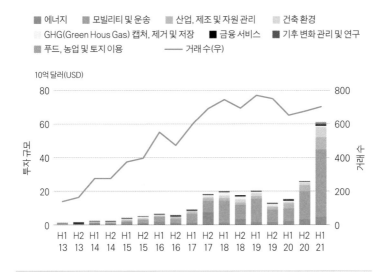

■ 에너지　■ 모빌리티 및 운송　■ 산업, 제조 및 자원 관리　■ 건축 환경
　GHG(Green Hous Gas) 캡처, 제거 및 저장　■ 금융 서비스　■ 기후 변화 관리 및 연구
■ 푸드, 농업 및 토지 이용　—— 거래 수(우)

자료: PWC 기후기술 보고서 2021

기후기술 기업 상위 투자 도시

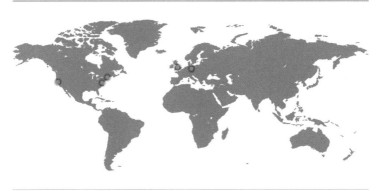

자료: PWC 기후기술 보고서 2021

던, 베를린, 뉴욕, 보스턴 순으로 해당 기간 중 가장 많은 투자 활동이 있었다.

미국에서 캘리포니아와 뉴욕주는 기후 변화와 탄소 감축에 적극적으로 참여하는 주들이며 벤처 투자와 스타트업 활동이 활발하게 일어나는 곳이기에 샌프란시스코와 뉴욕이 기후기술 투자 딜에서 상위를 차지했다는 것이 놀랍지 않다. 샌프란시스코가 위치한 캘리포니아는 이미 2006년에 어셈블리빌(AB: Assembly Bill, 캘리포니아주 법안)를 통해 2020년까지 온실가스 배출을 1990년 수준으로 감소하겠다는 목표를 세웠으며 AB32(캘리포니아주 법안 32호)는 2016년에 운송 산업, 화석연료 관련 업계, 전기 발전, 기타 산업들을 통해 2030년까지는 1990년 수준의 40% 이하로 줄이자는 SB32(senate Bill 32, 상원 법안 32호)로 대체된다. 뉴욕주 역시 2015년 앤드류 쿠오모(Andrew M Cuomo) 주지사가 주창한 포괄적인 에너지 정책인 REV(Reforming the Energy Vision)를 발표했다. 2030년까지 온실가스 배출을 1990년 수준의 40% 이하로 줄이고 2050까지는 1990년 수준의 80%로 줄이겠다는 내용이다. 이를 달성하기 위해 전기 발전의 50%를 청정 발전원으로 대체하고 빌딩에서 에너지 소비를 2012년 수준에서 23% 감소시켜야 한다. 뉴욕주가 발표한 온실가스 배출 보고서에 의하면 2021년 기준으로 뉴욕주는 이미 1990년 미만 수준으로 온실가스 배출량을 감소했다.

기후기술 투자 분야를 살펴보면 투자자들은 에너지와 전기 운송 산업에 집중적인 투자를 했다. 2021년 기후기술 기업들에 투자된

1억 6,500만 달러 규모의 펀드 중 81%가 에너지와 전기 운송 산업과 관련된 기후기술 회사에 투자됐는데 비중 자체로 보면 상당해 보이지만 에너지와 운송 산업이 전체 온실가스 배출량에 차지하는 비율을 고려하면 이에 상응하는 비중이다. 세계자원연구소의 기후 감시(Climate Watch) 플랫폼에 따르면 2018년 기준으로 에너지와 운송 수단이 배출하는 탄소의 양이 전 세계 탄소 배출양의 75% 이상을 차지했다.

미국 실리콘밸리에서 시작해 스타트업들과 함께 일하고 있는 실리콘 뱅크(SVB: Silicon Valley Bank)가 2021년 발행한 기후기술의 미래 보고서에 따르면 미국 내의 기후기술 중 중요 기술인 태양광과 풍력, 에너지 저장장치의 일부 분야는 이미 기술이 안정기에 도달했고 안정기를 이룬 기술들은 상업화에 있어서 효율성 증가와 가격 절감을 통해 혁신을 이루고 있다.

기후기술 혁신 기대주기는 각 기술이 어느 기후기술 단계에 있으며 향후 몇 년 내에 안정기를 이룰지 보여준다. 전문가들은 태양광, 풍력, 전기차와 배터리 산업이 현재 안정기에 들어서거나 안정기에 가까운 상황이라고 분석했다. 향후 2~5년 이내엔 스마트 미터·연료전지·스마트 그리드·VPP(가상발전소) 관련 기술이, 5~10년 이내엔 그린수소·탄소 포집 등의 기술이 점차 기술의 안정기로 들어설 것이라 업계에서 예상하고 있다. 이러한 동향은 투자자들의 기후기술에 대한 심리와도 일치한다.

재생에너지 리서치 및 컨설팅 회사인 클린테크 그룹(Cleantech

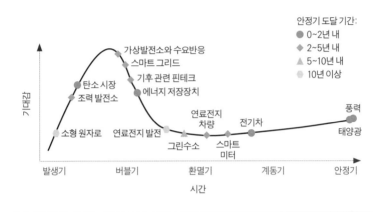

안정기 도달 기간:
● 0~2년 내
◆ 2~5년 내
▲ 5~10년 내
◐ 10년 이상

기대감

가상발전소와 수요반응
스마트 그리드
기후 관련 핀테크
에너지 저장장치
탄소 시장
조력 발전소
연료전지
차량
전기차
풍력
태양광
소형 원자로
연료전지 발전
그린수소
스마트
미터

발생기   버블기   환멸기   계동기   안정기

시간

자료: 실리콘밸리 기후기술의 미래 보고서, 2021

Group)은 향후 5년에서 10년 사이에 어떤 회사, 그리고 어떤 비즈니스의 회사들이 상용화할 수 있을지에 초점을 맞춰 2009년부터 세계 각국 기후기술 기업들을 평가해 매년 100개 기업을 선정해 글로벌 클린테크 100 리스트를 발표하고 있다. 이 리스트는 86명의 투자자와 다국적 기업의 대표들로 구성된 전문가 패널의 추천과 산업 전문가 분석을 통해 선정된다. 2022년에 선정된 회사들을 살펴보면 기후기술 투자 경향에 맞추어 운송 산업과 에너지 관련(에너지 효율·스마트 그리드·에너지 저장 시스템·수소·연료전지·태양광 등), 탄소 포집(선진재료) 회사들이 다수 선정됐다.

지난 10년간 클린테크 리스트에 선정된 기업들의 경향을 살펴보면 매해 투자자들이 관심을 갖는 기술의 변화를 관찰할 수 있다. 예를 들어 연료전지와 수소 관련 기업은 2012년엔 오직 3개가 선정

2022 클린테크 100 리스트

산업	수	선정된 회사들
운송 산업	12	AMPLY(미국), ATHER(인도), New Energy Logistical Vehicles Digital Platform(중국), Effenco(캐나다), EVConnect(미국), Highland(미국), Matternet(미국), OnTruck(스페인), Oxbotica(영국), SEEGRID(미국), VIRTA(핀란드), Wirelane(독일)
농업 & 식량	11	FUTURE MEAR(이스라엘), Green Monday(홍콩), Gro Intelligence(미국), Mosa Meat(네덜란드), Fynd(미국), Pivot Bio(미국), ProLupin(독일) Too Good To Go (덴마크), Trace Genomics(미국), Tropic Biosciences(영국)
선진 재료	10	Boston Materials(미국), Boston Metal(미국), CarbiCrete(캐나다) Carbon Cur(캐나다), Chckerspot(미국), Lactips(프랑스), Modern Meadow(미국), Moleaer(미국), Solidia (미국), Syzygy Plasmonics(미국)
대기	9	Airquality(중국), BreezoMeter(이스라엘), Carbon Clean(영국), Carbon Engineering(캐나다), Climeworks(스위스), GHGSAT(캐나다), Persefoni(미국), Svante(캐나다), Watershed(미국)
에너지 효율	9	75F(미국), Arcadia(미국), BlocPower(미국), Mainspring(미국), Metron(프랑스), Redaptive(미국), Tado(독일), Tibber(노르웨이), Turntide(미국)
기타 기후기술	9	Circulor(영국), Deepsea(그리스), H2 Green Steel(스웨덴), Level 10 Energy(미국), Pachama(미국), Remora(미국), Sinai(미국), Urbint(미국), Xpansiv(미국)
스마트 그리드	9	Depsys(스위스), Fsight(이스라엘), GridWiz(한국), Innowatts(미국), Leap(미국), OhmConnect(미국), OpusOne(캐나다), Piclo(영국), Span(미국)
에너지 저장 시스템	8	EZinc(캐나다), Electrochaea(독일), For, Energy(미국), Li Lac Solutions(미국), Natron Energy(미국), Relectrify(호주), Skeleton Technologies(독일), Twaice(독일)
수소와 연료전지	7	Bay Tech(미국), CZero(미국), Ekona(캐나다), Ionomr Innovations(캐나다), Monolith (캐나다), Sunfire(독일), ZeroAvia(미국)
태양광 & 수력	5	Aurora(미국), Enpal(독일), Omnidian(미국), Oxford PV(영국), Natel Energy(미국)
원자력	3	Commonwealth Fusion System(미국), General Fusuion(캐나다), Nuscale(미국)
연료 (바이오,연료, 지열)	4	Bluepha(중국), EnginZyme(스웨덴), MineSense(캐나다), Fervo Energy(미국)
재활용 & 폐수 처리	4	AMP Robotics(미국), Ascend Elements(미국), Inopsys(벨기에), Pani(캐나다)

됐지만 2022년엔 7개의 기업이 선정돼 200% 이상 증가했다. 또한 2012년에 선정된 회사 중 연료전지와 관련된 곳은 대부분 유럽 회사들이었지만 2022년엔 연료전지와 관련된 7개 회사 중 6개의 회사가 북미에 기반을 둔 회사란 점에서 관련 기술의 무게의 추가 유럽에서 북미로 전환되는 추세를 볼 수 있다.

가트너의 기대주기 사이클

기대주기 사이클(Hype Cycle)은 가트너에서 개발한 기술의 성숙도(maturity), 수용도(adoption), 사업화 수준을 표현하기 위한 시각적 도구이다. 분야별로 여러 가지 기대주기 사이클이 있으며 가트너는 약 2,000개 이상의 기술을 100개 이상의 그룹으로 분류해 매년 업데이트하고 있다. X축은 시간, 그리고 Y축은 기대감으로 기술에 대한 시장의 기대가 어떤 주기로 반복되는지를 과거 경험을 통해 정리한 자료이다.

기대주기 사이클 모델에서는 기술들이 5단계의 과정을 거치게 된다고 설명하고 있다.

- 1단계는 기술 촉발(Innovation Trigger)로 불리며 잠재적 기술이 관심을 받기 시작하는 시기로 초기 개념 증명 내용과 미디어의 관심이 대중화된다. 사용 가능한 제품이 아직까지 없으며 상용화 가능성이 증명되지 않은 상태이다.
- 2단계는 버블기(Peak of Inflated Expectations)로 불리며 초기 미디어의 관심이 일부의 성공적 사례와 다수의 실패 사례를 양산해 일부 기업은 실제 사업에 착수하지만 대부분의 기업들은 관망하게 된다.
- 3단계는 환멸기(Trough of Disillusionment)로 불리며 실험 및 구현이 결과물을 내놓는 것을 실패함에 따라 관심이 시들해진다. 기술 생산자들은 제품화를 시도한 주체들은 크게 쇄신하거나 실패한다. 살아남은 생산자들이 소비자들을 만족시킬 만한 제품의 향상에 성공한 경우에만 투자가 지속된다.
- 4단계는 계몽기(Slope of Enlightenment)로 불리며 기술이 어떻게 기업에 이익을 줄 수 있는지에 대한 사례가 더 많이 구체화되고 널리 이해되기 시작한다. 2~3세대 제품들이 출시되고 더 많은 기업들이 사업에 투자하기 시작한다. 보수적인 기업들은 여전히 유보적으로 남아 있게 된다.
- 5단계는 안정기(Plateau of Productivity)로 불리며 기술이 시장의 주류로 자리 잡기 시작한다. 사업자의 생존 가능성을 평가하기 위한 기준이 분명해진다. 기술의 폭넓은 시장 적용성과 관련성이 명확하다.

에너지의 미래,
스타트업

세계 최대 자산운용사 블랙록(BlackRock)의 최고 경영자인 래리 핑크는 기후 변화가 새로운 사업 기회를 제공할 수 있는 가능성을 가지고 있다고 시사했다. 2021년 10월 사우디아라비아에서 열린 '중동 그린 이니셔티브 서밋'에서 래리 핑크는 "앞으로 나올 1,000개의 유니콘(시장가치가 10억 달러가 넘는 기업) 기업은 검색 엔진이나 미디어 사업이 아닌 그린수소나 녹색 농업, 녹색 철강이나 녹색 시멘트를 개발하는 사업에서 나올 것"이라고 밝혔다. 래리 핑크의 이러한 전망은 기후 변화에 대한 높은 관심과 투자자들의 기후기술에 대한 긍정적인 반응 그리고 기후에 대응하는 기술을 개발하는 스타트업의 등장이란 세 박자가 잘 맞아떨어지는 현재의 추세를 미루어 볼 때 실현 가능한 전망이다. 실제로 미국의 실세들이 기후기술 스타트업에 대한 투자에 적극 참여하고 있다.

- 마이크로소프트의 창업자이자 전 최고 경영자인 빌 게이츠는 에너지 문제 해결에 돌파구를 찾으려는 기업에 투자하기 위한 목적으로 2015년에 브레이크스루 에너지 벤처스(BEV: Breakthrough Energy Ventures)를 설립했다. BEV는 빌 게이츠뿐만 아니라 아마존의 제프 베조스, 전 뉴욕시장인 마이클 블룸버그, 버진그룹의 리차드 브랜슨, 알리바바의 마윈, 메타의 마크 주커버그, 소프트뱅크의 손정의, 소로스 펀드매니지먼트의 조지 소로스 등 세계적인 재력가들이 참여해 펀드 조성 시부터 화제가 됐다. BEV는 2018년 9개 기업에 투자한 것을 시작으로 2022년엔 58개 기업으로 포트폴리오를 확장했다.

- 아마존 창업자이자 전 최고 경영자인 제프 베조스는 2019년, 2040년까지 아마존 전체에서 완전 탄소 중립을 이루겠다는 '기후 서약 펀드(The Climate Pledge)'를 시작했다. 베조스는 펀드를 시작하며 탄소 배출을 줄이고 자연을 보존하는 데 도움이 되는 기술 및 서비스 개발을 지원하기 위해 20억 달러를 투자할 계획이라고 밝혔다. 해당 목적을 달성하기 위해 아마존은 전기자동차 개발 스타트업인 리비안(Rivian)을 비롯해 탄소 제로 디젤유를 생산하는 인피니엄(Infinium), 항공기를 위한 수소연료전지 제조사인 제로아비아(Zero Avia), 탄소 포집 기술 개발 기업인 카본큐어테크놀로지(Carboncure Technologies)와 같이 저탄소 경제에 힘을

실어줄 수 있는 기후기술 기업에 자금을 지원하고 있다.

- 마이크로소프트는 2020년 향후 4년간 10억 달러를 투자하는 기후 혁신 펀드(Climate Innovation Fund)를 조성하고 2030년까지 탄소 중립을 넘어 탄소 배출 마이너스, 즉 자사가 배출하는 것보다 더 많은 탄소를 환경에서 제거하겠다는 계획을 공표했다. 기후 혁신 펀드는 직접 투자와 간접 투자로 나눠지며 직접 투자를 통해 14개 스타트업에 투자했고, 간접 투자를 통해 기후기술에 투자하는 9개 벤처캐피탈사에 자산 운용을 맡기고 있다.

마켓인텔리전스 플랫폼인 홀론 IQ(Holon IQ) 자료에 따르면 현재 46개의 기후기술 관련 유니콘들이 있고 이 중 17개사가 에너지 혹은 탄소 관련 스타트업들이다. 현재 존재하는 1,000개 정도의 유니콘에 견주어 봤을 때 기후기술 관련은 유니콘의 4.6%를 차지한다. 금융기술과 소프트웨어 유니콘들이 각각 20%, 18%를 차지한 것과 비교했을 때 적은 숫자이지만 기후기술 관련 유니콘 기업의 비중은 앞으로 늘어날 전망이다.

- 2021년에만 유니콘이 된 기후기술 스타트업은 28개이며 기후기술에 대한 관심이 높아지면서 이 분야에 있는 회사들에 대한 밸류에이션도 빠르게 상승하고 있다. 기후기술 관련 뉴스레터인 CTVC는 기후기술 2021년 기준으로 산업 밸류에이션 성장률 벤치마크가 287%인 데 비해 기후기술은 625%의 성장률을 보여 기

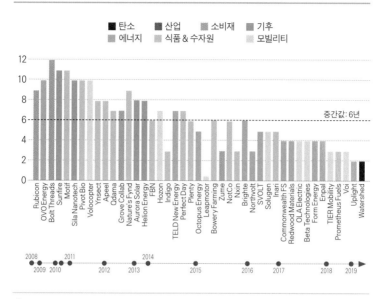

자료:CTVC

후기술 분야 밸류에이션 역시 빠르게 성장하고 있다고 분석했다.

• 기후기술 스타트업이 유니콘이 되는 기간이 점차 줄고 있다.
2021년 유니콘이 된 기후기술 스타트업의 약 60%는 창업한 지
7년 미만의 회사들이다.

에너지 전환 분야에서 주목받고 있는 유니콘에는 4개의 스타트업
들이 있다.

커먼웰스퓨전시스템즈

CFS(Commonwealth Fusion Systems)는 소형 핵융합로를 제조하는 스타트업이다. 기존에 우리가 알고 있는 원자력발전은 원자 폭탄의 원리인 핵분열 과정을 통해 전기를 발전하는 반면 CFS의 소형 원자로는 수소 폭탄의 원리를 활용해 전력을 생산한다. 기존 원자력발전과 CFS의 소형 핵융합로의 가장 큰 차이점은 원자력발전소는 방사성 폐기물을 배출하는 반면 핵융합 발전소는 이를 배출하지 않으면서 핵을 전기로 발전하는 데 원자력발전소보다 더 효율적이란 것이다.

소형 핵융합로 회사로는 CFS 외에도 미국의 헬리온에너지(Helion Energy)와 잽에너지(Zap Energy), 캐나다 소재의 제너럴퓨전(General Fusion)이 있다.

폼에너지

폼에너지(Form Energy)는 재생에너지 전력을 안정적으로 공급할 수 있는 충전용 배터리를 개발했다. 이 기술의 원료는 철·공기·물이다. 폼에너지의 배터리는 리튬을 사용하는 배터리에 비해 가격이 10분의 1 정도로 저렴하고 최근 화두가 되고 있는 리튬 공급 문제나 리튬 가격 폭등에 의한 제조 단가 상승으로부터 자유롭다는 장점이 있다. 폼에너지의 배터리는 철을 녹여 배터리를 충전하고 배터리가 공기 중 산소를 흡입하면 녹이 생성되는데 이것이 철로 다시 전환된다. 배터리는 불연성 전해질 액체로 채워져 있으며, 수

천 개의 배터리 모듈로 구성돼 최대 수백 개의 전원에 전력 공급이 가능하다. 폼에너지는 앞으로 배터리 비용을 KW/h당 20달러(2만 4,000원) 이하로 만들 계획이다.

업라이트

업라이트(Uplight)는 2019년 창업됐으며 미국 내에서 80개의 전기 회사와 이 회사들을 이용하는 100만 명의 고객들에게 업라이트 플랫폼을 통해 전기 소비자들의 소비 패턴을 모니터링하고 이를 통해 수요 관리·에너지 분석·유틸리티 마켓플레이스·유틸리티 개인화·홈에너지 매니지먼트 서비스를 제공하고 있다. 이 서비스를 통해 소비자들이 전기 소비에 대해 인식하고 자체적으로 소비를 조절하게 도우며 전기 공급자들의 전기 공급 결정에 중요한 정보를 제공해 소비자들의 패턴에 따라 맞춤형 서비스를 제공할 수 있을 뿐만 아니라 전기의 과잉공급에 따른 탄소 배출이 줄어들도록 돕는다. 2021년 기준으로 20억 달러에 가까운 기업 가치를 인정받았다.

워터쉐드

워터쉐드(Watershed)는 기업들의 ESG(환경·사회·지배구조)에 대한 관심의 증가와 함께 성장한 기업으로 자사의 ESG 지표를 추적하는 기업들이 기후 관련 프로그램을 운용할 수 있도록 지원하는 플랫폼이다. 워터쉐드의 플랫폼은 고객사들이 직접적으로 배출하는 탄소를 추적하는 1단계 탄소 배출 지표, 고객사들이 전기를 송전받거나 차량과 같은 기기 구입을 할 때 전기 발전에서 생산되는 탄소 혹은 차량과 같은 기기를 제조하는 과정에서 배출되는 탄소, 즉 간접적 배출량을 추적하는 2단계 탄소 지표, 마지막으로 고객사 임직원들이 출장, 통근 등으로 배출하는 모든 간접적 탄소 배출량을 추적하는 3단계 탄소 배출 지표를 분석하고 측정할 수 있게 한다. 워터쉐드는 탄소 배출량을 분석하고 데이트를 고객이 다양한 분류 기준을 설정해볼 수 있게 하며 나아가 고객이 속해 있는 산업 내 다른 기업들과 비교할 수 있는 서비스를 제공한다. 워터쉐드는 2022년 초에 유니콘 클럽에 가입했다.

기후기술 스타트업
생태계

에너지 전환에 관련된 기후기술에 대한 관심이 높아지면서 에너지 저장장치와 청정에너지 발전에 대한 투자가 지속적으로 이루어지고 있다. 스타트업 기업 데이터베이스인 크런치베이스(Crunch Base)의 2022년 3월 22일자 뉴스레터에 따르면 2021년과 2022년 사이에 배터리 기술과 에너지 저장장치에만 5,000만 달러 이상의 투자가 이루어졌다. 또한 청정에너지 발전 기술 중 하나인 소형 핵융합로에만 이 분야에서 투자하는 회사들을 기준으로 창업 이후 40억 달러 이상이 투자됐다. 청정에너지 발전과 전력망 기술과 관련해 주목받는 스타트업을 정리했다.

청정에너지 발전

에너지 산업에서 화석연료를 사용하는 비중이 높고 청정에너지 발전원이 전력 수요를 충분히 충족할 때까지는 화석연료를 이용한 발전의 비중이 쉽게 줄어들지는 않을 것이다. 따라서 탄소 감축과 기후 변화에 대응하기 위해 단기간 내로는 청정에너지 발전원의 기술을 발전을 통해 전기를 안정적으로 발전하며 전력 발전의 효율을 높여야 한다. 장기적으로는 청정에너지로 발전되는 전기의 가격을 내릴 수 있도록 청정에너지 기술 발전을 도모해야 한다. 또한 기존 화석연료는 환경에 유해한 화학물을 제거하는 기술을 개발함으로써 화석연료에서 배출되는 탄소량을 줄이는 노력이 필요하다. 장기적으로는 이러한 기술을 바탕으로 청정에너지 발전원의 설치를 늘리고 화석연료 발전원을 청정에너지 발전원으로 대체해야 할 것이다.

최근 기술 동향과 주목해야 할 기술

청정에너지 발전 기술에서는 태양광, 풍력, 원자력, 지열이 있다. 태양광발전은 기술이 다른 청정에너지 기술에 비해 성숙도가 높은 편이다. 따라서 태양광 분야에서는 기존에 존재하는 태양광 기술과 패널의 성능을 향상시키고 가격을 절감하기 위한 노력을 진행 중이다. 현재 고효율의 태양광 패널, 태양광 패널 설치의 자동화, 인공지능과 머신러닝을 이용한 태양광 시스템의 성능 향상 등이 차세대 태

회사 이름	HQ	기술
옥스퍼드 PV (Oxford PV)	옥스포드, 영국	옥스퍼드 PV는 영국에 기반을 둔 페로브스카이트 셀 제조사로 기존 태양광 패널 위에 페로브스카이트 셀을 더할 수 있게 함으로써 태양광 패널의 효율성을 높이고 태양광 전기 발전가를 낮춘다. 2010년에 창업했으며 본사는 영국 옥스포드에 위치해 있다.
넥스트래커 (Nextracker)	프레몬트, 미국	넥스트래커는 세계 1위 태양광 트래킹 시스템 제조사로 태양광 패널을 태양의 방향에 맞추어 조절해 태양광발전량을 최적화하며 소프트웨어를 통해 태양광발전 시설 데이터를 모니터링하고 분석하는 서비스를 제공한다.
랩터 맵스 (Raptor Maps)	보스턴, 미국	랩터 맵스는 태양광 시설을 모니터링하는 플랫폼을 제공하고 있다. 항공사진과 현장에 있는 센서 데이터를 분석해 설치된 시스템의 이상 여부를 검토해 태양광발전소들의 효율성을 높이고 유지비용은 줄이도록 돕고 있다.

양광발전 기술로 거론되고 있다.

풍력발전에서는 기존 지상 풍력발전과 해상 풍력발전의 한계를 개선하는 부유식 해상 풍력발전, 바람의 방향에 따라 풍력 터빈의 위치를 조절하는 기술이 주목받고 있다.

회사 이름	HQ	기술
프린서플 파워 (Principle Power)	샌프란시스코, 미국	프린서플 파워는 해상 풍력발전 부상 시스템을 제조하는 회사이다. 프린서플 파워의 제품인 윈드플로트(WindFloat)는 반잠수형 풍력 시설로 설치에 수심에 대한 제약이 없다는 장점이 있다.

원자력은 경량의 원자력 모듈을 이용한 분산형 발전 기술에 투자자들이 초점을 맞추고 있다. 핵융합 산업협회에 따르면 전 세계에 35개의 회사들이 핵융합 기술로 전력 발전 시설 등을 개발하고 있다. 이 중 3개의 기업들이(Common Wealth Fusion System, General

회사 이름	HQ	기술
제네럴 퓨전 (General Fusion)	밴쿠버, 캐나다	제네럴 퓨전은 '자화표적핵융합(MTF, Magnetized Target Fusion)'기술을 이용해 핵융합로 없이 핵융합에너지를 만드는 기술을 개발했다. 현재 영국에 핵융합 시설을 건설 중이며 2025년까지 이 시설을 완공하고 2030년 초 내로 상업용 핵융합 원자로를 상용화하겠다는 목표를 가지고 있다.
뉴스케일 (Nuscale)	포틀랜드, 미국	뉴스케일은 원전 설계/개발 업체이다. 미국 원전 규제위원회(NRC)로부터 표준설계 승인을 받은 유일한 원자로를 보유하고 있다. 뉴스케일의 소형 원자로는 일체형 구조와 냉각 수조 방식으로 기존 원자로 대비 방사능 유출 위험이 현저히 감소할 것이라고 평가받는다. 회사 측의 자료에 따르면 924MW급 기준으로 예상 투자 비용은 33억 달러로 2.2GW 대비 90억 달러 수준인 대형 원전 대비 MW당 비용이 약 13% 낮을 것으로 예상되고 있다. 현재 전 세계에서 14개의 프로젝트 MOU를 체결한 상태로 약 90건의 추가 프로젝트 수주를 노리고 있다. 뉴스케일은 2029년 첫 설치를 시작으로 2030년 완공을 목표로 하고 있다. 우리나라의 두산중공업과 삼성물산, GS에너지가 뉴스케일에 투자를 했으며 뉴스케일은 2022년 5월에 스팩(SPAC) 상장했다.
페르보 에너지 (Fervo Energy)	샌프란시스코, 미국	페르보 에너지는 스탠포드대학 연구진이 설립한 회사로 유틸리티 스케일(Utility Scale)의 지열 발전 시스템을 연구하는 회사로 빌 게이츠가 주도하는 BEV의 포트폴리오 회사이다. 페르보 에너지의 CEO인 팀 라티머(Tim Latimer)가 국제 문제 분야의 싱크 탱크인 대서양 위원회(The Atlantic Council)과 진행한 인터뷰에 따르면 지열발전이 주로 이루어지는 장소들에는 몇 가지 공통적인 특징이 있다. 충분한 열이 있어야 하고, 내부에 균열이 있는 암석 지형이어야 하며, 물이 있어야 하는데, 이 세 가지가 서로 가까이에 있어야 하며, 지표면에서 대략 3km 이내에 있어야 한다. 페르보 에너지는 지열발전에 있어 이러한 제약을 극복하는 기술을 보유하고 구글 등 재생에너지 발전에 관심 있는 기업들과 손잡고 이러한 기술을 시연 중에 있다.
단델리온 에너지 (Dandelion Energy)	뉴욕, 미국	단델리온 에너지의 창업자 케시 하넌(Kathy Hannun)은 구글 내의 혁신적인 서비스를 연구하는 조직인 구글 엑스(Google X)에서 지열 발전을 위해 필요한 시추기술을 연구했고 이 경험을 바탕으로 2017년 미국 뉴욕주에서 단델리온 에너지를 창업했다. 지열을 이용해 냉난방을 함으로써 냉난방을 위한 전기 소비를 줄이고 동시에 화석연료 사용을 감소하는 효과를 낸다. 단델리온 에너지는 2018년부터 지열 히트 펌프를 시장에 공급하기 시작했고 뉴욕주에서 비즈니스를 시작한 이후 2020년엔 코네티컷주, 2021년엔 뉴저지주로 점차 시장을 확장해 나가고 있다.

Fusion, Nuscale) 2022년 글로벌 클린테크 100에서 선정됐다.

지열에너지는 지열을 이용해 전력을 생산하는 방법으로 화산활동이나 지면에 흡수된 태양에너지를 이용한다. 태양광이나 풍력에 비해 안정적으로 전력을 공급할 수 있으며 원자력과 비교해 폐기물 문제가 없다는 장점이 있다.

⋮ 에너지 저장장치를 포함한 청정 전력망 기술 ⋮

청정 전력망 기술은 에너지 전환의 성공을 위한 필수 요소이다. 대규모의 태양광 전력 생산시설을 건설했다고 해도 만약 여기에서 생산되는 전기를 송전할 송전망과 전력망을 모니터하고 제어할 수 있는 시스템이 구축돼 있지 않다면 이 시설에서의 생산된 전력은 전력이 필요한 산업 지역이나 가정으로 송배전되지 못하고 발전 시설 내에서 제한적으로만 쓰일 것이다. 전력망은 생태계의 범위가 기업과 개인을 넘어 지자체 그리고 때로는 중앙 정부도 포함하고 있다. 따라서 전력망 기술의 확충과 도입을 위해서는 기업들의 혁신적인 기술 개발뿐만 아니라 지역 혹은 중앙 정부의 정책적 지원도 필요하다.

최근 기술 동향과 주목해야 할 기술

청정 전력망 기술은 크게 에너지 저장장치와 배터리, 전력망 관리 기술로 나뉜다. 에너지 저장장치는 전력 생산량이 일정하지 않은 청

회사 이름	HQ	기술
에너지 볼트 (Energy Valut)	루가노, 스위스	에너지 볼트는 스위스 기반의 회사로 무게를 이용해 물체를 위에서 아래로 내려 보내며 에너지를 회수하는 중력 에너지 저장 시스템 (Gravity energy storage system)을 이용해 에너지를 저장한다. 이 기술은 우리에게도 친숙한 양수력 발전과 유사한 구조로 잉여 전기를 이용해 30톤에 달하는 콘크리트 블록을 들어올리고, 전기가 필요할 때 블록을 내리며 전기를 생산한다. 크레인타워에 6개의 팔을 달고 이를 이용해서 무거운 콘크리트 블록을 이동시키는 것으로 최대 4MW의 전력 생산 및 35MWh의 에너지 저장이 가능하다는 것이 에너지 볼트의 설명이다. 크레인의 반응 속도는 2.9초에 불과하며 에너지 저장 효율은 90%에 달한다. 에너지 볼트는 손정의가 이끄는 일본 소프트뱅크와 사우디아라비아 국영 석유기업인 아람코(ARAMCO)와 같은 굵직한 기업들로부터 투자를 유치받았고 2022년 2월 14일에 뉴욕 증권거래소(NYSE)에 상장했다.
ESS	오레건, 미국	ESS는 미국 오레건주에 위치한 회사로 철과 소금, 물만으로 에너지를 저장할 수 있는 배터리를 개발했다. 특히 현재 많은 배터리의 주 원료인 리튬과 코발트 그리고 바나듐을 사용하지 않음으로써 ESS의 경쟁자들이 겪고 있는 원료 공급 문제에서 자유롭다는 데 강점이 있다. 또한 일반 리튬 배터리는 2~4시간 정도 사용할 수 있는 에너지를 저장할 수 있지만 ESS의 제품은 4~12시간까지 에너지를 저장할 수 있다. ESS의 기술은 혁신적이지만 제품 가격이 높고 운영비용이 비싸다는 점에서 상용화의 걸림돌이 되고 있다. ESS역시 빌 게이츠와 소프트뱅크와 같은 세간의 주목을 끄는 투자자들로부터 투자를 받았고 2021년 10월에 뉴욕 증권거래소(NYSE) 상장했다.

정에너지 발전, 특히 태양광과 풍력의 단점을 보완해줄 해결책으로 자주 거론되고 있다. 미국 에너지 스타트업 폼에너지는 철을 사용해 기존 리튬 배터리보다 생산 단가는 줄이면서 같은 효율로 전기를 저장할 수 있는 에너지 저장장치를 개발 중이다. 2021년 8월 폼에너지는 시리즈 D 투자를 받으며 기업가치 1억 달러(약 1조 2,000억 원)를 인정받고 유니콘 클럽에 가입했다.

전력망 관리기술은 전력망 운영자들에게 태양광·풍력·에너지 저장장치 등 다양한 발전 요소들이 전력망에 미치는 영향을 실시간으로 모니터링하고 적시에 문제를 발견하고 원격으로 해결할 수 있는

회사 이름	HQ	기술
스판 (SPAN)	샌프란 시스코, 미국	스판은 미국 샌프란시스코에 위치한 회사로 테슬라에서 상품(Product) 부문 대표로 근무를 하던 아치 라오(Arch Rao)가 2018년 설립했다. 스판은 발전·송전·배전·소비자로 이어지는 전력망 사슬 중 전력망의 끝 부분인 전력 사용자들을 타깃으로 한다. 스판은 스마트 전력 패널을 공급하는 회사로 가정에서 전력 사용자들이 전력 소비에 대한 모니터링과 제어를 가능하게 하고 나아가 스판의 패널을 통해 가정용 태양광발전이나 전기차 충전 시스템 구축을 용이하게 함으로써 가정에서부터 탈탄소화를 실천할 수 있도록 한다. 스판은 스마트 전기 패널의 성공에 힘입어 가정용 전기자동차 충전기기 등으로 사업 영역을 확장해나가고 있으며 2022년 3월엔 배우 로버트 다우니 주니어가 이끄는 풋프린트콜리션(FootPrint Coalition)을 비롯한 투자자들로부터 성공적으로 9,000만 달러 규모의 시리즈 B 투자 유치를 마쳤다.
오토그리드 (Autogrid)	레드우드 시티, 미국	오토그리드는 미국 레드우드시티에 위치한 회사로 스탠퍼드대학교의 스마트 그리드 시뮬레이션 연구 책임자였던 아미트 나라얀(Amit Narayan)이 설립한 회사이다. 오토그리드는 AI 기반의 소프트웨어 플랫폼을 이용해 전기 자동차, 에너지 저장장치, 태양광 그리고 풍력 등 분산 에너지 자원을 제어하고 데이터를 이용해 수요를 예측하고 전력망 시스템을 최적화하며 이러한 기술을 바탕으로 가상발전소 운영 플랫폼을 전기 회사들에게 제공하고 있다. 오토그리드는 마이크로소프트의 기후 혁신 펀드를 비롯해 태양광 회사인 솔라엣지, 풍력 회사인 오스테드(Orstead), 전력 회사인 내셔널 그리드(National Grid)의 투자 부분인 내셔널 그리드 파트너스(National Grid Partners) 그리고 슈나이더 일렉트릭(Schneider Electric) 등 동 산업에 있는 회사들에게 투자를 받았다는 특이점이 있다. 한국의 GS의 미국 벤처투자 법인인 GS퓨처스(GSFutures) 역시 2021년 오토그리드에 투자했다. 2022년 5월 주요 투자자인 슈나이더 일렉트릭이 오토그리드를 인수했다.

기술이다. 전력망에 분산 에너지 자원들이 늘어나면서 이들을 제어할 시스템에 대한 관심이 높아지고 있고 벤처캐피털의 투자 경향 역시 이를 반증한다. 벤처 캐피털 및 사모펀드 전문 리서치 회사인 피치북(Pitchbook)에 따르면 전력망 관리기술에 대한 벤처 캐피털 투자자들의 투자가 2018년 2억 900만 달러에서 2021년 6억 600만 달러로 3배가량 늘었다.

엔터테이너들의 기후기술에 대한 투자

"〈레버넌트〉는 인간과 자연의 관계를 그려낸 작품입니다. 지난 2015년은 역사상 가장 더운 해로 기록됐습니다. 〈레버넌트〉를 찍을 때 눈이 있는 곳을 찾기 위해 남쪽 끝으로 내려가야 했습니다. 기후 변화는 현실입니다. 지금 이 순간에도 일어나고 있습니다. 전 인류와 동물을 위협하는 가장 긴급한 위협입니다. 더 이상 미루지 말고 전 세계가 힘을 합쳐야 합니다."

레오나르도 디카프리오는 2016년 생애 첫 아카데미 남우주연상을 받으며 그의 수상소감을 기후 변화에 대한 메시지를 세계에 전하는 것으로 마무리했다. 그는 2019년 벤처캐피털 회사인 프린세빌 캐피탈(Princeville Capital)의 기후 변화 대처 기술 펀드의 투자고문으로 위촉되기도 했다. 또한 한국에서 로다주로도 알려져 있는 '아이언맨' 로버트 다우니 주니어는 직접 투자기금을 운영하며 기후기술 회사에 투자를 하는 풋프린트 콜리션 벤처스(FootPrint Coalition Ventures)를 설립해 기후기술 스타트업에 투자하고 있다. 2022년 4월에는 농구선수인 레브론 제임스, 가수 드레이크, 〈터미네이터〉로 유명한 아놀드 슈왈제네거 전 캘리포니아 주지사 등이 가정용 태양광 스타트업인 팔메토(Palmetto)의 시리즈 C 라운드에 투자했다.

엔터테이너들의 기후기술 관련 벤처 투자 참여는 기후기술과 지구 온난화, 탈탄소화 등 다양한 기후 관련 안건에 대해 많은 이들의 이목을 집중시킬 수 있으며 해당 기업들에 대한 관심도 높인다. 이를 통해 많은 이들이 현재 기후 문제에 좀 더 관심을 가지고 참여할 것으로 기대된다.

청정기술 1.0의 실패가
청정기술 2.0 미래에 시사하는 점

　기후기술에 대한 높은 관심과 투자는 과거에 폭풍처럼 몰려들어 왔다가 사라진 전력이 있다. 이 때문에 최근 세계적인 탈탄소화 추세와 더불어 다시 기후기술에 대한 관심과 투자 비중이 높아지면서 이번엔 과연 기후기술 투자자들이 투자에 성공할 수 있을 것인지, 탈탄소화에 기여할 기술이 성공적으로 개발되고 상업화될 수 있을 것인가에 대해 주목을 받고 있다.

　2006년 미국의 전 부통령인 앨고어는 다큐멘터리 영화 〈불편한 진실〉을 세상에 내놓았다. 앨고어는 이 다큐멘터리에서 이산화탄소의 증가로 인한 지구 온난화가 생태계에 가져다주는 위기를 소개하며 지구 온난화를 대처하지 않으면 기후 변화·홍수·가뭄·전염병 등이 찾아올 것이라 이야기하며 이산화탄소 배출과 지구 온난화를 막기 위한 행동을 호소했다. 영화 〈불편한 진실〉은 세상에 파장을 일으키며 기후기술에 대한 관심을 일으켰고 투자자들 역시 기후기술 회사에 투자를 하면서 청정기술 1.0(Clean Tech 1.0)의 시대를 연다. 2006년 한 해에만 17억 5,000만 달러 규모의 벤처기금이 기후기술 스타트업들에 유입됐으며 기후기술의 끝자락인 2011년까지 기후기술 관련 스타트업들은 250억 달러의 투자를 받았다. 하지만 투자자들은 서브프라임 모기지 사태로 찾아온 불경기와 유가 하락으로 인한 기후기술의 경쟁력 손실, 중국산 저가 태양광 모듈로 인한 미국 내 태양광 제조 생태계 파괴 등으로 인해 투자금의 절반 이상의 금액을 잃으며 청정기술 1.0의 시대는 막을 내린다. 이 중 가정용 온도조절기인 네스트, 에너지 효율 플랫폼인 오파워(Opower), 테슬라가 성공을 거두었지만 태양광 튜브 스타트업이었던 솔린드라(Solyndra), 태양광 박막전지 회사인 나노솔라(Nanosolar), 미아솔(Miasole) 등이 파산했다.

2016년 MIT에서 발행한 「벤처캐피탈과 청정기술: 청정에너지 혁신에 대한 잘못된 모델(Venture Capital and Cleantech: The Wrong Model for Clean Energy Innovation)」은 청정기술 1.0 실패의 원인은 VC의 투자 스타일이 일부 기후기술 스타트업과 맞지 않았기 때문이라고 분석했다. 청정기술 1.0에서는 기후 변화에 대한 관심과 더불어 기술에 상관없이 이 분야에 있다는 것으로 투자를 받은 스타트업들이 많았는데 신소재·하드웨어·화학 공정과 같은 기술을 가진 기업은 제품 개발 기간이 길기 때문에 일정 기간 내에 성과를 내야 하는 VC 입장에서는 단기간에 수익을 내기 어렵기 때문이다. 이러한 실패 과정을 통해 VC들은 하드웨어에서 소프트웨어 중심의 투자로 옮겨갔다.

청정기술 1.0의 실패 이후 청정기술에 관한 투자는 주춤했으나 2015년 파리 협정 이후 각국이 기후 관련 안건에 우선순위를 두면서 관련 기술에 대한 관심과 투자의 증가로 청정기술 2.0 시대가 시작됐다. 청정기술 2.0 시대는 지구 온난화에 대응하기 위해 범세계적으로 기후기술에 대한 투자와 더불어 정책적 지원이 함께한다는 점과 청정기술 1.0 시대에 비해 투자자들의 기후기술에 대한 성숙도와 이해도가 높아졌다는 것, 그리고 원자재 시장 가격이 과거에 비해 안정적이라는 점이 그전과 다르다. 때문에 기후기술 관련 투자자들은 청정기술 2.0은 청정기술 1.0에서 보여주었던 정부적 차원의 지원 부재와 투자자들의 청정기술에 대한 눈먼 투자와 같은 오류를 다시 겪을 가능성이 적다고 보고 있다.

〈파이낸셜 타임즈〉와의 인터뷰에서 BEV의 카마이클 로버츠(Carmichael Roberts)는 청정기술 1.0에서의 실패를 거울삼아 이후에는 더 엄격한 기준을 적용하여 투자처를 선정한다고 밝혔다. 또한 그는 청정기술 1.0에서 투자자들이 기후기술 개발에 대한 특징을 이해하지 못하고 투자회수 기간을 산정한 것을 참고하여 청정기업에 대한 투자회수 기간을 20년 정도로 조정했다고 공유했다. 이런 배경을 기반으로 어느 청정기술을 가진 기업이 상용화에 성공해 진정 넷 제로를 이끌어 나가게 될지 기대가 된다. 그리고 폼에너지의 CEO인

마테오 자라밀로(Mateo Jaramillo)는 "청정기술 2.0이 10년 전과 다른 점은, 10년 전에는 기술이 상용화되는 데 얼마나 걸릴지 분명하지 않았지만 지금은 그때와는 완전히 다른 요소들이 연관되어 있기에 다르다"라고 밝혔다. 이처럼 투자자들과 산업 전반적으로 청정기술 2.0에 대한 긍정적인 전망이 지속되고 있는 상황에서 어느 기업이 청정기술 붐을 타고 성장할지 기대해본다.

기후기술 스타트업에 대한
관심이 점점 높아지고 있다

아스트리드 앳킨스(Astrid Atkins)
카무스에너지(Camus Energy) CEO

카무스에너지(Camus Energy)는 샌프란시스코에 위치한 기후기술 스타트업으로 전기 공급자들이 전력망의 상태를 실시간으로 모니터링하고 분산형 자원들을 전력망의 상태에 따라 조정할 수 있는 플랫폼을 제공하고 있다. 전기 회사들은 카무스에너지의 플랫폼을 통해 전력망의 부하 상태를 모니터링하고 피크 시간대에 원격으로 전기차 충전기·에어컨·전기 난방기기 등을 조정함으로써 수천만 달러를 들여 새로운 발전설비 건설을 하기보다 수요반응을 통해 전력의 수요와 공급을 조절해 상당한 비용을 절감하게 됐다. 또한 전력망 모니터링을 통해 전기 회사의 전력망 내에서 발전되는 청정에너지원을 체계적으로 관리할 수 있게 됐다. 카무스에너지는 마이크로소프트에서 투자를 받은 콩그루언트 벤처스(Congruent Ventures)와도 함께 일하고 있다.

카무스에너지 아스트리드 앳킨스 CEO는 스타트업을 시작하기 전까지 구글에서 임원으로 근무했으며 구글 클라우드 창사 전에 이미 구글에서 클라우드 관련 프로젝트팀을 이끄는 등 구글 내에서 튼튼한 성공대로를 다졌던 상태였다. 그랬던 그녀가 어떤 연유로 구글을 퇴사하고 기후기술 스타트업을 시작하게 된 걸까?

앳킨스 CEO는 "2005년에 구글에 입사해 그곳에서 여러 기술을 접하며 아주 중요하지만 기술적으로 아직 성숙하지 못한 에너지 산업에 관심을 가지게 됐다"라고 에너지에 대한 관심을 가지게 된 배경을 소개했다. 또한 "기후 변화나 지구 온난화는 다음 세대를 위해 중요한 해결 과제라고 생각한다. 나 역시 9살짜리 아이가 있는데 내 아이를 위해 탈탄소화에 대해 생각하다 보니 기후기술 스타트업을 하고자 하는 동기가 생겼다"라고 덧붙였다.

앳킨스 CEO는 기후기술 관련 스타트업 환경에 대해 투자자들의 관심이 점차 증가하고 있다는 것을 느끼고 있다고 전했다. "2019년 처음 회사를 시작하며 투자자들을 만나기 시작했다. 청정기술 1.0의 실패로 인해 투자자들의 기후기술에 대한 투자에 망설임이 있었던 것도 사실이다. 하지만 미 정부의 친환경 정책과 투자자들의 탈탄소화에 대한 관심이 높아지면서 매년 투자자들의 기후기술 스타트업에 대한 관심이 높아지는 것을 체감하고 있다"고 말했다. 앳킨스 CEO는 "한국에서도 카무스에너지 플랫폼을 사용할 수 있게 되길 바란다"는 말로 인터뷰를 마쳤다.

넷제로, 경제 성장의 걸림돌이 아닌 또 하나의 도약이 될 것

1972년 6월, 스톡홀름. 11개국에서 온 1,200명의 유엔 인간환경회의 대표단이 회의장에 앉아 회의가 시작되기만을 기다리고 있었다. 이윽고 문이 열리며 유엔 사무총장 모리스 스트롱(Maurice Strong)이 입장했다. 그는 혼자가 아니었다. 그의 옆에서 그의 안내를 받으며 한 여성이 걸어 들어왔다. 모리스 스트롱의 3분의 2 남짓한 작은 체구에 귀를 덮는 길이의 단발머리, 그리고 인도 전통의상을 입은 이 여성은 주저하지 않고 바로 연단을 향해 걸어갔다. 연단에 올라선 그녀는 가녀린 손으로 마이크를 잡았다.

"이 자리에 서게 되어 영광입니다. 이 자리는 인간의 현재와 미래의 안녕만을 이야기하는 것뿐만 아니라 모든 인종 간 그리고 자연과의 평화와 화합을 논의하는 장입니다."

그녀는 인도의 처음이자 현재까지 유일한 여성 총리인 인드라 간디(Indira Gandhi)였다. '오직 하나뿐인 지구'라는 슬로건으로 시작된 1972년 스톡홀름 회의는 공기와 환경 오염들의 문제를 개별 국가 차원이 아닌 범지구적인 차원에서 해결하겠다는 취지로 '인간 환경 선언'을 채택했다. 인간 환경 선언은 유엔 회원국이 참석한 첫 범정부적 국제 환경회의였다. 이후 50년이 넘는 시간 동안 전 세계는 전진과 후퇴를 반복하며 점진적으로 환경 관련 문제를 조금씩 인지해 가기 시작했고 2015년 파리 협정을 바탕으로 환경 오염으로 인한 지구 온난화에 제동을 걸고자 하는 움직임이 본격적으로 가속화됐다. 저자들이 《넷제로 에너지 전쟁》에서 주제로 삼았던 '넷제로'는 지구 온난화 속도를 늦추면서 지구 온도를 산업혁명 이후 1.5℃ 상승한 것에서 그치게 하기 위한 중요한 이정표다.

우리나라 역시 지구 온난화의 영향을 피해갈 수 없다. 국토연구원이 2022년 4월 발행한 국토 이슈 리포트에 따르면 지난 100년간 (1912~2017년) 우리나라 6대 도시 평균 기온은 1.8℃ 상승하고, 강수량은 지난 10년간 11.6mm 늘어났다. 또한 해수면은 지난 40년간 10cm나 증가했다. 이 수치는 세계 평균 기온 상승률인 0.8℃에 두 배가 넘는 수치이다. 동 리포트에서는 21세기 후반에 탄소 배출 정도에 따라 한국의 평균 기온이 최대 4.7℃까지 상승하고 강수량은 현재 강우량의 최대 13.1%, 그리고 해수면은 최대 65cm까지 증가할 것이라고 예상하고 있다. 하절기 폭염 일수가 증가하고 국지성 폭우 때문에 산사태 및 침수 피해가 더 자주 일어날 것이라는 이야기다. 기후 변화의 주원인인 지구 온난화에 우리가 적극적으로 넷제로를 통해 대처하지 못한다면 우리는 불안정한 삶의 터전은 물론이고 기후 변화로 인한 경제적 타격의 직접적인 피해자가 될 것이다. 나아가 이런 환경을 후대에 물려줘야 하는 불상사가 발생할 것이다.

넷제로를 달성하기 위해서는 정부, 기업, 소비자 모두가 넷제로라는 목표에 대해 이해하고 공통의 목표를 이루려는 협력이 필요하다. 정부는 본 책에 소개된 다양한 에너지원과 기술을 융합한 정부 차원의 정책적 그리고 행정적 지원과 로드맵을 비롯한 구체적인 가이드라인을 제시해야 하며 동시에 넷제로 관련 기술에 대한 R&D를 적극적으로 지원해야 한다. 또한 탄소세를 통해 탄소 배출을 감축하는 회사들에게는 당근을, 탄소를 배출하는 회사들에게는 채찍을 주저하지 말아야 할 것이다. 넷제로에 대한 정책과 로드맵, R&D에 대한 지원을 총괄하는 기관을 마련해 각 정부 부처가 한 목소리를 내면서 넷제로 실행에 대한 지속적인 모니터링과 관리를 하는 것이 중요하다. 또한 맹목적으로 넷제로 정책을 내놓기보다는 사회 구성원들의 넷제로에 대한 교육을 제공해 사회 구성원 모두가 넷제로의 필요성에 합의하고 다 같이 협력할 수 있도록 해야 한다.

기업은 직간접적인 탄소 배출량 감소와 저탄소 전력원에서 필요한 전력을 공급해야 한다. 넷제로가 기업 성장률을 늦춘다는 부정적인 시각으로 대하기보다 넷제로를 기회로 삼아 성장을 도모해야 한다. 최태원 SK그룹 회장이자 대한상공회의소 회장은 2022년 4월에 열린 에너지 전환과 탄소 중립 정책 세미나에서 "에너지 전환과 탄소 중립은 경제 성장의 걸림돌이 아니라 한국 경제 도약의 새로운 기회로 바라볼 필요가 있다"라면서 '넷제로 성장론'을 제시하기도 했다.

마지막으로 소비자들은 에너지에 대한 이해도를 높이고 저탄소 제품을 우선적으로 사용하는 등 넷제로를 생활의 일부에 반영해야 한다.

국제 기후정책 분석 기관인 기후행동추적(CAT: Climate Action Tracker)은 한국의 탄소 감축에 대한 정책과 이행도 및 이행 목표를 '상당히 부족(Highly Insufficient)'으로 평가했다. 기후 행동 추적은 전 세계가 한국이 수행하는 정도로만 탄소를 감축한다면 지구의 온도는 1.5℃를 넘어서 3℃에서 4℃까지 올라갈 수 있다고 한다. 한때 한국은 사우디아라비아와 호주, 뉴질랜드와 함께 과거에 '기후 빌런'이라 불린 적도 있다.

그러나 한국은 위기를 기회로 삼아 도약해왔다. 한국전쟁 이후 반세기가 넘는 시간 동안 급격한 경제 성장을 이루며 한강의 기적을 이뤘고, 1990년대 말 외환 위기라는 국가부도 상황을 극복하기도 했다. 필자들은 과거에 위기를 극복하는 과정에서 보인 한국인의 근면성과 추진력, 통합력, 그리고 넷제로를 이루고자 하는 모두의 노력을 통해 한국이 넷제로라는 목표를 이뤄낼 것을 기원한다.

NETZERO
ENERGY WAR

넷제로 에너지 전쟁

1판 1쇄 발행 | 2022년 7월 29일
1판 2쇄 발행 | 2022년 8월 22일

지은이 정철균, 최중혁, 정혜원
펴낸이 김기옥

경제경영팀장 모민원
기획 편집 변호이, 박지선
마케팅 박진모
경영지원 고광현, 임민진
제작 김형식

표지 디자인 최윤선(mallybook)
본문 디자인 푸른나무디자인
인쇄 · 제본 민언프린텍

펴낸곳 한스미디어(한즈미디어(주))
주소 04037 서울특별시 마포구 양화로 11길 13(서교동, 강원빌딩 5층)
전화 02-707-0337 | 팩스 02-707-0198 | 홈페이지 www.hansmedia.com
출판신고번호 제 313-2003-227호 | 신고일자 2003년 6월 25일

ISBN 979-11-6007-837-4 (13320)